L'OURS ET LE RENARD

Michel Goya et Jean Lopez

L'OURS ET LE RENARD

Histoire immédiate de la guerre en Ukraine

PERRIN

Photographie de couverture : malgré les soins apportés à la rédaction des crédits, des erreurs ou omissions peuvent apparaître. L'éditeur reste à la disposition des photographes, des personnes représentées ou de leurs ayants droit en ce qui concerne d'éventuelles sources iconographiques non identifiées.

92, avenue de France
75013 Paris
Tél. : 01 44 16 08 00

ISBN : 978-2-262-10510-5
Dépôt légal : mai 2023

Mise en pages : Nord Compo

Avant-propos

La guerre entre la Russie et l'Ukraine peut s'aborder de multiples façons. Les économistes tentent de comprendre ce qu'elle va changer durablement dans les flux de technologies, de céréales ou d'hydrocarbures, par qui et comment sera payée la reconstruction d'un pays dévasté – près de 400 milliards de dollars selon l'estimation de la Banque mondiale[1] –, sachant que ce nombre gonfle de jour en jour. Les démographes scrutent le raz de marée des réfugiés, plus de 8 millions aujourd'hui, et son inégale répartition en Europe, mais aussi à l'intérieur de l'Ukraine, car il faut également compter avec les 8 millions de personnes déplacées. Les géopoliticiens[2] se demandent dans quelle direction va dorénavant aller l'ordre mondial, si tant est qu'il y ait un ordre : *quid* des rapports intra-européens, de l'OTAN, de l'affrontement sino-américain, de l'attitude du « Sud global » et des puissances régionales ? Les juristes veulent identifier et traduire en justice les responsables des crimes de guerre. Enfin, le citoyen lambda essaie de se débrouiller avec un bombardement inouï d'images, de chiffres et de déclarations en tout genre pour tenter de déterminer si l'usage de l'arme atomique est pensable, si les centrales nucléaires ukrainiennes vont connaître un méga-Tchernobyl ou si la montée annoncée du budget des armées va se traduire aux dépens des hôpitaux et de l'enseignement. D'autres citoyens se demandent si le diable parle russe, si ce pays-continent ne devrait pas recevoir la leçon qu'il mérite et son président être traduit, menotté, en justice. Ceux-là s'écharperont avec une minorité bruyante qui se demande, elle, si la Russie n'a pas été poussée à bout par l'OTAN, si l'Occident ne jette pas de l'huile sur le feu, voire s'il ne règle pas ses comptes par Ukrainiens interposés et ne pratique pas, en matière de relations internationales, le « deux poids deux mesures ».

Les auteurs de cet ouvrage, qui ont bien conscience de la taille de l'événement, ne sont ni géopoliticiens ni économistes et ne répondront pas aux questions posées ci-dessus. En revanche, leurs compétences et leur formation leur permettent d'interroger la part la plus visible, la plus immédiate de la guerre, celle qui fait sa nature même : le déploiement et l'engagement violent des armes et des troupes, l'organisation des opérations, le poids des alliances, l'évolution des capacités, les gains et les pertes des deux camps, le comportement des systèmes d'armes, les tactiques utilisées, leurs perspectives de victoire – mais quelle victoire ? – après plus d'un an d'affrontement. Avec, en point de mire, un outil : la comparaison avec d'autres guerres, anciennes ou récentes, en particulier à l'Est, et des questions lancinantes : pourquoi rien ne se passe-t-il comme prévu ? Et, d'ailleurs, que prévoyait-on ? Comment finit-on une guerre de cette ampleur ? Bref, tout ce qui intéresse les spécialistes des questions militaires mais aussi les citoyens de bonne volonté.

L'un des auteurs, historien et ancien officier des troupes de marine, fort d'années passées à scruter en professionnel l'évolution des formes de la guerre – ce caméléon, disait Clausewitz –, a suivi de bout en bout, jour après jour, le conflit pour le compte d'une chaîne d'information continue. L'autre, historien de l'Armée rouge et, plus généralement, passionné par l'histoire militaire russe et soviétique, en a fait autant de son côté, dévorant l'information comme jamais. Le second a interrogé presque quotidiennement le premier. Il a noté ses réponses, demandé des précisions, relancé, insisté, d'où la forme dialoguée. Nous avons conservé cette forme, car elle reflète en grande partie, outre la modestie de notre approche, la chronologie des événements et, par voie de conséquence, celle de nos interrogations : les premières questions ont été posées en juin 2022, les dernières au mitan d'avril 2023.

L'objectif de l'ouvrage est clair : mettre de l'ordre dans la masse d'informations relatives aux combats déversées sur nos têtes depuis le 24 février 2022. Si la visée est nette, l'atteindre présente au moins deux difficultés majeures. Celle des sources, d'abord. Pas question d'archives ici, mais de dépêches d'agence, d'articles de journaux et de revues, d'interviews, de rapports d'institutions ou d'experts, de discours, d'images, de bandes-son, de cartes : autant de matériaux formant une masse inédite pour un conflit moderne. Jamais en effet une guerre entre États n'a suscité autant d'informations brutes ou analysées, disponibles pour tous en sources ouvertes. Un premier problème réside simplement dans la somme d'efforts nécessaires à la collecte et au tri de cette masse. Dans le même temps, face à tous ces éléments fugitifs et contradictoires, l'historien ne peut s'empêcher de ressentir un malaise. Il s'agit d'une guerre : tout chiffre, toute déclaration, toute image est une arme pour un camp ou pour l'autre ! Qui émet ces masses d'octets, avec quelle intention ? Comment recouper les informations quand l'un des camps émet beaucoup, en anglais, et l'autre beaucoup moins ? Le plus grave, peut-être, est de ne juger des intentions des acteurs qu'en les déduisant de ce qui se passe sur le terrain. Mais là, comment faire ? Nous ne sommes pas dans la tête de Poutine, nous ne sommes pas la petite souris qui écoute ce qui se dit dans la salle du Conseil de sécurité de la Fédération de Russie. Et l'on peut dire la même chose pour le camp ukrainien, qui communique certes d'abondance mais n'en est pas forcément plus transparent.

Comment les auteurs résistent-ils enfin à leurs biais personnels quand le « camp du bien » semble si nettement indiqué ? Quand un Zelensky se met en scène chaque jour avec un métier étonnant et que son adversaire apparaît le plus souvent sorti d'un film antisoviétique ? Telle est la seconde difficulté majeure rencontrée par les auteurs. Mais si l'on connaît ces biais – différents chez les deux auteurs –, si l'on se pince, à chaque moment, pour s'obliger à observer les faits sous un autre angle, si l'on s'appuie sur le bon sens et sur une vraie connaissance de la chose militaire, alors tel est notre pari : une ébauche d'histoire immédiate de la guerre russo-ukrainienne devient possible. Avec le maximum de rigueur et d'honnêteté. Au risque de se tromper. Mais nous croyons tous deux qu'il fallait faire ce livre pour aider à comprendre tous ceux qui veulent comprendre, et ils sont légion.

Michel Goya et Jean Lopez

Cartes

Carte 1 : Évolution générale de la guerre en 4 phases

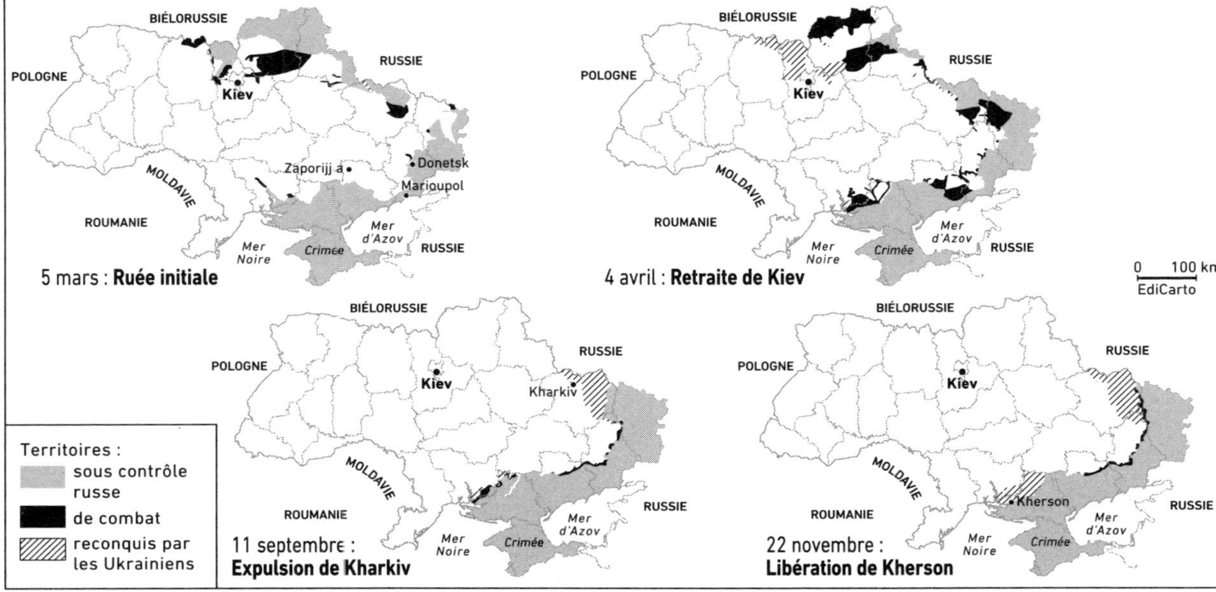

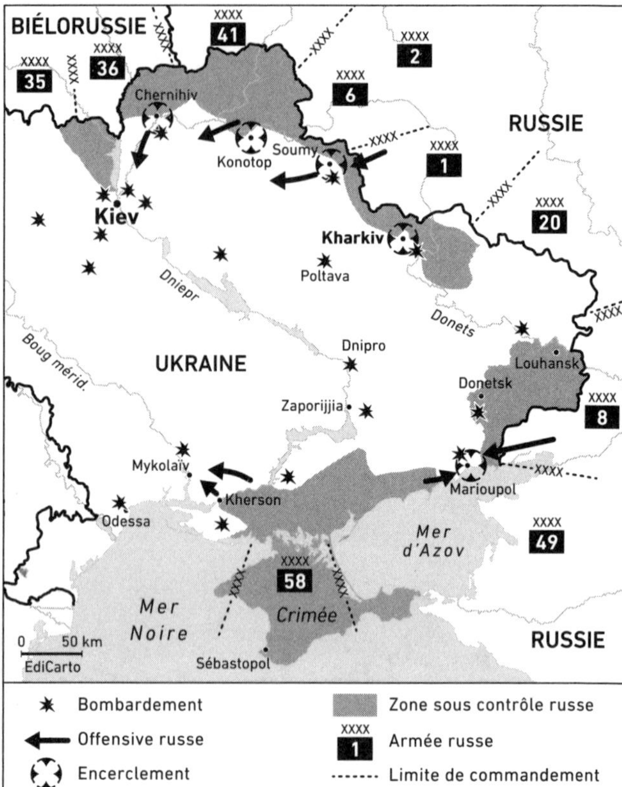

Carte 2 : L'attaque de février 2022
(situation du 24 février au 3 mars)

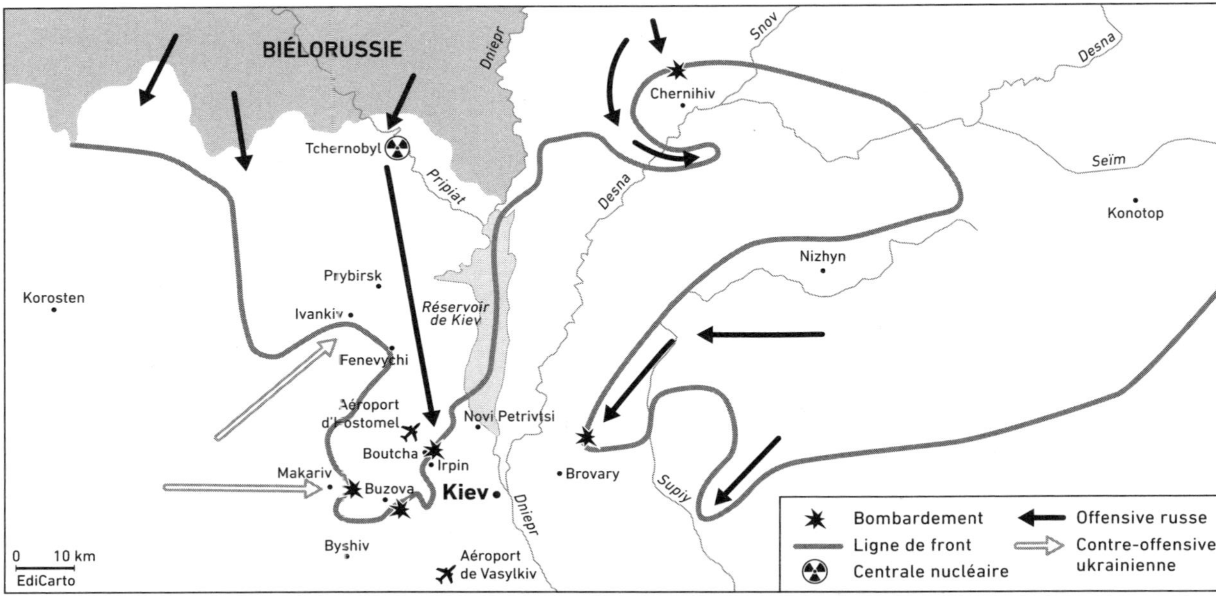

Carte 3 : Attaque dans la région de Kiev-Chernihiv (24 février-3 mars)

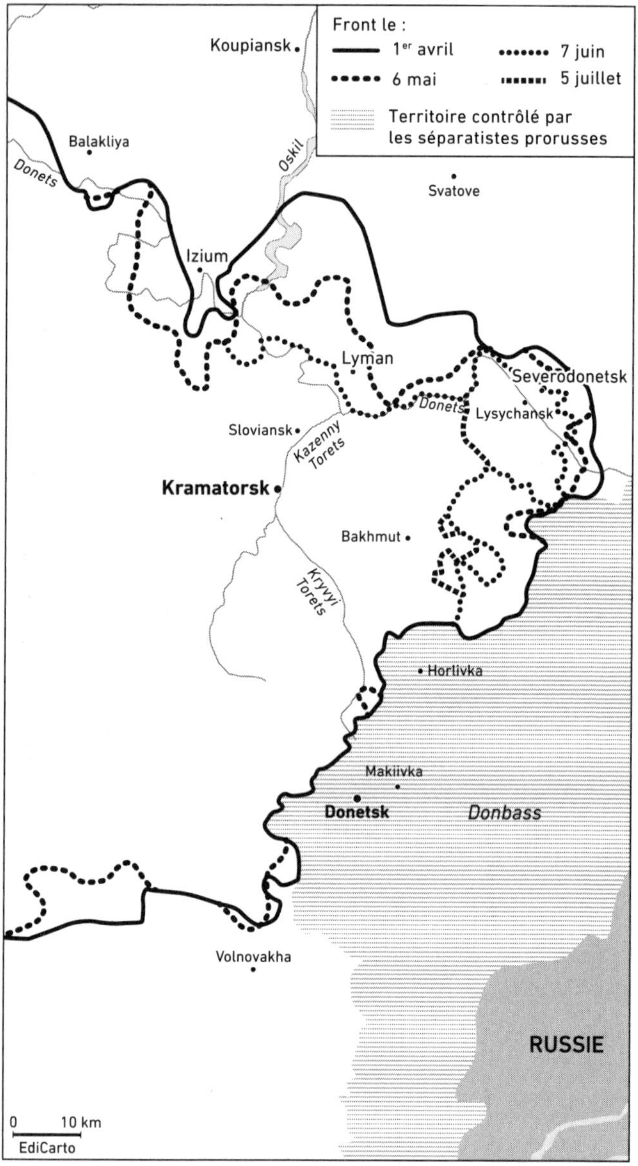

Carte 4 : Première opération russe contre le Donbass (mars-juillet 2022)

Carte 5 : Contre-attaque ukrainienne au nord (septembre 2022)

Introduction

Aux racines de la guerre

Les racines ont ce travers désagréable de pousser dans toutes les directions et de se ramifier à l'extrême. L'image vaut pour la recherche des causes de la guerre russo-ukrainienne commencée le 24 février 2022. Quand la « roue rouge » de la catastrophe, pour reprendre l'image de Soljenitsyne*, a-t-elle commencé à tourner ? Dans cette quête, il serait absurde de remonter jusqu'à l'incorporation dans la Moscovie de l'hetmanat de la rive gauche du Dniepr au XVIIe siècle, et pourquoi pas jusqu'à la Rus de Kiev, en plein cœur du Moyen Âge. Comme si toute l'histoire de la relation russo-ukrainienne devait aboutir à la guerre actuelle ! Après tout, même si c'est sous forme de rapports le plus souvent inégaux, Russes et Ukrainiens ont vécu en paix – entachée néanmoins

* *La Roue rouge* est le nom d'un cycle de 4 romans-fleuves écrits par Soljenitsyne pour tenter d'établir les causes profondes du désastre absolu que fut, à ses yeux, la révolution bolchevique.

de quelques violentes révoltes souvent à l'instigation des Cosaques – sous la même ombrelle impériale jusqu'à la Première Guerre mondiale. Ils ne formaient pas un seul peuple comme le pense Vladimir Poutine, mais deux peuples nouant dans un espace lui-même mouvant des relations complexes et subissant des influences mutuelles, complexité et influences que l'on retrouve dans les identités mouvantes de millions d'individus. Ainsi, au XVIIIe siècle, pour reprendre l'expression heureuse d'Andreas Kappeler[1], « la culture russe s'est-elle ukrainisée » avant qu'au siècle suivant le balancier ne reparte dans l'autre sens. Encore faut-il se méfier, en décrivant ce mouvement de balancier, de ne pas lier consubstantiellement les histoires des deux peuples. Elles se sont écrites en partie indépendamment et en partie en interdépendance. L'ouest de l'Ukraine, par exemple, a vécu bien plus longtemps avec et contre la Pologne et la Lituanie qu'avec et contre la Russie, soviétique ou pas.

Grand frère russe et petit frère ukrainien dans l'Union soviétique

Les conséquences de la défaite face aux Puissances centrales ajoutées à celles de la révolution d'octobre 1917 ont provoqué un premier effondrement de l'Empire russe. Lequel a permis le surgissement d'une entité étatique nouvelle, la « République populaire d'Ukraine », proclamée à Kiev le 25 janvier 1918.

Cet État ne survit que deux années, pris en sandwich entre la construction d'une Grande Pologne et la consolidation de la République socialiste soviétique de Russie. Puis, *nolens volens*, la paix revenue en 1921, les trois quarts de l'actuel État ukrainien – le quart restant se partageant entre Pologne, Tchécoslovaquie et Roumanie – ont regagné aux côtés de la Russie et de dizaines d'autres peuples une nouvelle maison commune, l'Union soviétique.

L'Ukraine a gardé une vie propre au sein de cette dernière. Toute prise qu'elle soit dans le corset de fer du parti bolchevique, son existence politique est néanmoins reconnue en 1922 par la création d'une République socialiste soviétique d'Ukraine, membre fondateur de l'Union, et dont la langue officielle est l'ukrainien. Cette langue, il faut le rappeler, n'est pas un russe abâtardi mais une langue à part entière, différenciée depuis des siècles de celles de ses voisins. Elle n'a pas attendu pour exister que le poète Taras Chevtchenko lui crée une version littéraire dans les années 1840 comme la langue russe n'a pas attendu que son presque contemporain Pouchkine en fasse autant pour elle[2].

Au sein de la construction soviétique, la personnalité propre de l'Ukraine a parfois été encouragée à se développer par Moscou – dans le cadre d'une sorte de discrimination positive avant la lettre –, parfois réprimée avec violence. L'encouragement, qui a duré de 1923 à 1930, visait à la création d'une élite communiste locale loyale, allant jusqu'à la promotion de l'usage de la langue ukrainienne dans l'enseignement, la culture et la propagande. L'élimination de cette même élite communiste suspectée de « nationalisme bourgeois » par Staline et le recul en matière linguistique ont marqué la période suivante, de 1931 à 1953. Mais ces événements, pour importants qu'ils soient, ont sans aucun doute moins marqué l'Ukraine que la grande famine de 1932-1934, l'Holodomor. Si celle-ci a également touché des populations non ukrainiennes comme les Kazakhs, si elle n'a pas été créée volontairement par le régime stalinien, elle est cependant la conséquence directe de sa politique agraire, elle a été instrumentalisée par lui pour briser une paysannerie ukrainienne – presque un oxymore tant, longtemps, l'Ukraine a vécu et survécu par ses campagnes – rétive à la collectivisation. Quatre millions de morts, un habitant sur huit : comment ce traumatisme ne serait-il pas durable ? Staline, lui, s'est félicité du résultat – la fin de toute contestation à tonalité nationale, sans parler de la mainmise sur les surplus agricoles –, au point de transférer en 1934 la capitale de la république de Kharkiv, prolétaire et russophone, à Kiev, où poussait traditionnellement l'intelligentsia ukrainienne.

La Seconde Guerre mondiale fait réémerger un mouvement national ukrainien, déjà bien enraciné en Galicie ex-polonaise, et qui entend rompre avec Moscou. Il tente de le faire à la faveur de l'occupation totale du territoire par la Wehrmacht en 1941 mais se heurte au refus des nazis d'entendre parler d'indépendance d'une Ukraine vouée par Hitler à la colonisation germanique et/ou à un servage éternel. On a retenu de ce mouvement son visage le plus contestable, celui des partisans de Stepan Bandera, le chef de la fraction la plus radicale du mouvement national, l'OUN, l'Organisation des nationalistes ukrainiens, et son bras militaire, l'UPA, l'Armée insurrectionnelle ukrainienne : pogroms, antisémitisme programmatique, nettoyage ethnique des Polonais, collaboration de fait (mais aussi résistance active : tout dépend des lieux et des dates) avec l'occupant. Celui-ci chassé, l'UPA mène une décennie de lutte de partisans contre le libérateur/oppresseur, l'Armée rouge.

Qu'on se garde cependant de réduire l'expression moderne de la conscience nationale ukrainienne à l'épisode OUN/UPA. Ce serait valider le discours de Vladimir Poutine qui veut absolument y voir un péché originel indélébile. L'OUN et l'UPA ont surtout été actives dans cette Ukraine de l'Ouest, anciennement autrichienne puis polonaise, rattachée de force et violentée par le pouvoir stalinien entre septembre 1939 et juin 1941. Qu'elle se soit montrée peu loyale vis-à-vis de Moscou n'a rien d'étonnant. De l'autre côté du Dniepr, en revanche, le chef partisan ukrainien le plus actif, Oleksiy Fedorov, était un communiste fidèle à Moscou. Reprocher à l'Ukraine d'avoir collaboré avec les nazis serait également oublier qu'il y a eu au moins autant de Russes que d'Ukrainiens à porter l'uniforme allemand ; c'est occulter qu'en Russie occupée comme ailleurs, la Wehrmacht et les officines nazies ont trouvé un important soutien actif, ou passif, y compris dans cette paysannerie supposée former le cœur ardent du patriotisme russe[3]. Sous prétexte de sa victoire sur la croix gammée, devrait-on oublier ce qu'a été le régime stalinien ? Quant à faire des Ukrainiens des auxiliaires volontaires de la Shoah, ce serait prendre pour le tout une partie minuscule – les gardiens des camps d'extermination formés à Trawnik – et oublier les 2 691 « Justes parmi les nations » reconnus par Israël. Si ce contingent n'arrive qu'en quatrième place derrière ceux de la Pologne, des Pays-Bas et de la France, on se gardera d'oublier qu'aider un Juif en Ukraine signifiait la mort de celui qui aidait et de toute sa parentèle, ce qui n'était pas le cas à l'Ouest où, l'historienne Claire Andrieu[4] l'a montré, la répression contre ceux qui prêtaient assistance aux persécutés était quasi nulle.

La paix revenue, l'Ukraine a réintégré en 1945 une Union dévastée, et de cette dévastation elle a eu son compte bien pesé : 7 millions de morts (dont un million de Juifs dans les frontières d'avant septembre 1939), proportionnellement plus que la Russie soviétique, 720 villes et 28 000 villages détruits, 80 % des infrastructures industrielles et agricoles dévastées et encore près d'un million de morts par famine en 1946-1947 sans que, une fois de plus, Moscou lève le petit doigt. Au moins la guerre a-t-elle permis à la République soviétique ukrainienne de devenir le plus vaste État d'Europe, Russie exclue, en ajoutant à son territoire l'Ukraine occidentale – Galicie (Lviv), Podolie (Vinnitsa) et Volhynie (Rivne) –, la Bucovine (Tchernivtsi) et la Transcarpatie (Oujhorod).

L'Ukraine, son parti communiste, Moscou et le premier Maïdan

Après la mort de Staline, les rapports entre Moscou et Kiev ont dépendu en partie des querelles politiques au sommet du Parti. C'est d'ailleurs en 1953 que, pour la première fois, un Ukrainien ethnique, Oleksi Kyrytchenko (1908-1975), accède au poste de chef du Parti ukrainien. La carrière essentiellement ukrainienne de Nikita Khrouchtchev – chef bolchevique du Donbass puis secrétaire général du Parti en Ukraine de 1937 à 1947 – a valu à nombre de ses protégés, communistes locaux ou disposant d'un réseau en Ukraine, de faire à leur tour un beau parcours : c'est le cas de Nikolaï Podgorny (1903-1983), chef de l'État soviétique, et de Leonid Brejnev (1906-1982), ancien secrétaire général du Parti à Dniepropetrovsk et futur maître du pays de 1964 à sa mort. En mettant leur poids de deuxième parti communiste de l'Union dans la balance du pouvoir à Moscou, les communistes de Kiev ont conquis une sorte de cogestion de fait de l'Union et une plus grande liberté pour gérer les affaires de leur république, y compris sur le plan économique. C'est d'ailleurs en partie pour remercier ses camarades ukrainiens – mais aussi, plus prosaïquement, pour des raisons économiques et géographiques – que Khrouchtchev a transféré en février 1954 la Crimée de la juridiction de la Fédération de Russie à celle de l'Ukraine. La déstalinisation opérée par le nouveau maître du Kremlin s'est également traduite par la libération de milliers de prêtres de l'Église catholique ukrainienne et de dizaines de milliers de combattants ou de sympathisants de l'OUN/UPA capturés entre 1944 et 1955. À leur retour, on s'en doute, beaucoup d'entre eux sont venus renforcer le courant national.

Quand Khrouchtchev est écarté par Brejnev en 1964, celui-ci reçoit une aide décisive de Petro Chelest, le chef du Parti ukrainien entre 1963 et 1972, qui en profite pour acquérir des avantages culturels et linguistiques supplémentaires pour sa république. Son activité politique consistait surtout à revenir à un respect des « normes du léninisme », c'est-à-dire à la fois à respecter la « légalité socialiste » *et* la personnalité des républiques. Il a été massivement appuyé par les intellectuels ukrainiens. Son limogeage par Brejnev en 1972 et le retour à une politique de russification partielle ont eu pour effet de rompre les amarres entre le Parti et les intellectuels. Les plus audacieux d'entre eux, les dissidents, connaissent les prisons, les hôpitaux psychiatriques ou la relégation : ainsi du journaliste Viatcheslav Tchornovil (1937-1999), du critique littéraire Ivan Dziouba (1931-1922) ou encore du poète Mykhaylo Osadchy (1936-1994). Beaucoup sont libérés à la faveur du mouvement de la glasnost lancé en 1985 par Mikhaïl Gorbatchev et deviennent les phares d'une jeunesse qui entend désormais agir de façon autonome vis-à-vis de Moscou, que ce soit dans les mouvements de défense des droits de l'homme, écologistes ou linguistiques. C'est bien sous

Gorbatchev que reprend le bouillonnement national ukrainien avec, par exemple, la création en 1989 de l'Association Chevtchenko de la langue ukrainienne par Dmytro Pavlytchko. Poète, ce dernier fonde également Roukh, le premier grand parti ukrainien indépendant en 1989.

Le 4 mars 1990, les premières élections libres – mais dont il n'est pas certain qu'elles aient été entièrement régulières – au Soviet suprême d'Ukraine marquent un tournant : un « Bloc démocratique » remporte 26 % des sièges et, en dépit de la large majorité communiste, impose dans les débats la question de la souveraineté du pays. Le président du Soviet, l'habile Leonid Kravtchouk, vieil apparatchik communiste longtemps responsable de la propagande, ne se montre pas hostile à ce thème et manœuvre pour éviter la rupture entre les deux tendances. Quand l'URSS commence son explosion finale avec la déclaration d'indépendance de la Lituanie (11 mars 1990), suivie de celle de la Lettonie (mai) puis de la proclamation de souveraineté de la Russie (12 juin), Gorbatchev fait marche arrière et tente une reprise en main sous deux formes : répression et signature d'un nouveau traité d'union entre les républiques, une sorte d'URSS en version allégée. En accord avec ce cadre, la majorité communiste au Soviet suprême de Kiev approuve une loi réduisant le droit de manifester. La riposte prend la forme inattendue d'une grève étudiante suivie de dizaines de grèves de la faim puis d'une occupation longue de la place de la Révolution d'Octobre – future place de l'Indépendance, connue sous le nom de Maïdan*. Sous la pression de la rue et grâce aux bons offices de Kravtchouk, la majorité communiste cède et accède à toutes les demandes des manifestants, la première d'entre elles étant l'interruption des discussions en vue d'une refondation de l'Union. Ces événements sont connus sous le nom de « révolution sur le granite » ou « premier Maïdan ».

Si, à Moscou, on se montre atterré par cette première déchirure entre l'Union soviétique et l'Ukraine, on ne l'est pas moins à Washington. On l'a oublié, mais, le 1er août 1991, quand le président américain George Bush se rend à Kiev, c'est pour exhorter, devant les députés, l'Ukraine à demeurer dans l'Union soviétique. Son discours, écrit par la soviétologue Condoleezza Rice, fait l'effet d'une douche froide sur la minorité indépendantiste : « Les Américains ne soutiendront pas ceux qui recherchent l'indépendance afin de remplacer une tyrannie lointaine par un despotisme local. Ils n'aideront pas ceux qui font la promotion d'un nationalisme suicidaire basé sur la haine ethnique. » Pour des questions d'équilibre géopolitique et de désarmement, le président n'entend pas perdre le bénéfice du partenariat noué avec Gorbatchev et voit venir avec effroi un monde où l'Ukraine et le Kazakhstan hériteraient d'une partie de l'arsenal nucléaire soviétique.

---

* *Maïdan* signifie « place » en ukrainien.

Fort de ce soutien, Gorbatchev remet l'ouvrage sur le métier : il reprend les négociations avec les représentants des républiques pour refonder une union plus souple. Il parvient à un accord en juillet 1991, sauf avec l'Ukraine. Kravtchouk, qui dirige la délégation de sa république, refuse en effet de signer et propose de bâtir une confédération peu contraignante, signant là son ralliement aux thèses du Bloc démocratique. Quoi qu'il en soit des arrière-pensées de l'ancien apparatchik, la prudence de Bush et les espoirs de Gorbatchev sont balayés par le putsch perpétré à Moscou le 19 août 1991 par les communistes les plus durs. Boris Eltsine, le président du Soviet suprême de Russie, le fait échouer rapidement et en profite pour indiquer la direction de la sortie à Gorbatchev. Il suspend le parti communiste et prend le contrôle de l'Union. Bien évidemment, ce bouleversement affole le Soviet suprême d'Ukraine où vieux communistes et jeunes libéraux-nationaux craignent de voir revenir la sujétion traditionnelle au grand frère russe. La réaction est stupéfiante de rapidité et d'unanimité : le lendemain de la prise de contrôle du gouvernement de l'Union par Eltsine, le 24 août, le Soviet suprême d'Ukraine proclame l'« indépendance transitoire » du pays. Kravtchouk a réussi à rallier derrière le Bloc démocratique la quasi-totalité des députés communistes. Même transitoire, la troisième déclaration d'indépendance du XXe siècle (après celles de 1918 et de 1941) est la bonne. Le 1er décembre 1991, un référendum approuve cette décision à 90 %, y compris avec une majorité dans les régions russophones de Donetsk (83 %) et de Crimée (54 %). Le premier président élu – et il l'a bien mérité – est Leonid Kravtchouk (à 61 %). Le Soviet suprême quant à lui reprend le vieux nom de Verkhovna Rada, « Conseil suprême ». Qui s'en étonnera, la Pologne est le premier État à reconnaître cette indépendance.

Des squelettes maintenus dans le placard

Eltsine n'était pas favorable à la proclamation d'indépendance ukrainienne alors même qu'il avait poussé la Fédération de Russie à se déclarer souveraine. Il n'osait pas se dépouiller entièrement des oripeaux de la vieille domination russe sur sa périphérie. Quelques mois avant le référendum, il avait fait déclarer que la Crimée et le Donbass seraient des zones de friction possibles entre Russie et Ukraine. À demi-mot, il évoquait une partition. Le ministre russe des Affaires étrangères, Andreï Kozyrev, allait jusqu'à parler de recours à la force armée au cas où les droits des Russes vivant à l'extérieur des frontières seraient menacés. Encore une semaine après le vote du 1er décembre, lors d'une rencontre dans un pavillon de chasse à Belovejskaïa Pouchtcha, en Biélorussie, Eltsine essaie de convaincre Kravtchouk de signer le nouveau traité d'union que lui-même venait d'établir avec Gorbatchev. L'Ukrainien refuse et exige la rédaction d'un acte de décès de l'URSS* et l'abandon de toute idée d'union au profit d'un ensemble confédéral très lâche, la Communauté des États indépendants (CEI) dont le siège sera fixé à Minsk et non à Moscou. L'Ukraine abandonnera cette coquille vide en 2014 après la conquête de la Crimée par la Russie. Le 8 décembre 1991, la création de cette CEI marque donc la mort légale de l'Union soviétique, dans laquelle l'Ukraine et la Russie auront joué un rôle majeur. Vladimir Poutine y voit, lui, « la plus grande catastrophe géopolitique du XXe siècle ». Sans aller jusque-là, pour la majorité de la population russe, pour sa classe politique, des communistes aux libéraux, et aussi pour nombre de ses intellectuels – tels les prix Nobel Joseph Brodsky et Alexandre Soljenitsyne –, la séparation de l'Ukraine d'avec la Russie apparaît comme impensable et impossible.

S'ouvre alors une période terrible pour les deux États, celle de l'effondrement de leur économie – dû en bonne part à la thérapie de choc appliquée par les économistes libéraux – et de la captation de ses meilleurs actifs par une poignée d'oligarques qui envahissent également la sphère politique. Le déclin frappe au premier chef Moscou, qui subit de

* L'acte signé ce jour-là est explicite : « Nous, la République de Biélorussie, la RSFSR (Fédération de Russie) et l'Ukraine, États fondateurs de l'URSS, signataires du traité de l'Union en 1922, considérons par la présente que l'URSS a terminé son existence en tant que sujet de droit international et comme réalité géopolitique. » *In* A. Kappeler, *Russes et Ukrainiens, les frères inégaux. Du Moyen Âge à nos jours*, CNRS Éditions, 2022, p. 232.

plein fouet l'affaissement de sa puissance militaire et, partant, de son prestige international. La Russie sort de ce trou noir au début des années 2000, l'Ukraine plus tard. Sur le plan du contentieux territorial, à deux reprises Moscou garantit les frontières de sa voisine. La première fois à l'occasion des discussions sur le sort des armes nucléaires ex-soviétiques entreposées en Ukraine (5 000 têtes !). Kiev renonce à leur possession le 5 décembre 1994 par le mémorandum de Budapest. En contrepartie, la Russie, le Royaume-Uni et les États-Unis garantissent le respect de l'indépendance de l'Ukraine et de ses frontières. La seconde fois, Boris Eltsine et Leonid Koutchma (né en 1938), qui a succédé en 1994 à Kravtchouk au poste de président, signent le 31 mai 1997 un traité d'amitié, de coopération et de partenariat dont l'article 2 du préambule fait obligation aux deux parties de respecter « leur intégrité territoriale et [elles] réaffirment une nouvelle fois le caractère inaliénable des frontières existantes ». Les deux chambres du Parlement russe le ratifient en 1999 et il est prorogé par Vladimir Poutine en 2008 pour dix ans.

La question épineuse de la Crimée semble également trouver un dénouement pacifique. Durant les discussions sur le traité d'amitié, le 28 mai 1994, Russie et Ukraine s'entendent sur le partage de la flotte de la mer Noire, la seconde en recevant 18 %. Comme l'ensemble de la presqu'île, le territoire de Sébastopol et sa base navale demeurent sous souveraineté ukrainienne, mais les Russes obtiennent un bail de location de vingt ans, qui expire en 2017. Le 21 avril 2010, sept ans donc avant l'expiration, les accords de Kharkiv prolongeront la location jusqu'en 2042 en échange de rabais importants sur le gaz russe. Si le document porte la signature de Dmitri Medvedev, c'est bien son Premier ministre, Vladimir Poutine, qui est aux manettes.

Cependant, peu à peu, les sociétés russe et ukrainienne s'éloignent l'une de l'autre. Malgré des garanties linguistiques et culturelles sérieuses accordées aux russophones de l'Est, du Sud et de la Crimée, la proclamation de l'ukrainien comme unique langue officielle (en 1989 puis réitérée dans la Constitution de 1996) est mal prise à Moscou, qui entreprend périodiquement des campagnes dénonçant la « discrimination » dont ces minorités seraient victimes. De même, les « récits nationaux » des deux pays divergent de plus en plus, situation inévitable lorsque des rapports entre deux pays ont été inégaux durant des siècles. L'histoire de l'Ukraine se réécrit, ses héros changent – le traître aux yeux des Russes, l'hetman Mazepa*, devient une figure de résistance nationale –, ses célébrations mémorielles également. L'Holodomor – la famine de 1932-1934 – prend le pas sur la victoire

* En vue de restaurer l'indépendance de l'hetmanat, proto-État ukrainien porté par les Cosaques, son chef, Ivan Mazepa, passe alliance en 1708 avec le roi de Suède Charles XII alors en guerre avec le tsar Pierre le Grand. C'est Mazepa qui amène Charles à se diriger vers l'Ukraine où, d'ailleurs, il sera décisivement battu à Poltava, en 1709. Mazepa meurt peu après et le pouvoir russe réduira les attributions de l'hetmanat, jusqu'à le supprimer définitivement en 1764.

contre le nazisme, qui, elle, est célébrée en Russie de manière obsessionnelle et d'ailleurs outrageusement manipulée par le Kremlin. Enfin l'unité religieuse est mise à mal avec la création à Kiev d'un patriarcat de l'Église orthodoxe ukrainienne. Mais les tensions multiples qui en résultent demeurent maîtrisées par le tandem Eltsine-Kravtchouk puis Eltsine-Koutchma. Ces deux derniers entreprennent du même pas de renouer avec l'Occident en signant divers protocoles avec l'Union européenne en 1995 et 1996. Puis, en 1997, des accords avec l'OTAN sont signés à Paris, qui débouchent cinq ans plus tard sur la formation du Conseil OTAN-Russie – « mécanisme de consultation, de construction du consensus, de coopération, de prise de décision commune et d'action conjointe » – et sur le Plan d'action OTAN-Ukraine, ce dernier ayant pour but de « concrétiser les aspirations [de l'Ukraine] à une pleine intégration dans les structures de sécurité euro-atlantiques ». L'on notera que, déjà, les deux anciens pays frères ne parlent pas la même langue concernant l'OTAN.

Le relâchement de la relation russo-ukrainienne, commencée dès l'indépendance de 1991, se traduit en somme par des fissures, des craquelures, mais que les hommes au pouvoir à Moscou et à Kiev savent reboucher, fixer ou masquer vaille que vaille, au grand dam d'ailleurs des nationalistes des deux pays. Ces fissures s'élargissent brutalement avec les changements politiques qui surviennent dans les deux pays entre 2000 et 2004.

La roue rouge des deux Maïdan

C'est d'abord à Moscou que les choses changent. La démission de Boris Eltsine en 1999 laisse la place à son Premier ministre Vladimir Poutine, qui est élu président de la Fédération russe l'année suivante. L'ancien patron du KGB parvient à stabiliser la situation politique et, grâce à une envolée du prix des hydrocarbures, renoue avec la croissance économique. Sa jeunesse, son habileté à se tailler une image d'homme fort, la réduction, sanglante mais réussie, de la sécession tchétchène lui valent une réelle popularité, qui explique sa réélection triomphale le 14 mars 2004. Cette élection coïncide avec l'élargissement de l'OTAN (mars) puis de l'Union européenne (mai)* : les frontières des deux organisations sont désormais mitoyennes de celles de la Russie, de la Biélorussie et de l'Ukraine, ce qui ne peut pas être vu d'un bon œil au Kremlin où se mijote un réveil nationaliste et autoritaire.

À partir de 2004, le maître du Kremlin mène une politique plus offensive face à l'Occident mais aussi aux républiques ex-soviétiques. Il intervient notamment en Ukraine pour soutenir de la façon la plus ouverte Viktor Ianoukovytch, l'un des candidats à la

* La Bulgarie, l'Estonie, la Lettonie, la Lituanie, la Roumanie, la Slovaquie et la Slovénie ont adhéré à l'OTAN en 2004. En 2009, ce sera au tour de l'Albanie et de la Croatie. En 2004 également, l'Union européenne intègre Tchéquie, Estonie, Hongrie, Lettonie, Lituanie, Pologne, Slovaquie et Slovénie.

succession de Koutchma, de plus en plus autoritaire, déconsidéré par son incapacité à relancer l'économie et soupçonné d'avoir commandité le meurtre d'un journaliste. Ancien gouverneur de l'oblast (= région) de Donetsk, Ianoukovytch (né en 1950) ne cache pas sa volonté de se rapprocher de la Russie, sans pour autant renoncer à l'Europe, un délicat exercice d'équilibrisme entamé en 1991. Son concurrent, Viktor Iouchtchenko (né en 1954), se prononce en revanche pour une orientation franche de l'Ukraine vers l'Occident et davantage de démocratie. En septembre, en pleine campagne électorale, ce dernier est victime d'un empoisonnement à la dioxine, un attentat non revendiqué mais dont le FSB* est fortement soupçonné. Il en réchappe mais reste diminué. Au premier tour de l'élection, le 31 octobre, il devance Ianoukovytch de 3 points. À la surprise générale, il est battu largement au second tour – il apparaît très vite que les urnes ont été bourrées sans ménagement.

Un grand mouvement de protestation pacifique déferle alors durant deux semaines sur Maïdan, exigeant la tenue d'un nouveau second tour. À l'opposé, des oblasts de Donetsk et Louhansk, base de Ianoukovytch, montent déjà des menaces de sécession. Cette « révolution orange » de 2004, du nom de la couleur choisie par Iouchtchenko pour son mouvement, également appelée « Deuxième Maïdan », débouche néanmoins sur une nouvelle élection que celui-ci remporte haut la main en décembre. Pour Poutine,

* Service fédéral de sécurité de la Fédération de Russie.

complètement et imprudemment engagé auprès de Ianoukovytch, c'est un camouflet retentissant. L'année précédente, c'était la « révolution des Roses » en Géorgie ; l'année suivante ce sera celle « des Tulipes » au Kirghizistan : derrière ces ébranlements à tonalité démocratique de l'environnement proche de la Russie, une rhétorique paranoïaque voit la main de l'Occident, leur déniant toute origine locale. Le 10 février 2007, lors de la conférence sur la sécurité internationale de Munich, Poutine livre un discours au ton de guerre froide, très critique contre la domination américaine et l'extension de l'OTAN vers l'est. L'année suivante, il lance une grande réforme militaire et livre à la Géorgie une guerre de douze jours au nom du soutien aux deux républiques autoproclamées d'Abkhazie et d'Ossétie du Sud. Serait-ce aussi un avertissement donné à l'Ukraine ?

À Kiev, Viktor Iouchtchenko déçoit terriblement. Englué dans les querelles avec sa Première ministre Iulia Timochenko, il ne règle aucun problème et ne réduit aucune des fractures internes à son pays. L'économie replonge dans la récession – aidée en cela par une augmentation du prix du gaz russe ; la corruption fait florès ; la politique mémorielle divise – en particulier l'attribution du titre de « Héros de l'Ukraine » à Stepan Bandera ; tous ceux qui pensaient que le pays se dirigeait vers une intégration à l'Europe sont déçus par la lenteur du rapprochement. Les nombreuses déclarations du président en faveur d'une entrée dans l'OTAN – et ses ventes d'armes à la Géorgie – indisposent le Kremlin au plus haut point et divisent un peu plus un pays dont une majorité des habitants semble hostile à cette idée. Même le rejet de la candidature de Kiev lors du sommet de l'OTAN à Bucarest, en avril 2008, ne calme pas le jeu. Ces échecs cumulés de Iouchtchenko donnent une seconde chance à Viktor Ianoukovytch, qui est élu président de la République en février 2010, cette fois de façon régulière et sans intervention voyante de Moscou. La carte électorale montre une Ukraine littéralement coupée en deux, à peu près le long de ce qui sera la ligne de front à l'été 2022.

Au Kremlin, on respire, et les relations entre les deux pays s'améliorent aussitôt. Ianoukovytch réserve sa première visite à Bruxelles, pour réaffirmer la volonté de son pays d'intégrer l'Union, la seconde à Moscou où il négocie prix du gaz et accords de coopération, sans oublier de citer en exemple le modèle politique russe. Et, de fait, il accentue beaucoup le caractère autoritaire de sa fonction, au mépris de la Constitution, et pratique le népotisme de même que l'enrichissement personnel à grande échelle. En juillet 2010, il fait adopter une loi sur les fondements de la politique extérieure du pays qui stipule que l'Ukraine n'a pas vocation à faire partie de l'OTAN. Dans cette lignée, nous l'avons dit, l'accord sur la base de Sébastopol signé en 2010 à Kharkiv est prolongé jusqu'en 2042. Mais l'équipe Iouchtchenko avait placé une bombe à retardement sous les pieds de Ianoukovytch.

En 2007, elle avait en effet entamé avec Bruxelles la négociation d'un accord de libre-échange qui devait inclure une convergence des normes et pratiques économiques ainsi que la libre circulation des personnes. Nombre d'Ukrainiens se raccrochent à cet espoir de sortir de l'interminable marasme économique post-soviétique, la Pologne étant citée en exemple avec un PIB réel par tête doublé depuis 1990 quand en Ukraine il a reculé d'un quart. Les discussions aboutissent en 2012 et tout est en place pour une signature lors du sommet de Vilnius le 28 novembre 2013. Parallèlement, la Russie, qui voit dans l'UE le fourrier de l'OTAN et un contre-modèle de ses valeurs, propose une union douanière eurasiatique qui groupe déjà autour d'elle, depuis 2007, plusieurs républiques ex-soviétiques (Biélorussie, Kazakhstan, Arménie, Kirghizistan). Elle fait pression sur Kiev, manie le bâton – réduction des importations de produits ukrainiens – et la carotte – un prêt de 15 milliards de dollars pour éviter la faillite des finances publiques et une réduction importante du prix du gaz. Croyant pratiquer une politique de balance, Ianoukovytch choisit de ne pas choisir. Il refuse de rejoindre l'union douanière eurasiatique, fidèle en cela à la politique de tous ses prédécesseurs, mais annonce également qu'il ne signera pas l'accord avec l'UE lors du sommet de Vilnius.

La réponse de tous ceux qui avaient mis leurs espoirs dans un rapprochement avec l'UE – en gros, la jeunesse, les classes moyennes, l'intelligentsia et certains oligarques – prend la forme, maintenant traditionnelle, de rassemblements sur Maïdan. À l'appel des partis d'opposition, ils commencent le 21 novembre 2013 par quelques milliers d'étudiants. Dans les jours qui suivent, la visite aux contestataires de deux parlementaires lituanien et polonais allume les voyants complotistes à Moscou. Instruit du précédent du Deuxième Maïdan, le 30 novembre, Ianoukovytch lâche sur les contestataires la police antiémeute. Le lendemain, par solidarité, des dizaines de milliers de personnes envahissent la place et ses alentours, parmi eux les ambassadeurs de dix pays européens, ce qui constitue une ingérence inadmissible pour Poutine, qui, visiblement, ne reconnaît ce droit qu'à la Russie. Le 6 décembre, une visite impromptue de Ianoukovytch au Kremlin n'arrange rien, surtout après que son Premier ministre Mykola Azarov annonce qu'un « partenariat stratégique » y a été discuté. Chaque dimanche voit se dérouler des manifestations massives de centaines de milliers de personnes. À partir de la mi-janvier 2014, les affrontements avec la police deviennent quotidiens et de plus en plus violents. Le 18 février, celle-ci ouvre le feu contre des manifestants en marche vers le bâtiment du Parlement, la Rada. S'ensuivent cinq jours d'émeutes qui font 77 morts (9 policiers et 68 manifestants). Devant la condamnation générale, Ianoukovytch, qui a perdu tout soutien dans l'hémicycle, signe avec l'opposition un accord de retrait le 21 février et se réfugie à Donetsk puis en Russie. L'émeute de l'Euromaïdan (ou « Troisième Maïdan ») s'est transformée en révolution.

Mais celle-ci est grosse d'une guerre civile au Donbass, où éclatent, dès le 21 février, des dizaines de manifestations anti-Euromaïdan et prorusses, et d'une quasi-guerre étrangère : dans la nuit du 22 février, vingt-quatre heures après le départ de Ianoukovytch, Vladimir Poutine décide en effet d'envahir la Crimée. Au vu de ce qui se passe en 2014 et 2015, surtout au Donbass, il n'est pas infondé de faire commencer la guerre russo-ukrainienne à cette époque, l'attaque de 2022 en constituant une amplification et une extension radicales.

Les « petits hommes verts » de Crimée

La prise de contrôle de la presqu'île s'opère vite et sans violences majeures. La situation y est très favorable à la Russie : elle y maintient 2 000 soldats dans sa base navale de Sébastopol, et la population locale lui est largement acquise. Les forces ukrainiennes sont importantes sur le papier (16 000 hommes) mais dispersées, sans appui naval ou aérien crédible. Surtout, elles n'ont guère de volonté de combattre. En leur sein comme au sein de la police locale, les russophiles sont nombreux et ouvertement hostiles au mouvement Euromaïdan. Les services de renseignements russes, très infiltrés dans l'appareil de sécurité ukrainien, le SBU, connaissent parfaitement cette situation. En outre, cela fait déjà plusieurs semaines qu'Alexeï Jouravlev, leader du parti nationaliste russe Rodina, est arrivé en Crimée pour créer avec l'aide du FSB une organisation paramilitaire baptisée « Front slave antifasciste ». C'est le début de la formation d'une milice irrégulière locale qui servira d'appoint et de couverture aux forces régulières russes.

Le deuxième axe de l'effort de subversion consiste à modeler les opinions locale, nationale et internationale en martelant la vision russe des événements sur tous les réseaux, des usines à trolls* jusqu'à Russia Today – la chaîne de télévision internationale financée par Moscou – en passant par les multiples arènes diplomatiques. Cette vision est fondée sur quelques idées simples : le mouvement Euromaïdan est un coup d'État, largement fascisant, et une opération antirusse manipulée par les Américains à la manière des « révolutions de couleur », l'orange au premier chef. Face à cette offensive, la Russie doit protéger ses intérêts, sa flotte de la mer Noire, et surtout les russophones, en premier lieu ceux de Crimée dont l'attribution à l'Ukraine depuis à peine plus de cinquante ans est présentée comme une aberration historique. En opposition au mouvement europhile, le « droit des peuples à disposer d'eux-mêmes » est remis en avant, surtout si c'est pour se rapprocher de la « mère Russie ». De même affirme-t-on la primauté des « droits historiques » supposés sur le droit international quand celui-ci résulte de traités signés en état de faiblesse… en particulier s'il s'agit de la Russie.

Les événements s'accélèrent à partir du 23 février 2014, quand la Rada de Kiev ne trouve rien de mieux

---

* On désigne par l'expression anglaise *Troll Factory* – « usine à trolls » – toute organisation privée ou (en général secrètement) étatique qui diffuse massivement des informations mensongères sur les réseaux sociaux.

qu'abroger la loi autorisant le russe comme langue officielle dans certaines régions. La mesure – qui sera annulée le 1er mars – est aussitôt utilisée par Moscou, qui dénonce une attaque contre les minorités russophones de l'Est. Le 24 février, le conseil municipal de Sébastopol installe sans autre forme de procès un Russe à la mairie. Pendant ce temps, sous couvert d'un exercice militaire, deux groupements de forces sont mis en place sur la base aérienne russe d'Anapa, 50 kilomètres à l'est du détroit de Kertch. Le premier comprend des forces discrètes constituées d'éléments des forces spéciales (KSO), du 45e régiment parachutiste et de deux brigades Spetsnaz. Le second, plus volumineux, est formé de bataillons légers de la 31e brigade d'assaut aérien et de la 7e division aéroportée qui viendront épauler l'infiltration du premier groupement.

Ce même 24 février, en violation des accords passés en 2010 avec l'Ukraine, la 810e brigade d'infanterie navale, unité permanente de la base de Sébastopol, se déploie dans la ville sous le prétexte de protéger la population russophone d'éventuelles représailles. Dans le même temps, le contingent de forces spéciales a débarqué dans la base et entrepris de s'infiltrer sur le territoire. Le 27 février, une cinquantaine de soldats du KSO sont à Simferopol au centre de la presqu'île, où, accompagnés de miliciens locaux, ils s'emparent du Parlement de Crimée. Ils y hissent un drapeau russe puis s'emparent du bâtiment de la télévision d'État. Avec l'aide des groupes locaux, avec lesquels elles se confondent, les forces spéciales puis légères isolent les points les plus sensibles du dispositif ukrainien : centres de commandement, défense antiaérienne, bases militaires. Il n'y a pas de combat, mais des micro-sièges mêlant foule de sympathisants civils, miliciens locaux et « petits hommes verts », surnom rapidement donné aux soldats russes sans marque d'identification. L'électricité est coupée, les communications brouillées, les ports et aéroports fermés au trafic international.

Toutes les capacités étant neutralisées et les points d'entrée saisis, des forces plus lourdes sont engagées. Le 28 au matin, une escadrille de 11 hélicoptères d'attaque s'installe à Simferopol après avoir franchi le détroit de Kertch. Le 1er mars, des éléments de la 12e brigade d'infanterie motorisée sont débarqués par ferry et hovercraft dans les ports de Kertch et de Feodosya. Les éléments mobiles s'emparent d'Armyansk, le point d'entrée nord de la Crimée, qui est ainsi définitivement coupée du reste de l'Ukraine. Ce même jour, le Parlement russe donne l'autorisation au président Poutine d'utiliser la force afin de protéger les russophones criméens. Le 4 mars, pourtant, ce dernier déclare en conférence de presse, contre toute évidence, qu'il n'y a pas de plan d'annexion de la Crimée ni de troupes russes sur place.

Un processus local d'autodétermination est organisé alors même que la manœuvre militaire n'est pas encore terminée. Le 3 mars, le Parlement de Crimée propose un référendum d'indépendance dont la date est fixée, sous la pression du Kremlin, au 16 mars. Le résultat de la consultation exprime sans surprise un « oui » écrasant en faveur d'un rattachement à la Fédération de Russie. Entre le 19 et le 25 mars, toutes les forces ukrainiennes en Crimée capitulent sans combat. Le 26, la campagne est considérée comme terminée – une promenade militaire qui jouera beaucoup dans l'hubris de 2022. Pendant tout ce mois de conquête, l'État ukrainien ne réagit pas en dehors du refus de reconnaître l'annexion, d'autant que la campagne électorale bat son plein pour remplacer Ianoukovytch. Face à un adversaire beaucoup plus puissant et menaçant, Kiev est dissuadé d'agir. C'est une opération de saisie parfaite. La réaction la plus forte vient finalement de l'étranger. C'est en l'anticipant que l'opération a été camouflée grossièrement en insurrection locale appelant à l'aide. L'origine des « petits hommes verts » ne faisait évidemment aucun doute, mais le but était surtout de pouvoir nier malgré tout l'ingérence dans l'espoir de freiner les réactions internationales.

Le début de la guerre du Donbass

L'affaire du Donbass est beaucoup plus complexe et infiniment plus violente que celle de Crimée. Comme elle, cependant, elle s'inscrit dans une stratégie visant à la partition de l'Ukraine, sa vassalisation politique ayant échoué à deux reprises sur Maïdan. Le Kremlin ne manque pas d'idéologues pour théoriser la création d'un État tampon – qui remet à l'honneur le vieux terme tsariste de « Nouvelle Russie » – englobant dans un vaste croissant les provinces où les russophones sont en majorité relative ou en minorité importante : celles de Kharkiv, Louhansk, Donetsk, Dniepropetrovsk, Zaporijjia, Mikolayev, Kherson et Odessa. Ce programme doit débuter dans le Donbass, la région qui présente le profil le plus favorable à une entreprise de sécession. Elle est la plus troublée sur le plan socio-économique, la plus attachée à l'ancien modèle économique soviétique, notamment aux subventions publiques ; son centre régional le plus important, Donetsk, est la seule ville d'Ukraine où les Russes ethniques ont la majorité relative (48 %).

L'insurrection commence le 7 avril 2014 lorsqu'un groupe d'un millier d'activistes prorusses s'empare des bâtiments et de stock d'armes du SBU, le service de sécurité ukrainien, à Donetsk et Louhansk. À Kiev, le président par intérim Alexander Turchynov dénonce aussitôt ce qui lui apparaît comme la « seconde vague » du démembrement de l'Ukraine. Le 8 avril, les séparatistes proclament à Louhansk une « république » du même nom, bientôt imités par leurs collègues de Donetsk. Le 12, un autre groupe armé, mené par un ancien colonel du FSB, occupe plusieurs bâtiments de la police et du SBU à Sloviansk, et un scénario proche se déroule à Kramatorsk, autres grandes villes de la région. L'ensemble du Donbass semble alors promis au même sort que la Crimée.

Cette fois, cependant, le pouvoir ukrainien réagit. Le 15 avril 2014, Alexander Turchynov ordonne au ministère de l'Intérieur, aidé par les forces armées, de rétablir l'autorité de l'État sur l'ensemble du territoire. L'opération est baptisée « opération antiterroriste », plus connue sous l'acronyme anglais ATO. Au départ, ses moyens sont limités et l'emploi de la force contenu. Il s'agit de continuer à occuper le terrain de manière à étouffer, paralyser l'opposition plutôt qu'à la réduire par la violence. Cette méthode montre vite ses limites : la saisie de l'aéroport de Kramatorsk par un raid aéromobile est ainsi entravée par des procédés de « défense civile ». Une colonne blindée se trouve engluée dans une « embuscade de foule » où aucun coup de feu n'est tiré, et six véhicules blindés sont capturés sans combat.

Les affrontements commencent réellement à la fin du mois d'avril 2014, dans cette même région de Kramatorsk. Deux hélicoptères ukrainiens sont abattus. L'escalade politique s'amplifie au rythme de l'escalade militaire. Le 11 mai, le référendum organisé par les séparatistes donne le résultat souhaité en faveur d'une indépendance. Les dirigeants autoproclamés des Républiques populaires de Donetsk et de Louhansk demandent le rattachement à la Russie. Le 25 mai, jour de l'élection présidentielle à Kiev, des combats violents opposent les forces ukrainiennes aux séparatistes autour de Donetsk et font plus de 50 morts. À compter de ce moment, le commandement ukrainien des opérations passe au ministère de la Défense. Le 7 juin, le nouveau président ukrainien, Petro Porochenko (né en 1965), entre en fonction. Issu du monde des affaires, il s'est fait élire sur un programme de libéralisation économique et de rapprochement avec l'UE. Dans son discours inaugural devant la Rada, il réaffirme l'unité territoriale de l'Ukraine, Crimée comprise, et l'existence d'une seule langue officielle, l'ukrainien. Le vice-président américain Joe Biden est dans la salle.

La guerre au Donbass oppose des formations hétéroclites. L'armée régulière ukrainienne, encore très faible, est appuyée par une nébuleuse de bataillons de volontaires, souvent issus de la mouvance nationaliste et radicale, et dont beaucoup sont financés par des oligarques locaux. Leur font face une coalition de groupes rebelles qui se développent dans les oblasts de Donetsk et de Louhansk, comme la 1re brigade de Sloviansk et la « milice populaire du Donbass », bientôt suivies, autour de Donetsk, d'une vingtaine de brigades et de bataillons.

Comme en Crimée mais à plus grande échelle, les deux armées irrégulières rebelles de Donetsk et de Louhansk sont renforcées par des groupes de « partisans de l'extérieur », Cosaques, Tchétchènes, Ossètes, etc., puis par des volontaires individuels venant du monde entier et souvent issus, comme dans le camp d'en face, de mouvements d'extrême droite. Cet ensemble de partisans locaux et importés finit par représenter environ 20 000 combattants. Dans la grande majorité des cas, ces groupes sont équipés d'armes légères, ce qui n'est pas difficile dans un pays qui en comptait 7 millions en 1991.

Très rapidement, en outre, la Russie introduit ses forces spéciales pour renforcer et contrôler la coalition rebelle. Leur présence est attestée dès le mois de mars 2014. Par la suite, certains commentateurs estiment qu'à partir de mai les Russes ont engagé de manière permanente trois ou quatre groupements de 250 à 300 « soldats fantômes », issus par rotation de sept brigades de Spetsnaz du GRU et du 45e régiment, opérant par équipes discrètes de 10 à 12 hommes. Ces équipes, auxquelles il faut ajouter celles du FSB et des soldats russes que l'on qualifiera officiellement d'« égarés » ou de « permissionnaires » et qui sont souvent des techniciens, ont pour premier rôle d'encadrer les groupes rebelles, d'assurer la coordination entre eux et avec les forces régulières russes, de former les spécialistes et les cadres, et parfois de mener des missions autonomes de renseignement ou même de sabotage, mais quasiment jamais de combattre en première ligne.

À Kiev, Petro Porochenko comprend qu'il lui faut à tout prix augmenter le volume de ses forces. La conscription est réintroduite, des incorporations et des appels de réservistes sont effectués à plusieurs reprises entre mai et juillet ; le budget des armées est augmenté d'un tiers, l'encadrement est renouvelé. En intégrant les très nombreuses organisations de volontaires, environ 150 petits bataillons sont opérationnels au début de l'été. La plupart n'ont cependant pas grande valeur combattante. En juin 2014, le commandement ukrainien peut tout au plus compter sur une masse de manœuvre de 10 000 hommes, une force qui augmente ensuite régulièrement mais qui ne permet pas de reprendre rapidement le contrôle des deux provinces de Donetsk et Louhansk, peuplées de plus de 6 millions d'habitants sur 50 000 kilomètres carrés.

Par manque de moyens, le commandement ukrainien décide de concentrer ses forces dans la région de Marioupol au sud, ainsi qu'autour de Kramatorsk et Sloviansk et dispute aux rebelles le contrôle des points de passage le long de la frontière avec la Russie. Des unités de quelques centaines de combattants de part et d'autre s'affrontent dans des accrochages indécis. Le dégagement de Marioupol et surtout, le 5 juillet, la prise des grands centres urbains de Sloviansk, Artemovsk et Kramatorsk marquent une rupture : le rapport de force semble alors basculer du côté des forces ukrainiennes dont la capacité de manœuvre s'accroît sensiblement.

L'offensive aérienne et l'offensive d'artillerie

L'armée ukrainienne bénéficie initialement de la maîtrise du ciel. Elle profite en particulier de sa cinquantaine d'hélicoptères pour organiser plusieurs opérations aéromobiles visant à s'emparer des aéroports des grandes villes rebelles, Kramatorsk, Donetsk et Louhansk. Ce ne sont pas des affaires de grande ampleur : une ou deux compagnies tout au plus déployées à chaque fois. Des opérations coups de poing audacieuses, mais dangereuses car ces forces sont limitées, dispersées et, une fois débarquées, elles sont vite encerclées, ce qui impose un soutien logistique difficile par air ou par d'étroits couloirs au sol. Alors qu'une première force aéromobile est déjà assiégée sur l'aéroport de Donetsk depuis le 26 mai, une seconde opération lancée le 12 juin sur l'aéroport de Louhansk subit le même sort. Face à ces actions aéromobiles, les Russes dotent les forces rebelles d'une panoplie de missiles antiaériens, peut-être en partie actionnés depuis la Russie. La modeste aviation ukrainienne est chassée du ciel à la fin du mois d'août après que la moitié de son parc aérien a été mise hors de combat.

C'est dans ce contexte qu'intervient la destruction de l'avion de ligne MH17 de la compagnie Malaysia Airlines avec 298 personnes à bord, le 17 juillet 2014. À cette altitude, l'appareil n'a pu être abattu que par un missile. L'enquête du Bureau néerlandais pour la sécurité l'identifiera d'ailleurs comme étant le modèle utilisé par le système antiaérien mobile Buk-M1. Il apparaît rapidement que l'origine du tir se trouve dans les rangs séparatistes et que ceux-ci ont probablement confondu l'avion de ligne avec un appareil de transport ukrainien.

Sauf à se résigner à une victoire ukrainienne obtenue à la longue – et inévitable si les deux républiques séparatistes sont laissées à leurs seuls moyens –, la Russie doit aller plus loin que la maîtrise du ciel par le sol. Le gouvernement ukrainien semble persuadé qu'elle n'osera pas. Pourtant, le 11 juillet au matin à Zelenopillya, un bataillon mécanisé ukrainien est décimé en trois minutes par des tirs de lance-roquettes multiples (LRM). On compte près de 140 tués et blessés. Ce n'est que la première des 53 frappes d'artillerie qui s'abattent sur 40 positions ukrainiennes le long de la frontière pendant un mois. La supériorité russe dans ce domaine est totale, l'armée ukrainienne impuissante. L'incursion au-delà de la frontière pour attaquer directement l'artillerie russe est exclue, car Kiev craint trop de justifier ainsi une réplique encore plus forte, autrement dit une invasion. La seule solution militaire serait de répondre sur le même plan en procédant à des tirs de contrebatterie, mais ce n'est pas possible non plus. Outre un nombre et une qualité de pièces d'artillerie insuffisants, l'armée ukrainienne est très en retard dans le champ électronique. Les Russes utilisent une panoplie de radars de surveillance, de tir et de contrebatterie autrement supérieurs. On se trouve alors dans une confrontation totalement dissymétrique à l'avantage des Russes. Or tout le monde, à Kiev comme à Washington, a apparemment jugé que la probabilité d'un effort russe de cette nature était trop faible pour s'y préparer sérieusement. Malgré la levée, le 2 août 2014, de l'embargo de l'Union européenne sur les livraisons d'armes sur tout le territoire ukrainien (qui ne pénalisait que l'Ukraine), l'aide extérieure demeurera limitée. Les États-Unis ne fourniront par exemple que des radars anti-mortiers avec une portée de 5 kilomètres seulement et donc inefficaces contre la grande majorité des pièces russes.

Les bataillons russes à la rescousse

Aux prises avec de graves difficultés financières, le président Porochenko accepte l'aide des dizaines de bataillons de volontaires formés au printemps précédent pour muscler son armée. Au mois d'août 2014, si les forces ukrainiennes n'ont pas beaucoup augmenté en qualité, elles disposent néanmoins d'une plus grande masse de manœuvre avec l'équivalent de quatre ou cinq brigades mobiles de quelques milliers d'hommes. La pression qu'elles exercent sur les points de contact est un peu supérieure à celle des rebelles, ce qui leur permet de progresser. Les villes de Donetsk à l'ouest et de Louhansk à l'est constituent le centre de gravité de l'adversaire, toutes deux imprenables. Il est en revanche possible de les isoler. Au nord des républiques séparatistes, la capacité de manœuvre ukrainienne est donc utilisée sur trois axes d'effort : autour de Louhansk qui est presque encerclée à la mi-août, entre les deux républiques séparatistes en formant une poche jusqu'à la ville de Debaltseve et entre Donetsk et Horlivka. Au sud-ouest, l'effort principal se porte sur la petite ville d'Ilovaïsk. Si elle venait à tomber, les forces ukrainiennes du sud pourraient rapidement se joindre à celles du nord et Donetsk serait encerclée.

Le 10 août, les forces ukrainiennes se concentrent donc non loin d'Ilovaïsk, un groupement formé d'éléments de six bataillons de volontaires renforcés de chars de bataille et d'infanterie mécanisée de deux brigades régulières. À ce moment-là, les forces gouvernementales semblent en passe de remporter la victoire. À la mi-juin 2014, les rebelles contrôlaient plus de 60 % du territoire des deux oblasts de Louhansk et Donetsk, et Kiev 40 %. Deux mois plus tard, la situation est exactement inverse, et les deux capitales semblent sur le point d'être encerclées.

Pour contrer cette offensive, la Russie engage de nouveaux moyens, plus puissants, tout en conservant la possibilité de nier leur action. Ces forces nouvelles sont terrestres, même si l'on signalera parfois l'intervention d'avions d'assaut. Afin de limiter la signature russe, elles devront être engagées quelques semaines au maximum et camouflées au sein des forces locales. C'est le même principe que pour la conquête de la Crimée, à cette différence qu'il ne s'agit plus cette fois de forces spéciales ou légères, mais de la troisième catégorie d'unités déployables : les groupements tactiques interarmes, plus connus désormais sous l'acronyme BTG pour *Battalion Tactical Group* – on monte d'un cran.

Un BTG russe au Donbass est uniquement composé de volontaires. Ses soldats ne doivent porter aucun élément d'identification et rien ne doit les distinguer des combattants rebelles dont ils portent les drapeaux. Le BTG est une unité lourde de la taille d'un bataillon, environ 500 hommes, qui combine chars et infanterie mécanisée très richement dotée en moyens d'appui, tireurs d'élite, lance-grenades automatiques et lance-roquettes. Il peut en outre compter sur une énorme artillerie qui porte avec une certaine précision à plusieurs dizaines de kilomètres. À la fin du mois d'août, le nombre de soldats russes en Ukraine se situe entre 3 500 et 6 500 selon les estimations, soit 15 à 25 % du total des combattants de ce camp, une proportion qui ne va pas cesser d'augmenter par la suite.

Offensive éclair dans le Donbass

L'offensive russe prend le gouvernement ukrainien et les pays occidentaux par surprise. Dans la nuit du 23 au 24 août 2014, le front sur la frontière est percé sur 40 kilomètres. Une centaine de véhicules blindés s'infiltrent en quelques heures, alors que l'état-major ukrainien refuse dans un premier temps de croire à une opération d'une telle ampleur – un retard qui sera fatal à ses forces les plus avancées. L'objectif des assaillants est de dégager les bastions séparatistes de la pression des forces ukrainiennes, ce qui constitue un objectif limité pour une escalade que l'on veut également limitée dans l'espace comme dans le temps. L'infériorité des forces ukrainiennes est criante, notamment en artillerie.

Les BTG russes avancent sur quatre axes. Au nord, l'effort porte sur le dégagement de l'aéroport de Louhansk. Le BTG en charge de ce secteur est doté de mortiers de 240 mm, les plus puissants au monde. Les défenses sont écrasées. La 1re brigade blindée ukrainienne tente de se dégager, ce qui donne lieu à des affrontements entre ses T-64 et les T-72B et T-90 russes, sans doute les premiers combats de chars un peu importants en Europe depuis 1945. Les Ukrainiens sont repoussés et les parachutistes sur l'aéroport obligés de se replier en catastrophe. Le 1er septembre, l'aéroport est pris.

L'axe d'effort principal se situe au centre et se dirige plein-est en direction d'Ilovaïsk. Laissés sans ordres clairs, plus de 2 500 combattants ukrainiens sont encerclés dès le 24 août. Après plusieurs jours de combat autour de la ville et la défection d'un bataillon de volontaires qui désarticule leur dispositif, les forces de Kiev tentent un repli négocié et tombent dans une embuscade. À la fin des combats, le 29 août, entre 450 et 1 000 soldats ukrainiens auront été tués avec autant de blessés et prisonniers. C'est le plus grand désastre de l'armée ukrainienne. Plus au sud, un troisième BTG reprend une grande partie du terrain, mais échoue à s'emparer de Volnovakha et de Donskoye, deux carrefours importants.

Le dernier BTG se déplace le long de la côte de la mer Noire et ouvre un nouveau front en direction de Marioupol. Encerclée, la ville est en partie évacuée. Des combats dans les faubourgs sont signalés le 4 septembre, à l'avantage des Russes. Ils sont arrêtés par la signature du protocole de Minsk, un cessez-le-feu et un désengagement opérés sous les auspices de l'Organisation pour la sécurité et la coopération en Europe (OSCE) et acceptés par toutes les parties au conflit.

Le protocole, complété le 19 septembre par des mesures techniques, consacre d'abord la victoire militaire de l'opération russe, puisqu'il calque la « ligne de contact » sur celle de l'avancée de ses forces, y compris autour du saillant de Debaltseve, tenu par l'armée ukrainienne au centre du Donbass. En position de faiblesse, le gouvernement ukrainien est contraint d'accorder une « autonomie locale » aux oblasts de Donetsk et de Louhansk. En échange, les combattants étrangers de toutes origines doivent quitter le territoire ukrainien avec leur équipement. Une zone interdite aux armes lourdes est également créée sur 15 kilomètres de part et d'autre de la ligne de contact. Dans les faits, celle-ci devient une ligne retranchée. Les BTG quittent le Donbass, mais les Russes continuent d'équiper et d'encadrer les forces séparatistes afin de consolider leur position et de dissuader le gouvernement ukrainien de tenter une nouvelle offensive. La guerre devient larvée avec des violations fréquentes du cessez-le-feu. La situation politique se dégrade à la fin de l'année 2014, avec l'organisation d'élections législatives le 2 novembre dans les deux républiques séparatistes, entraînant le 2 décembre l'annulation du « statut spécial » accordé lors du protocole de Minsk aux deux provinces russophones. Le 26 décembre, les pourparlers sont suspendus. Les accrochages se multiplient et font place à la mi-janvier 2015 à de violents combats autour de l'aéroport de Donetsk.

Combats de siège

Le 14 janvier 2015, une nouvelle offensive russe est lancée. La pression est exercée sur l'ensemble du front qui est désormais continu depuis le nord de Louhansk jusqu'à Marioupol, mais avec un effort particulier au centre sur deux objectifs : l'aéroport de Donetsk et la poche de Debaltseve. Les procédés tactiques n'ont guère changé depuis septembre, à cette différence que les forces ukrainiennes sont nettement mieux retranchées, ce qui rend les combats plus difficiles. L'aéroport de Donetsk est assailli selon le même mode opératoire que celui de Louhansk en septembre. La position est d'abord soumise à l'« artillerie d'écrasement » des mortiers de 240 mm, suivie d'une série de petites attaques où les sections de chars russes servent de fer de lance. Les forces ukrainiennes, surnommées « cyborgs » du fait de leur résistance acharnée, lancent plusieurs contre-attaques qui permettent, le 17 et le 18 janvier, de reprendre une partie des positions perdues. L'attaque de dégagement par une brigade blindée depuis le sud de la zone échoue en revanche complètement, entravée dans un champ de mines… ukrainiennes. Dès lors, l'issue ne fait plus de doute et, le 21 janvier 2015, l'aéroport est pris après deux cent quarante-deux jours de siège.

Dès le lendemain, les combats reprennent autour de la poche de Debaltseve. Ce sera la plus importante bataille de cette guerre. Debaltseve, nœud routier et ferroviaire pris par les rebelles en avril 2014, avait été repris par les parachutistes ukrainiens en juillet. La poche forme une enclave entre les deux républiques séparatistes. Elle est tenue par l'équivalent d'une petite division d'environ 6 000 hommes solidement retranchés. Pour en venir à bout, les forces russes et rebelles sont obligées de déployer jusqu'à 19 000 hommes, c'est-à-dire la presque totalité de leur capacité. Les combats sont très violents, mais cette fois les points d'appui résistent bien. Le 2 février, les assaillants marquent une pause, tandis que Moscou engage des renforts pour essayer d'emporter la décision. Il y a alors plus de 10 000 soldats russes en Ukraine, hors Crimée. Les combats reprennent le 8 février, avec des frappes d'artillerie d'une ampleur inédite. L'événement décisif survient le lendemain, lorsque les agresseurs percent jusqu'au centre du saillant – le village de Lohvynovo –, coupant l'axe logistique ukrainien. Pendant plusieurs jours, les combats se concentrent autour de ce village, que les « loyalistes » s'efforcent de reprendre à tout prix. On assiste même le 12 février au plus violent combat de chars de la guerre. La 5e brigade blindée qui forme le cœur du BTG russe perd huit T-72B3 contre quatre T-64 ukrainiens. La poche tient toujours lors de l'entrée en vigueur des nouveaux accords de Minsk II, le 15 février 2015 à minuit, mais le combat continue malgré tout. L'assaut final est donné le lendemain. Détail qui témoigne de la supériorité russe également dans le champ électronique, il est précédé d'envois de SMS sur les téléphones portables des soldats ukrainiens leur conseillant de se constituer prisonniers. Dans le même temps, une station de guerre électronique R-330Zh Zhitel présente dans la zone brouille le réseau de commandement ukrainien. Les Russes concentrent sur place la majeure partie des moyens de feux les plus lourds dont ils disposent, guidés par drones. Tout le front est de la poche s'effondre et la ville de Debaltseve est finalement investie.

Devant le désastre imminent, l'état-major ukrainien planifie une opération de repli pour la nuit du 17 au 18 février, mais les ordres passent difficilement et la retraite tourne à la déroute. Les unités éclatées en petites colonnes sont harcelées et leurs pertes sont considérables. Ce désastre suscite une vive polémique, notamment entre les milices de volontaires et l'état-major. Le 18 février, la plus grande bataille de la guerre est terminée ainsi que le temps des grandes opérations dans la guerre du Donbass. Néanmoins, durant les années qui suivent, et jusqu'à l'attaque russe du 24 février 2022, les violations du cessez-le-feu et des multiples trêves, les attaques de petite ampleur, les tirs d'artillerie ne cesseront quasiment jamais, sans que la ligne de contact des forces bouge vraiment. La guerre du Donbass a tué 10 000 à 12 000 soldats – dont plus de 4 000 Ukrainiens et 2 000 Russes – et 3 000 à 5 000 civils. Placé dans une situation difficile et sans réelle implication des puissances occidentales, le gouvernement ukrainien a été obligé d'accepter le 12 février 2015 les accords dits de Minsk II qui consacrent la victoire de la Russie en actant la partition de fait de son territoire. Les Russes en retirent un sentiment de nette supériorité sur leur adversaire, sans visiblement se rendre compte que la prestation de celui-ci s'est nettement améliorée avec le temps. Le haut commandement ukrainien tire en effet les conséquences de sa défaite et entame, avec l'appui discret d'instructeurs des pays de l'OTAN, une profonde remise en question.

Nouvelle donne présidentielle à Kiev et à Washington

Face à la guerre du Donbass, Porochenko ne peut, même s'il en avait le désir, maintenir la politique d'équilibre de plusieurs de ces prédécesseurs. Il accélère le processus de rapprochement avec l'Union européenne (signature le 27 juin 2014 d'un accord d'association) et avec l'OTAN (il promet à plusieurs reprises un référendum sur le sujet, sans toutefois passer à l'acte). Par ailleurs, sa lutte contre la corruption n'obtient que de maigres résultats. Sur le plan culturel et mémoriel, il reprend et élargit le processus entamé par Iouchtchenko. L'ukrainisation des programmes de radio et de télévision est poussée, de même que la glorification de tous les héros de l'indépendance ukrainienne.

En 2019, Porochenko est écrasé à l'élection présidentielle – et son parti le sera aux législatives – par un outsider complet, Volodymyr Zelensky, qui se fait élire sur la promesse de lutter contre la corruption et les liens incestueux entre classe politique et oligarques. Zelensky, qui est d'une famille russophone et qui possède plusieurs affaires en Russie, promet également de mettre fin au conflit du Donbass et d'engager le dialogue avec Vladimir Poutine. Ses bonnes intentions se brisent rapidement sur l'intransigeance du président russe, qui continue d'armer et encadrer ceux que Kiev appelle les « rebelles » du Donbass. Au printemps 2021, en plus des 87 000 soldats déjà présents depuis plusieurs années, Moscou masse des forces supplémentaires en Crimée et sur ses frontières avec l'Ukraine, installe de nouveaux quartiers généraux d'armée, tandis que des navires sont transférés de la Baltique à la mer Noire. Est-ce pour prévenir la nouvelle administration Biden – le président américain est un partisan notoire de l'aide à l'Ukraine – de ne pas toucher au statu quo et, par conséquent, de ne pas aider Kiev à reprendre le contrôle du Donbass ? À l'Ouest comme à Kiev, l'on craint sérieusement une invasion, d'autant que des incidents armés se produisent dans le Donbass et le détroit de Kertch. Cette nouvelle crise est désamorcée en mai par un retrait partiel des troupes russes, favorisé par plusieurs déclarations américaines de ne pas appuyer l'entrée de l'Ukraine dans l'OTAN et le refus de Biden de fournir à Kiev la modeste aide militaire de 100 millions de dollars à laquelle il songeait. En revanche, cet épisode amène Zelensky à abandonner son attitude ambiguë vis-à-vis de la Russie comme de l'OTAN, et à accroître ses demandes d'aide à l'Organisation atlantique. Il augmente également les achats de drones de combat Bayraktar TB2 à la Turquie, qui, l'année précédente, avaient beaucoup contribué à donner la victoire à l'Azerbaïdjan lors de la seconde guerre du Haut-Karabagh*. De son côté, Vladimir Poutine multiplie les déclarations et les écrits** dans lesquels il réaffirme que Russes et Ukrainiens sont « un seul peuple ». C'est nier sans autre forme de procès toute existence propre à une nation en quête d'elle-même depuis des siècles ainsi que tout le processus de différenciation entre les deux voisins grandement accéléré depuis 1990.

La tension réapparaît en octobre 2021 alors que Zelensky propose de rencontrer Poutine pour discuter d'une « plate-forme » permettant de régler le problème de la Crimée et de mettre fin à sept ans de guerre au Donbass. En réponse, Medvedev, vice-président du Conseil de sécurité russe, dénonce l'Ukraine dans un article violent, empreint d'une volonté d'humilier ce pays et son président, auquel il n'épargne pas une allusion à ses origines juives et au

---

* En 2020, la guerre du Haut-Karabagh a opposé durant six semaines la république autoproclamée (en 1991) du Haut-Karabagh, soutenue par l'Arménie, à l'Azerbaïdjan. Appuyée par la Turquie, cette dernière remporte une nette victoire qui lui permet de prendre le contrôle d'une partie du Haut-Karabagh, qui, bien que peuplé majoritairement d'Arméniens, lui appartenait en droit à l'époque soviétique.

** Notamment le texte de 25 pages publié en juillet 2021 et dont le titre vaut programme : « De l'unité historique des Russes et des Ukrainiens. » Ses grandes lignes seront reprises dans le discours prononcé trois jours avant l'invasion de l'Ukraine. Le texte se trouve à : https://france.mid.ru/fr/presse/russes_ukrainiens/

supposé reniement de sa russité. Il présente l'Ukraine comme un « vassal » des États-Unis et développe en des termes peu amènes : « Et ça n'a pas de sens de traiter avec des vassaux. Il faut le faire avec le suzerain. Les relations dénuées de sens et même nuisibles avec les chefs actuels de l'Ukraine tiennent aussi à ce fait que des gens ignorants et inutiles sont à la tête de ce pays. Ils changent constamment d'avis pour plaire à leurs maîtres d'outre-Atlantique et selon la situation politique. [...] Alors la question centrale et éternelle se pose : que faire dans pareille situation ? Rien. Juste attendre qu'une direction saine émerge en Ukraine, qui n'ait pas pour but une confrontation totale avec la Russie, qui n'organise pas de stupide "plate-forme sur la Crimée", créée seulement pour tromper la population et gonfler leurs muscles avant une élection. [...] La Russie sait attendre. Nous sommes un peuple patient[5]. » Voilà enterrée toute idée de dialogue avec Zelensky et niée sa légitimité même. L'engrenage de l'escalade est relancé. Un mois plus tard, le ministre de la Défense de Russie dénonce l'entrée de deux navires de guerre américains en mer Noire et corrèle ce fait à l'intention supposée de Kiev de reprendre l'offensive dans le Donbass. Au milieu de ce mois, les unités russes reviennent se masser sur la frontière. Une nouvelle crise s'enclenche et, cette fois, elle débouchera sur l'invasion de l'Ukraine. Medvedev a menti : la Russie de Poutine ne sait pas attendre, elle veut en finir[6].

1

Deux armées en mutation

Jean Lopez *– Le 24 février 2022, à 5 h 40, Vladimir Poutine apparaît à la télévision. Depuis son bureau moscovite, il annonce que les troupes de la Fédération de Russie ont commencé dans la nuit une « opération militaire spéciale » en Ukraine. C'est le début de la guerre. Quelques heures auparavant, mon entourage se partageait en deux groupes : ceux qui croyaient la guerre probable et ceux qui n'y croyaient pas. J'avoue que j'appartenais aux incrédules. Et vous ?*

Michel Goya – Moi aussi. Je pensais qu'une invasion de l'Ukraine trancherait avec une pratique traditionnelle russe de l'emploi de la force qui pouvait être très brutale mais toujours prudente. Les Soviétiques et les Russes post-soviétiques ont toujours reculé devant un risque qu'ils ne pouvaient réduire à un niveau jugé acceptable. Je sous-estimais largement le fait qu'un dirigeant, peut-être plus isolé et plus mal informé que les différents Politburos, et moins prudent qu'un Staline, pouvait se tromper lourdement. Les décisions stratégiques catastrophiques sont pourtant fréquentes dans l'histoire, mais l'on a tendance à mal les anticiper, car on privilégie toujours la croyance dans une rationalité bien informée au sommet des États.

JL – Staline, puisque vous parlez de lui, a commis une des plus grandes bévues de l'histoire en ne croyant pas à une attaque allemande en 1941. Les informations ne lui ont pas manqué pourtant. Mais, de façon systématique, lui-même et son entourage, notamment le chef du renseignement, ont minimisé les éléments qui n'allaient pas dans le sens des idées préconçues du patron. S'est-il passé la même chose avec Poutine ? On ne peut que se poser la question et il coulera beaucoup d'eau dans la Moskova avant que l'on n'ait une réponse... Pour revenir au 24 février 2022, et en supposant qu'ils aient un minimum d'éthique professionnelle, il a bien fallu que les militaires russes aient jugé possible de réduire le risque que comportait une telle intervention...

MG – Il y avait deux moyens de réduire ce risque : la surprise et la masse. Les deux ne sont d'ailleurs pas forcément compatibles. Surprendre suppose de se dissimuler et d'agir vite, généralement à partir des moyens disponibles à proximité de l'objectif. Au contraire, agir avec une grande supériorité suppose une montée en puissance longue et par conséquent souvent peu discrète.

JL – Les Soviétiques et leurs héritiers russes ont souvent manié ces deux moyens selon les circonstances…

MG – En ne considérant que la période post-1945, les Soviétiques ont mené de nombreuses opérations rapides, chaudes ou froides, de déploiement, saisie ou raid. Les exemples abondent, depuis le blocus de Berlin en 1948 jusqu'au déploiement en Syrie en 2015 en passant par l'envoi de missiles nucléaires à Cuba en 1962, d'une division aérienne en Égypte en 1970, de l'attaque de la présidence à Kaboul en 1979, de l'assaut sur Grozny en 1994 ou encore de la guerre contre la Géorgie en 2008. Parmi les opérations du deuxième type, celui où l'on néglige les réactions possibles pour privilégier un rapport de force écrasant, on peut citer les reprises de contrôle des pays protestataires du pacte de Varsovie, en 1953 (à Berlin-Est), 1956 (Hongrie) et 1968 (Tchécoslovaquie), l'engagement de la 40e armée en Afghanistan au début de 1980 ou encore la seconde guerre de Tchétchénie* en 1999.

---

* La première guerre de Tchétchénie, engagée de façon désastreuse sous Boris Eltsine en 1994, se termine deux ans plus tard par une paix boiteuse qui renvoie à plus tard le règlement du statut de la petite république. La seconde guerre, qui débute en 1999, voit cette fois Vladimir Poutine à la manœuvre. Il engage des moyens considérables et écrase les rebelles sous le feu. Ceux-ci passent alors en mode guérilla, ce qui se traduit pour les Russes par une campagne anti-insurrectionnelle considérée comme achevée en 2009. La Tchétchénie réintègre de force la Fédération russe.

JL – En Ukraine, en février 2022, à laquelle des deux méthodes de réduction du risque ont-ils recouru ?

MG – C'est là qu'intervient l'incertitude, et même le paradoxe. Les Russes ont en effet choisi de marier les deux méthodes : la vitesse en sacrifiant la dissimulation et les bruits de bottes ostentatoires, mais en renonçant à la masse. Avec les forces immédiatement disponibles le long de la frontière depuis 2014, ils étaient capables de mener des opérations rapides et limitées à l'instar des offensives de l'été 2014 et de l'hiver 2015 dans le Donbass. Pourtant, ils ont choisi de procéder à une mobilisation visible des forces. Ce qui a amené les observateurs à formuler deux hypothèses.

La première était qu'il s'agissait, à l'image d'une mobilisation similaire au début de 2021, d'une opération froide d'intimidation afin de dissuader les Ukrainiens de toute velléité de nouvelle « offensive antiterroriste » contre les républiques séparatistes et, second objectif, d'amener les Occidentaux à ne pas accroître leur présence en Ukraine. En bref, une neutralisation de l'adversaire par la menace.

La seconde hypothèse était celle d'une opération chaude de grande ampleur – où on se moque de la réaction internationale – destinée à « punir » l'Ukraine, détruire son potentiel militaire et peut-être occuper les provinces russophones, voire chercher à remettre en place à Kiev un régime plus favorable. Outre les aléas du champ de bataille, un tel engagement ne pouvait que susciter une réprobation et des sanctions internationales de grande ampleur, et surtout un raidissement de l'Europe de l'Est avec à la clé un renforcement paradoxal de l'OTAN et de la présence militaire américaine dans la région. Cela me paraissait beaucoup trop risqué pour la pratique russe habituelle, y compris pour celle de Vladimir Poutine. Je privilégiais donc fortement la première hypothèse. Même lorsque l'on a appris que de nombreux hôpitaux de campagne et banques de sang étaient déployés – une ressource rare que l'on n'utilise jamais dans les simples démonstrations de force –, j'ai persisté à penser jusqu'au 21 février 2022 qu'une invasion à grande échelle serait une telle anomalie contre-productive pour la Russie qu'elle était improbable. De même après le discours de Vladimir Poutine tenu ce jour, mais je commençais à me persuader qu'il y aurait bel et bien une invasion.

Les Russes se sont préparés si ouvertement que les services de renseignements français se sont fait berner !

JL – Rappelons que la concentration russe s'est effectuée au moins à partir du début de novembre 2021. C'est en effet le 10 de ce mois que les États-Unis rapportent des mouvements de troupes inhabituels sur les frontières ukrainiennes, et le 28, Kiev annonce avoir dénombré 92 000 hommes sur le pied de guerre. Le 17 janvier, des unités russes arrivent sans se cacher en Biélorussie, pays allié de Moscou, en vue de mener en commun « des exercices militaires », annoncés le 10 février pour une durée de dix jours. Mener des manœuvres sur la frontière adverse pour dissimuler son déploiement est un grand classique de la tromperie. Les Allemands l'ont utilisé face à la Pologne en août 1939, les forces du pacte de Varsovie ont procédé de même à la veille de l'invasion de la Tchécoslovaquie en 1968 et la Russie a mené des manœuvres d'envergure baptisées « Kavkaz-2008 » sur la frontière géorgienne peu avant de lui faire la guerre. La majorité des observateurs ont donc été leurrés. Mais est-ce aussi vrai des Ukrainiens et des services occidentaux ?

MG – Tout le monde voyait s'opérer le déploiement des forces russes avec un luxe de détails. Y compris, et c'est en soi une grande nouveauté, vous et moi. Mais très peu ont imaginé une invasion tellement cela paraissait incongru. Même des services dont c'est le métier n'y ont pas cru, et donc aussi généralement les dirigeants à qui ils ont donné leur appréciation de la situation. C'est notamment le cas des services français. Seuls les services américains, par clairvoyance ou du fait de sources mieux placées, ont annoncé sans ambiguïté l'imminence d'une invasion et même donné des dates précises. On notera au passage ce rôle nouveau des services de renseignements américains – normalement discrets – comme instrument de communication. Pendant des semaines, le président ukrainien Volodymyr Zelensky a lui-même exprimé son scepticisme vis-à-vis des avertissements américains. Pour calmer le jeu ? Parce qu'il était intoxiqué par d'autres sources ? On ne peut que se poser la question…

JL – En janvier et février 2022, on ne croit généralement pas à une invasion, dites-vous, parce que cela semble « incongru ». Qu'est-ce qui est incongru ? L'idée d'une guerre en Europe en général ? Ou l'idée que la Russie puisse s'en prendre à son voisin ?

MG – Je pensais surtout au décalage entre le coût immense de cette guerre pour la Russie et les gains espérés, un décalage évident pour tout le monde semble-t-il, mais pas pour Vladimir Poutine. Du simple point de vue du calcul coûts/bénéfices, cette guerre est absurde. Mais elle m'apparaissait également incongrue comme instrument de gestion politique. Plus exactement, avec la fin de la guerre froide, la guerre avait disparu du « système-monde » qui réunit les grandes puissances, décrit par Fernand Braudel et Immanuel Wallerstein[1].

JL – Pour autant la guerre n'avait pas disparu tout court !

MG – C'est exact, mais, comme instrument de règlement des différends, elle s'était déportée sur la périphérie du système-monde. Le cas du 7e corps d'armée américain illustre bien cette situation. Cette formation était chargée de défendre la République fédérale allemande à une époque où cet État constituait l'épicentre du conflit de très haute intensité que l'on attendait. Or, en 1990, le corps tout entier est déplacé en Arabie saoudite pour affronter l'Irak. On semblait entrer alors dans une période où, à l'exception de l'Afrique, les guerres interétatiques étaient devenues un monopole des États-Unis, puissance militaire hégémonique disposant d'une liberté d'action internationale. Elles prenaient souvent la forme de guerres de punition contre des États qualifiés de « voyous », selon l'expression de Ronald Reagan, parce qu'ils avaient outrepassé le droit international ou le droit humanitaire. Une coalition se formait, l'État voyou était frappé par la puissance aérienne de cette coalition – en réalité par l'aviation américaine –, en association avec une force terrestre le plus souvent locale. Ces guerres étaient presque sans douleur, pour les États-Unis et leurs alliés j'entends. À tel point qu'aux yeux des membres de ces coalitions elles pouvaient ainsi passer non pour des guerres, mais pour des opérations de police internationale !

JL – La France a participé à cinq de ces guerres de coalition entre 1990 et 2011 : contre l'Irak, la République bosno-serbe, la Serbie, l'émirat islamique non reconnu des talibans et la Libye.

MG – Oui. Pour autant, nos concitoyens n'ont pas eu réellement conscience que la France a fait une guerre nouvelle contre un État ou un proto-État tous les quatre ans. Sans doute parce qu'elle n'y a pas perdu un seul homme au combat. Pour le reste, et toujours dans ce cadre de police internationale au sein du « nouvel ordre mondial » décrit par le président George Bush en 1991, la plupart des conflits étaient désormais internes, opposant des États à des organisations armées, dont les organisations djihadistes. C'est d'ailleurs dans ces conflits que les pays occidentaux sont le plus intervenus, sous diverses formes, et c'est là qu'ils ont rencontré le plus de difficultés et subi le plus de pertes, en Irak et en Afghanistan en particulier. Une nouvelle norme s'était ainsi établie dans les opinions publiques occidentales mais aussi dans les doctrines militaires sur la manière dont les soldats devaient être employés entre intervention courte et stabilisation longue. Plus personne ne pensait possible ce que nous voyons en ce moment en Ukraine ! Et puis les règles du jeu international ont à nouveau changé, comme tous les vingt à trente ans en moyenne. Des États ont renoué avec une politique de puissance qui ne pouvait que s'opposer, d'une manière ou d'une autre, à celle des États-Unis. La liberté d'action de ces derniers s'est réduite diplomatiquement au Conseil de sécurité, et militairement avec la montée en puissance de ces – à nouveau – grands acteurs politiques de l'Ancien Monde : Russie, Chine, Inde, Turquie, Iran.

JL – Donc, pour résumer : en 1990, avec la fin de la guerre froide, la guerre migre vers la périphérie du système-monde où s'affrontent les grandes puissances. À partir de 2010-2015, les stratèges – les Russes comme les autres –

recommencent à penser la guerre entre États dans l'arène même de l'Occident que l'on croyait sanctuarisée.

MG – C'est bien cela. Avec, en plus, le paramètre nucléaire qui donne à nouveau une tonalité très « guerre froide » à ces relations tendues. L'affrontement prend plutôt l'allure d'une confrontation, au sens d'opposition par tous les moyens sauf le combat ouvert. Mais la guerre n'est plus exclue, surtout en périphérie des puissances. Les perceptions générales des opinions et des politiques, notamment en démocratie, sont toujours un peu en décalage avec les changements souvent rapides des règles du jeu international. Et c'est pour cela que l'invasion de l'Ukraine a suscité un étonnement presque équivalent à celui de la chute du mur de Berlin en 1989, à cette différence près que cet événement-ci est beaucoup plus angoissant.

Poutine a surestimé son armée et sous-estimé celle des Ukrainiens

JL – Je reviens sur ce qui a été dit plus haut. Poutine aurait selon vous agi de façon « absurde » et irrationnelle. Nous pouvons en juger ainsi parce qu'au moment où nous menons cette partie de notre entretien (fin septembre 2022), les Russes se trouvent en difficulté. Pour autant, avant *de franchir la frontière ukrainienne, Vladimir Poutine a certainement pensé qu'il gagnerait. C'est le calcul que ses conseillers stratégiques et lui ont fait. En restant sur le terrain militaire, on peut avancer que le président russe, dans le cadre des objectifs fixés à son intervention en Ukraine, a surestimé son armée ou sous-estimé celle des Ukrainiens, et certainement les deux à la fois. Comme je ne peux imaginer que Poutine et l'état-major aient engagé une force militaire qu'ils auraient jugée inapte, cette force devait à leurs yeux avoir fait de gros progrès et présenter les atours de la modernité. Pourriez-vous nous faire une synthèse de l'évolution de cette armée depuis la disparition de l'URSS jusqu'à ce fatidique mois de février 2022 ?*

MG – L'armée russe qui attaque l'Ukraine est puissante mais pas encore complètement reconstruite sur les ruines de l'armée soviétique. L'effondrement militaire du début des années 1990 est le résultat de la conjonction de celui de l'économie – qui suit sa libéralisation sauvage – et du désintérêt de la nouvelle classe politique et économique pour les instruments régaliens. Le complexe militaro-industriel est laissé à lui-même. Il ne survit plus que par des exportations, d'ailleurs déclinantes, tandis que la plupart des unités de combat ne s'entraînent plus et se transforment en dépôts, plus ou moins actifs et entretenus. L'engagement désastreux à Grozny, en Tchétchénie, en 1994-1995 révèle l'état réel des forces et rappelle la vitesse avec laquelle des compétences tactiques et des capacités peuvent se perdre lorsqu'un outil de défense est négligé.

Dès son arrivée au pouvoir le 9 août 1999, Vladimir Poutine, jusque-là patron du FSB, exprime son intention de restaurer la puissance militaire de son pays, mais les moyens manquent et les problèmes sont profonds. Au moment de la guerre contre la Géorgie en 2008, qui, malgré son issue favorable, révèle quantité de déficiences, on estime qu'une unité de combat sur six est opérationnelle dans l'armée de terre russe. La proportion serait encore plus faible dans l'armée de l'air… qui n'a reçu que trois appareils neufs depuis 1991 ! La marine s'en sort à peine mieux. Hormis dans quelques domaines qui demeurent performants, comme les armes nucléaires ou les missiles antiaériens, la base militaro-industrielle a beaucoup de mal à sortir du trou noir des années 1990. En 2008, plus de la moitié des équipements sont inutilisables, sinon comme réserve de pièces détachées, et à peine 6 % des matériels sont considérés comme modernes[2].

JL – Piètre tableau, en effet, et ce, huit ans après l'arrivée de Poutine au pouvoir. N'était-ce pas pourtant une de ses priorités ?

MG – Sans doute, mais il fallait d'abord qu'il assure son emprise et restaure les ressources budgétaires. Il y est parvenu, ce qui a permis un effort accru, jusqu'à l'équivalent de 64 milliards d'euros en 2013, soit plus du double du budget dix ans plus tôt. Pour comparaison, il était de 31 milliards en France cette année-là et de… 600 milliards aux États-Unis ! En réalité, les ressources mises au service de l'armée russe représentent plus du double de ce montant officiel et, depuis 2013, elles sont en augmentation constante. Il y a surtout une vraie volonté de réforme incarnée par le ministre de la Défense Anatoli Serdioukov* en 2008, premier civil nommé à ce poste. L'objectif est de transformer l'armée de masse type soviétique par une force beaucoup plus ramassée et réactive, composée d'unités moins nombreuses mais professionnelles et modernes.

JL – Bref, il s'agit de suivre le chemin tracé par les armées occidentales. C'est ce qui s'est passé après chacun des grands effondrements qu'a connus la Russie : après le Temps des troubles au début du XVIIe *siècle, après le désastre de la guerre de Crimée (1854-1855) ou encore, avec un temps de récupération, après la guerre civile de 1917-1921.*

MG – À partir de 2008, donc, beaucoup d'unités et d'états-majors inactifs sont supprimés, les forces sont réorganisées, la professionnalisation lancée. On imagine même, pour la première fois depuis longtemps, importer des équipements étrangers. La réforme est brutale – le nombre d'officiers est diminué d'un tiers en quelques années – et trouble beaucoup ceux qui étaient attachés au modèle soviétique. Les réticences

---

* Né en 1962, Anatoli Serdioukov est, dans un mélange bien post-soviétique, un homme d'affaires et un administrateur public qui fait sa carrière dans le sillage de son beau-père, Viktor Zoubkov, un temps proche de Poutine. En février 2007, sa nomination à la tête du ministère de la Défense surprend. Il démissionne en septembre 2012, entraîné dans la disgrâce de son beau-père et soupçonné de malversations. Il est amnistié puis recasé en 2015 à la tête d'une entreprise de haute technologie, Rostec.

internes finissent par avoir raison de Serdioukov, qui est remplacé en 2012 par le général Sergueï Choïgou, plus consensuel, plus souple et en qui Poutine a confiance. N'est-il pas un des fondateurs de son parti Russie unie, et l'homme qui a dirigé l'invasion de la Crimée et l'intervention en Syrie ?

Le problème est que sous sa direction la transformation de l'armée russe est restée entre deux eaux. Choïgou revient sur certaines évolutions, en réintroduisant par exemple l'échelon division dans l'armée de terre, mais n'en annule aucune. L'échelon brigade introduit par Serdioukov est ainsi maintenu. La professionnalisation n'est pas remise en question, mais les volontaires manquent et la conscription, réduite à un an de service, est maintenue pour compléter un tiers des effectifs. Le système de mobilisation des réserves de l'armée soviétique a disparu mais il n'est que timidement remplacé par un nouveau système de réserves semi-professionnelles à l'occidentale.

JL – Bref, l'armée russe, au moment où elle attaque son voisin, se trouve véritablement au milieu du gué. Elle n'est plus l'immense machine à mobiliser qu'était l'armée soviétique, héritage qui, entre parenthèses, semble avoir été mieux conservé chez les Ukrainiens ; et elle n'est pas encore la force professionnelle devenue la norme dans la majorité des pays occidentaux. Contrairement à une idée répandue, l'armée n'a pas souvent attiré dans l'ancienne Russie et pas toujours du temps de l'URSS. À cela deux raisons principales : les soldes insuffisantes et l'inconfort d'une vie passée loin des grands centres urbains. Pour qui connaît la Russie, la perspective de vivre dans une petite ville de l'Oural ou de Sibérie n'est pas de nature à attirer les jeunes diplômés. Je ne suis donc pas étonné de vous entendre dire que l'on n'arrive pas à signer le nombre de contrats d'engagement prévus ni qu'il faille maintenir une conscription d'un an qui ne doit fabriquer que des bidasses peu utilisables.

MG – Malgré tout, l'effort budgétaire important permet la modernisation des équipements, même si, souvent, il s'agit surtout de remplacer les modèles les plus anciens par de plus récents, c'est-à-dire conçus à la fin de l'époque soviétique. Les équipements réellement nouveaux peinent à sortir et leur développement sera, pour la plupart, stoppé par les sanctions économiques consécutives à l'annexion de la Crimée en 2014. L'industrie russe, et, en son sein, le complexe militaire, produit à nouveau en masse mais elle est incapable de se moderniser complètement sans la technologie occidentale[3].

JL – Cette armée en transition n'a pas brillé durant la seconde guerre de Tchétchénie (1999-2000) ni face à la Géorgie (2008), avez-vous relevé. Néanmoins, les réformes de Serdioukov puis de Choïgou devraient produire des résultats observables dans les conflits suivants, en Crimée, dans le Donbass et en Syrie. Est-ce le cas ?

MG – Oui, sans doute aucun. Malgré ses lacunes, l'armée russe redevient une armée pleinement opérationnelle. Très loin des cafouillages en Géorgie, l'occupation de la Crimée fin février 2014 est parfaitement maîtrisée par la « force agile » – forces spéciales, troupes aéroportées, infanterie de marine – désormais presque entièrement professionnalisée et susceptible d'agir sur un préavis très court. Dans le même temps, la Russie est capable de positionner 95 000 hommes aux frontières de l'Ukraine.

JL – C'est beaucoup, 95 000 hommes ?

MG – Cela représente une masse de manœuvre terrestre très supérieure à celle de n'importe quel pays européen après plus de vingt ans de réduction des forces. Une partie de ces moyens est engagée dans le Donbass, en août 2014 et en janvier 2015, sous la forme de six à dix groupements tactiques interarmes, selon l'expression française, mais plus connus désormais sous l'acronyme anglais BTG pour *Battalion Tactical Group*, associant un bataillon de mêlée et un bataillon d'artillerie. Ces groupements tactiques mènent de petites offensives qui témoignent encore de difficultés, en particulier logistiques, mais qui rencontrent un plein succès face à des troupes ukrainiennes très faibles[4].

L'engagement en Syrie en septembre 2015 est très différent puisqu'il prend surtout la forme d'un appui aux opérations terrestres de la coalition pro-Assad, mais il constitue également un succès. La Russie y déploie ses points forts, des batteries de défense anti-aérienne, une brigade de Spetsnaz-GRU*, les merce-

* Le GRU (acronyme russe pour Direction principale du renseignement) est le service de renseignements militaire. « Spetsnaz »

naires de la société Wagner et surtout un escadron aérien mixte de 60 à 70 hélicoptères et avions de combat. Elle expérimente là sa première campagne aérienne, avec succès. La Syrie sert également de grand centre d'apprentissage pour les officiers russes dont beaucoup effectuent un séjour sur place[5].

JL – Je relève avec intérêt que, en Syrie, entre 2015 et 2018, la VVS (l'aviation russe) expérimente sa première campagne aérienne. En d'autres termes, elle demeure novice dans ce domaine, comparée à l'US Air Force. Elle a eu à affronter des défenses au sol faibles et, de l'avis général, l'utilisation du porte-avions Amiral Kouznetsov *a été un échec. Les observateurs ont également relevé que les appareils utilisaient très peu de munitions de précision et que le renseignement sur les cibles laissait beaucoup à désirer. Ma remarque a pour but de sensibiliser le lecteur à un fait avéré : l'aviation n'a jamais été le point fort de l'Armée rouge ni de l'armée soviétique qui lui a succédé. Ce fait doit demeurer à l'esprit pour comprendre une caractéristique importante de la guerre russo-ukrainienne, sur laquelle nous reviendrons.*

MG – Sans doute. Néanmoins, globalement, l'armée russe a beaucoup évolué en quelques années, quantitativement comme qualitativement, et semble être redevenue, adossée à la plus grande force nucléaire

est le terme générique désignant les forces spéciales russes. Celles qui dépendent du GRU sont divisées en trois branches : troupes terrestres, troupes aéroportées (VDV) et forces sous-marines de sabotage (PDSS).

du monde, capable d'affronter avec succès n'importe quel adversaire. On s'extasie même devant les théories russes comme la prétendue « doctrine Guerassimov* ». Bref, la Russie fait à nouveau peur. Mais on ne perçoit pas que cette évolution positive pour elle se ralentit dans les années qui précèdent l'invasion de l'Ukraine. À la fois sous l'effet d'un essoufflement économique et des sanctions consécutives à l'annexion de la Crimée, mais aussi de freins internes mal identifiés. On ne perçoit pas non plus qu'inversement l'armée ukrainienne a beaucoup travaillé et progressé depuis ses défaites de 2015.

JL – Je suis rétrospectivement frappé par les éloges que la presse spécialisée s'accordait à décerner à ce qui était présenté comme une renaissance militaire russe. J'ai encore chez moi un numéro de l'excellente revue DSI *qui titrait « Guerre électronique : la Russie en pointe*[6] *». On ne tarissait pas d'éloges sur certains matériels comme l'hélicoptère d'attaque Ka-52 Alligator et, surtout, le char T-14 Armata présenté comme une rupture analogue à celle produite en 1940 par son arrière-grand-père le T-34. Le lecteur pouvait avoir l'impression que l'armée russe était une machine à la fois puissante et moderne, à laquelle on conférait toujours certains attributs de son passé comme la supériorité numérique, ce qui constituait une erreur mani-*

* La doctrine dite « Guerassimov », du nom du chef d'état-major de l'armée russe, regroupe depuis 2014 les éléments de ce qui a été depuis nommé « guerre hybride », c'est-à-dire fédérant l'ensemble des moyens économiques, psychologiques, informatiques et discrètement militaires visant à paralyser un adversaire.

feste. Il s'agit d'une habitude d'ailleurs justifiée puisque, depuis Pierre le Grand, la Russie puis l'URSS ont toujours entretenu la plus grande armée du monde en temps de paix. C'est en l'espèce un fardeau historique qui, à mon avis, a distordu son développement économique et social.

Pouvez-vous situer l'ampleur des changements survenus dans le domaine du nombre des combattants, qui n'ont pas reçu, à l'époque, l'attention qu'ils méritent ?

MG – On a toujours en effet l'image d'une armée de masse, mais ce n'est plus le cas. L'ensemble des forces armées russes représentait avant le début de la guerre un peu plus d'un million d'hommes sur le papier, mais environ 750 000 en réalité. La différence, que certains comparent aux « âmes mortes » du roman de Gogol, décrivant des serfs morts mais toujours inscrits sur les listes de recensement, vient du manque de volontaires ou parfois simplement de faux comptes rendus d'effectifs – 750 000 hommes donnent néanmoins 1 membre des forces armées pour presque 200 habitants. C'était 1 pour 60 dans l'URSS des années 1980, qui était, rappelons-le, deux fois plus peuplée que la Russie actuelle : 289 millions d'habitants contre 146 millions.

L'Ours russe n'est plus le colosse d'antan : il manque d'hommes !

JL – Pour mémoire, l'URSS a incorporé 1,8 million de jeunes hommes de 20 ans en 1940, la Russie actuelle, si elle en avait les moyens, n'en aurait que 700 000 à sa disposition, ce faible nombre relatif s'expliquant non seulement par la réduction de la population due à l'explosion de l'URSS, mais aussi par le vieillissement de la population russe.

MG – Néanmoins, ce ratio de 1 membre des forces armées pour presque 200 habitants est très supérieur à celui d'un pays comme la France – 1 militaire pour 300 habitants environ. Mais il n'est atteint que parce que la Russie, on l'a dit, maintient une conscription de complément qui forme un tiers des effectifs. Le problème est que ces appelés, comme chez nous à l'époque de la conscription, peuvent difficilement être engagés autrement que pour la défense du sol national. Cela a contraint à dissocier les grandes unités de l'armée de terre pour former des brigades et régiments à destination de l'Ukraine qui soient uniquement composés de soldats sous contrats professionnels. Ajoutons tout de suite que cette force expéditionnaire ne peut être renforcée par un corps de réservistes professionnels puisque celui-ci n'était encore qu'embryonnaire au début de la guerre. Pas question donc de voir une force déployée comprenant jusqu'à 40 % de réservistes ou de gardes nationaux, comme celle des Américains en Irak.

JL – Je récapitule : les forces armées russes ont un effectif théorique total de 1 million d'hommes. Faute de recrutements volontaires suffisants, on en compte en réalité 750 000. Parmi lesquels 250 000 sont des conscrits, inutilisables à l'extérieur des frontières. Il reste donc 500 000 professionnels. Un nombre respectable.

MG – Mais ce n'est pas encore l'effectif disponible sur le terrain. Car les forces armées russes se complètent avec des forces nucléaires imposantes, non concernées par le conflit en Ukraine, et une grande marine – dont seule la flotte de la mer Noire et partiellement la flottille de la Caspienne sont ici réellement impliquées –, mais aussi des forces aériennes et antiaériennes importantes. Au bout du compte, pour pénétrer en Ukraine il ne reste que 120 000 hommes dans l'armée de terre et les forces d'assaut par air (VDV), qui forment deux armes différentes. Cette faiblesse numérique est toutefois compensée par un nombre relativement important d'unités de combat, en particulier 120 à 130 groupements tactiques, les BTG expérimentés en 2014-2015, que l'on classerait comme simples brigades dans les armées occidentales[7].

Ce nombre important ne peut cependant être obtenu que par l'abaissement des effectifs de chacune de ces unités. Un BTG russe dépasse ainsi rarement 700 hommes au lieu de 900 en théorie. Il s'obtient en associant un bataillon de manœuvre interarmes de 300 ou 400 hommes, à dominante chars de bataille ou infanterie mécanisée selon les dosages de compagnies, à un bataillon d'artillerie, lui-même composé d'obusiers automoteurs, de lance-roquettes multiples et de pièces sol-air, plus un certain nombre de compagnies autonomes antichars, génie et logistique[8].

JL – Trois cents hommes pour un bataillon, cela semble peu.

MG – En effet. Comparé à presque toutes les autres armées du monde, cela correspond à un niveau intermédiaire entre la compagnie et le bataillon. Ces armées suivent ce qui est considéré comme une norme anthropologique.

JL – Que voulez-vous dire par là ?

MG – C'est l'anthropologue britannique Robin Dunbar qui a, je crois, le premier observé que les humains se regroupaient pratiquement toujours de la même façon. Il y avait d'abord la famille étroite, d'une poignée d'individus, ensuite la famille élargie qui pouvait aller jusqu'à une quarantaine de personnes ; enfin on franchissait un seuil en passant à ce qui est depuis baptisé « nombre de Dunbar », soit 148 individus, et qui correspond chez lui au nombre maximum de gens avec qui il est possible d'avoir des relations stables : c'est le clan. Le seuil suivant est d'environ 800 hommes pour une tribu et ainsi de suite[9]. Il se trouve que ces seuils correspondent sensiblement à la classification des entreprises selon leur taille et aux structures militaires dans beaucoup d'armées. Un Français identifiera groupe de combat, section, compagnie et bataillon dans les seuils évoqués. Un fantassin russe ne les reconnaîtra pas forcément. On ne sait pas, en effet, si le bataillon auquel il appartient serait une très grosse compagnie ou un tout petit bataillon en France et dans beaucoup d'autres armées. La raison tient sans aucun doute à la volonté d'accorder les volumes de forces à la faiblesse structurelle en nombre et à la qualité de l'encadrement russe aux petits échelons.

JL – Décidément, cette déficience de l'encadrement subalterne, notamment des sous-officiers, est une plaie structurelle des armées russes et soviétiques depuis l'époque tsariste. Longtemps, les sous-officiers ont été choisis sur leur bonne mine ou selon leur correction idéologique. Il n'existait pas d'écoles de formation, ils étaient mal payés et n'avaient guère d'autorité. Cela a toujours pesé négativement sur l'efficacité au combat, et il ne semble pas que les choses aient substantiellement changé depuis 2008. Reprenons : les forces terrestres russes peuvent engager un nombre important d'unités – que nous jugeons, nous, en sous-effectifs. J'imagine que c'est aussi parce qu'elles sont capables de les équiper.

MG – Si l'armée russe n'a plus du tout le même volume que l'armée soviétique, dans la force d'active et beaucoup moins encore dans la force de réserve, elle a cependant conservé dans d'immenses dépôts une grande partie des équipements de sa devancière. On se trouve donc dans une situation assez étonnante : l'armée russe, pour employer des termes économiques, détient sans doute la plus grande proportion au monde de « capital » par rapport au « travail ». Si, dans les forces terrestres, on fait le rapport entre les centaines de milliers de tonnes d'acier d'équipements majeurs en ligne ou en stock par rapport au nombre de soldats, on bat certainement tous les records historiques. Les matériels ont, certes, une grande moyenne d'âge, mais, sur le papier, les soldats russes sont les mieux équipés du monde. Pour faire une analogie historique, l'armée russe attaquant l'Ukraine en 2022, c'est sensiblement la surface de la France de mai 1940 attaquée par une Wehrmacht qui serait réduite à ses dix divisions blindées et ses deux divisions aéroportées, et appuyée par une fraction de la Luftwaffe.

JL – Il lui manquerait donc la grosse centaine de divisions d'infanterie qu'elle alignait en réalité. Dans ces conditions, il est certain que cette mini-Wehrmacht n'aurait pas vaincu. Pour autant, la France de 1940 passait pour avoir une des meilleures armées de terre du monde. Ce n'est pas le cas de l'Ukraine. Pouvez-vous nous offrir une perspective cavalière sur l'évolution de cette armée entre l'indépendance du pays en 1991 – qui va de pair avec l'effondrement soviétique – et la veille de l'attaque russe de 2022 ?

MG – L'annexion de la Crimée en 2014, où 16 000 soldats ukrainiens étaient restés l'arme au pied face à l'invasion russe, puis les combats contre les séparatistes du Donbass avaient révélé le piètre état dans lequel se trouvait l'armée de Kiev à ce moment-là. C'est simple : il y a à peine huit ans elle stagnait toujours dans la situation de crise post-soviétique dont l'armée russe n'avait commencé à sortir que quelques années plus tôt. Apparemment imposante, elle n'était en réalité qu'une structure creuse dont quelques unités seulement étaient capables de combattre. Avec l'aide de bataillons formés par certains mouvements politiques ou par des oligarques, cette petite armée aurait pu néanmoins l'emporter sur les milices des républiques autoproclamées de Donetsk et Louhansk. Mais l'intervention russe en a décidé autrement, de manière souterraine d'abord puis plus ouvertement par l'engagement de forces régulières. Par deux fois, les groupements tactiques russes ont infligé de cinglantes défaites aux Ukrainiens, ce qui a donné l'impression qu'il en serait toujours ainsi. En réalité, ces défaites ont constitué un profond stimulant et le point de départ d'un renouveau.

JL – Marquons un temps d'arrêt si vous le voulez bien. Vous semblez dire que les seuls éléments valables de cette armée nationale ukrainienne étaient ceux levés par des initiatives privées, et vous citez « certains mouvements politiques ou des oligarques ». De qui s'agit-il ? Je crois que ce point est important, la propagande de Moscou ayant exploité à fond cette singularité.

MG – Depuis la fin de la guerre froide et l'ouverture des flux en tous genres de la mondialisation (trafics d'armes, économie grise*, mais aussi informations,

* L'économie grise est définie comme la somme du travail au noir et des activités légales mais fraudant le fisc. Dans les pays de l'ex-Union soviétique, dans les années 2010, elle représentait entre

crédits, déplacements humains), on a vu se développer une multitude d'armées non étatiques d'autodéfense, djihadistes, nationalistes, milices privées ou simplement bandes criminelles militarisées capables de se constituer et de s'équiper de manière autonome. Ces groupes ont prospéré d'autant plus facilement que, face à eux, nombre d'États voyaient au contraire leur monopole d'emploi de la force s'affaiblir, par manque de ressources budgétaires le plus souvent, mais aussi, parfois, faute de légitimité. L'Ukraine en crise en 2014 s'est trouvée au croisement de ces deux phénomènes, avec d'un côté des forces armées devenues des coquilles vides, de l'autre des groupes armés se recrutant parfois sur les réseaux sociaux et se finançant par *crowdfunding*, s'équipant par trafics, saisies dans les stocks de l'armée peu surveillés, achats par Internet ou même bricolages sur imprimantes 3D[10].

JL – Ce qui n'a pas empêché d'ailleurs ces groupes de bénéficier d'un véritable élan populaire. Des dizaines de milliers d'Ukrainiens, dont de nombreux manifestants de Maïdan, ont rejoint ces unités en 2014 et 2015. Ce n'est pas le fait du seul côté ukrainien, n'est-ce pas ? C'est aussi vrai chez les séparatistes du Donbass ?

MG – Tout à fait. Dans ce cas précis, les forces de sécurité légales ont été les premières pourvoyeuses de ressources et d'armes de ces groupes. Plus de 8 000 militaires et surtout policiers ont ainsi rejoint

---

le tiers et la moitié du PIB, et plus de la moitié dans de nombreux pays africains par exemple.

la rébellion du Donbass au printemps 2014. On a donc assisté à la formation de nombreux groupes rebelles, mais aussi, dans le camp d'en face, de bataillons de volontaires soutenant un État ukrainien défaillant.

Une autre caractéristique du conflit est le rôle tenu par des oligarques richissimes. Ils agissent de leur propre chef ou servent de « société-écran ». Le gouvernement ukrainien en installe plusieurs aux postes de gouverneurs des provinces avec l'espoir que leur réseau permettra de rétablir le calme. Le milliardaire de l'industrie et des médias Ihor Kolomoisky est ainsi nommé à Dniepropetrovsk (rebaptisée Dnipro en 2016) où il forme le bataillon Dniepr-1. Rinat Akhmetov, l'homme le plus riche d'Ukraine, envoie des milliers d'ouvriers sidérurgistes rétablir l'ordre à Marioupol, tout en coopérant avec les séparatistes. De son côté, le milliardaire russe Konstantin Malofeev, proche de Poutine, finance les activistes séparatistes.

JL – Mais il existe aussi des groupements formés sur une base idéologique…

MG – En effet, à côté des armées privées et des volontaires mus par un patriotisme classique, on trouve de part et d'autre des bataillons d'inspiration plus idéologique. Du côté loyaliste, c'est-à-dire du côté de Kiev, ces groupes sont pour la plupart issus du mouvement Euromaïdan et souvent aussi de l'extrême droite nationaliste comme Pravy Sektor*,

* Pravy Sektor, « Secteur droit » en ukrainien, est à l'origine une nébuleuse de groupuscule de l'extrême droite nationaliste.

Aïdar ou Azov. Dans la région de Donetsk, Semen Semenchenko, un activiste nationaliste, forme *via* les réseaux sociaux le bataillon Donbass pour contrer les séparatistes prorusses. Par la suite les groupes les plus connus vont susciter des imitateurs. On trouve ainsi plusieurs unités portant le nom Donbass ou Dniepr-1. Leur fait face une coalition de groupes rebelles qui se développent dans les oblasts de Donetsk et de Louhansk. Le bataillon Sparta regroupe beaucoup d'anciens du service de sécurité ukrainien SBU ; le bataillon Somali est la première unité de chars de bataille des séparatistes ; Vostok a été formé initialement par le GRU, le service de renseignements militaires russe, à partir d'un groupe de volontaires du Caucase. On voit arriver également des « partisans de l'extérieur », Cosaques, Tchétchènes, Ossètes, Bulgares, Tatars de Kazan, Serbes, etc., puis des volontaires individuels venant du monde entier et souvent issus, comme dans le camp d'en face, de mouvements d'extrême droite. L'Ukraine voit également l'engagement par les Russes de la société militaire privée Wagner.

Il en émerge un groupe paramilitaire durant les événements de l'Euromaïdan, puis un bataillon d'allure plus classique durant la guerre du Donbass. Sa structure politique évolue elle-même en parti de quelques milliers de membres dénué de poids électoral. Fort de 400 hommes, le 24e bataillon d'assaut Aïdar est créé en mai 2014. Financé notamment par l'oligarque Ihor Kolomoisky, il est à l'origine commandé par Serhiy Melnytchouk, député d'extrême droite qui s'est vu retirer en 2015 son immunité parlementaire pour des faits de banditisme.

JL – Avant de continuer sur l'évolution de l'armée ukrainienne, arrêtons-nous sur la société Wagner, qui va jouer un rôle très important dans la guerre russo-ukrainienne. Quand entend-on parler de ce groupe pour la première fois ?

MG – Le groupe Wagner, surnommé ainsi par son premier commandant Dmitri Outkine – dont on dit qu'il appréciait la musique classique –, a été fondé en mai 2014 par l'oligarque russe Evgueni Prigogine, patron aussi de la société de propagande Internet Research Agency (IRA). Il a d'abord été créé, semble-t-il, pour intervenir clandestinement en Ukraine, mais son rôle y est demeuré assez marginal, ses effectifs ne dépassant pas quelques centaines de mercenaires, pour la majorité d'anciens militaires. Wagner gagne en importance en Syrie, où il est engagé fin 2015 comme force terrestre de substitution à l'armée régulière russe. Il apparaît alors manifestement comme un instrument de force discret au service de Moscou[11]. Faible signature politique, zéro coût économique puisque le groupe est financé par l'État hôte (souvent sous forme de concessions minières) et indifférence sociale aux pertes de mercenaires : ces attributs en font un instrument de puissance d'une redoutable « productivité ». Pour autant, cette force échappe parfois au contrôle du commandement, comme lorsqu'un bataillon Wagner attaque une zone tenue par des forces américaines en Syrie…

JL – … et qui se fait d'ailleurs étriller par l'US Air Force et une petite unité mixte Marine/Forces spéciales à Deir al-Zour, le 7 février 2018, laissant plusieurs dizaines de tués dans l'affaire. Je crois qu'en Syrie, à l'origine, le groupe Wagner était financé par le GRU, le service de renseignements militaires. Puis, à mesure qu'il recevait des missions telles que garder les puits de gaz et de pétrole, ou les mines de phosphate conquises, il a pris l'habitude de percevoir des royalties sur l'extraction qui ont fini par former un trésor de guerre considérable, octroyant ainsi à Prigogine un surcroît d'autonomie. D'octobre 2015 à 2021, Wagner a été de tous les combats contre les différentes organisations hostiles à Damas. Il a également mené des missions de formation de certaines unités de l'armée syrienne fidèles à Assad. Depuis, il semble bénéficier de la part de Poutine d'une incroyable tolérance pour ses écarts de langage en tous genres et ses faux pas politiques. Par exemple, durant tout le second semestre 2022, Prigogine critique ouvertement le haut commandement pour son incompétence supposée en Ukraine, il se fait ouvrir les prisons pour y trouver de la chair à canon ou mène une activité ouverte à Belgrade pour enrôler des Serbes via *les réseaux sociaux. Ce qui amènera d'ailleurs une condamnation officielle de cette activité par le président de la Serbie, Alexander Vučić.*

MG – Wagner est également battu en Libye en 2019 dans la bataille de Tripoli, où le groupe affronte notamment des mercenaires turcs. Il obtient plus de succès, du moins pour s'implanter, dans le reste de l'Afrique où plusieurs États font appel à lui pour, paradoxalement, apparaître indépendants de l'influence française.

Les mercenaires peuvent aussi servir de garde prétorienne, un rôle que les Français ne veulent plus endosser depuis longtemps. Wagner est engagé initialement à petite échelle dans l'invasion de l'Ukraine, on ne sait trop pour quelle mission, mais la grande nouveauté est que le groupe y est devenu une armée à part entière, agissant en parallèle de l'armée régulière et dont le chef se permet, en effet, d'exprimer à haute voix de sévères critiques du commandement russe.

JL – Ce qui est d'autant plus étonnant que les groupes paramilitaires privés ne sont pas autorisés par la loi russe[12]*. Il est vrai qu'en Russie la notion de légalité est très extensible... Nous aurons à reparler de Wagner. Revenons aux autres milices.*

MG – Considérées comme d'utiles troupes d'appoint, elles perdurent de part et d'autre dans le Donbass après les accords de Minsk II* en février 2015. L'Ukraine les considère également comme des forces de réserve, raison pour laquelle elles sont chapeautées par le ministère de l'Intérieur, peut-être comme contrepoids à une armée régulière dont beaucoup persistent à soupçonner qu'elle demeure sous influence russe. Elles forment aussi pour nombre de citoyens

* Signés à Minsk le 11 février 2015 par les représentants de la Russie, de l'Ukraine, de la France, de l'Allemagne et des deux républiques autoproclamées du Donbass, les accords Minsk II établissent un cessez-le-feu et des règles de désengagement des adversaires dans le Donbass. Ils seront plus efficaces que le protocole de Minsk (Minsk I) signé au mois de septembre 2014, dans la mesure où ils contribuent à abaisser nettement le niveau d'intensité des combats.

un cadre alternatif à un État dont on se méfie. Le problème est que la connotation ultranationaliste du très médiatisé régiment Azov ou des compagnies de Pravy Sektor sert de caution à l'idée délirante que l'Ukraine serait sous la coupe d'un régime néonazi, et elle constitue comme chacun sait une des justifications de l'invasion de février 2022. Cette vision de pure propagande est en décalage complet avec la faiblesse de l'influence politique de l'extrême droite en Ukraine.

L'armée ukrainienne a muté en silence, tellement que personne ne s'en est aperçu !

JL – *Avant de parler d'Azov, un mot sur l'année 2016, très importante pour l'armée ukrainienne. Un pas supplémentaire vers la professionnalisation est fait grâce à la signature de 63 500 contrats d'engagement des soldats et officiers des bataillons de volontaires qui ont sauvé la situation dans le Donbass en 2014, ce qui fait remonter les effectifs de 184 000 à 250 000 hommes. Professionnalisation et intégration des bataillons de volontaires expérimentés sont donc allées de pair. Le 1er février 2022, trois semaines avant l'invasion, le président Zelensky présentait d'ailleurs comme inévitable l'abolition de la conscription*[13] *à l'horizon 2024.*

*Pour revenir au régiment Azov, il se réclame de nationalistes ukrainiens de l'entre-deux-guerres. Il s'agit de personnages peu reluisants comme Stepan Bandera**, *fort*

* La vie de Stepan Bandera, né en 1909 en Galicie alors autrichienne, se confond avec son action à la tête de l'OUN-B, l'orga-

proche des mouvements de l'extrême droite radicale de l'époque (Oustachis croates, Garde de fer roumaine, Croix-Fléchées hongroises) par ses idées et par les « pratiques » de ses sympathisants qui se sont soldées par la mort de dizaines de milliers de Juifs et de Polonais. Ces extrémistes nostalgiques de Bandera ne représentent pas grand monde en effet : aux élections législatives de 2019, le parti ultranationaliste Svoboda n'a obtenu que 2,15 % des voix. Pouvez-vous donner une idée du poids numérique du régiment Azov dans l'ensemble de l'armée ukrainienne ?

MG – Environ 4 000 hommes à son plus haut niveau, avec tous ses bataillons associés. C'est peu sur 700 000 mobilisés.

---

nisation des nationalistes ukrainiens qu'il rejoint en 1929 et dont il devient le *Providnyk* (= Führer) vers 1934. Avec Bandera, mais déjà, pour être honnête, avant lui, le nationalisme ukrainien dans sa variante radicale prend le visage d'un fascisme antisémite et xénophobe, adepte du terrorisme. L'éphémère État ukrainien indépendant proclamé à Lviv le 30 juin 1941 naît d'ailleurs sous les auspices d'une centaine de pogroms et d'arcs de triomphe souhaitant longue vie à Adolf Hitler et plein succès à la Wehrmacht. Tenu en lisière par les nazis – qui ne veulent pas d'un État ukrainien –, Bandera passe la plus grande partie de la guerre comme détenu d'honneur du IIIe Reich, sans jamais renier son mouvement qui s'abîme, en Ukraine occupée, dans une orgie d'assassinats de Juifs et de Polonais. Avec l'aide des Occidentaux, il a été blanchi durant la guerre froide. Le KGB aura néanmoins sa peau dans un attentat au poison en 1959. Mais Bandera survit, notamment dans l'émigration ukrainienne au Canada : il devient même officiellement un héros national ukrainien en 2005 et demeure révéré par l'extrême droite de son pays. Le président Zelensky a pris ses distances avec ce personnage, par exemple en se séparant de Volodymyr Viatrovytch, directeur de l'Institut de la mémoire nationale, diffuseur en chef du culte de Bandera.

JL – Revenons à la courte histoire de l'armée ukrainienne. En 1991, quand l'URSS disparaît, elle semble énorme, du moins sur le papier. L'annuaire des forces militaires Jane's lui attribue 780 000 hommes, 6 500 chars, plus de 1 000 avions de combat ainsi qu'un très gros arsenal nucléaire. L'Ukraine renonce aux armes atomiques en 1996 et, pour le reste, c'est l'absence de menaces directes et l'interminable crise économique qui ont raison de ses forces armées. Au début de 2013, on ne compte plus que 184 000 soldats, 700 chars, 170 avions de combat et 22 navires. On aperçoit quelques-uns de ces moyens, et leur état déplorable, lors de missions humanitaires internationales (Bosnie, République démocratique du Congo, Côte d'Ivoire, Liberia). Il me semble aussi qu'ils ont été présents à plusieurs reprises aux côtés des Américains. Cela a-t-il eu un impact sur l'orientation de leur modernisation ?

MG – On rappellera au passage que le renoncement aux armes nucléaires – un arsenal de toute manière ingérable sauf avec l'aide d'une puissance nucléaire – s'est effectué, selon le mémorandum de Budapest du 5 décembre 1994, en échange du respect de l'indépendance et de la souveraineté ukrainiennes dans ses frontières actuelles. La Russie figurait parmi les signataires.

Tout en s'efforçant de conserver de bonnes relations avec la Russie, il y a eu effectivement une volonté ukrainienne de participer aux affaires du monde par le biais de missions sous différents drapeaux. J'ai moi-même effectué une mission à Sarajevo en 1993 à proximité d'un bataillon de Casques bleus ukrainiens, puis une mission au même endroit en 1996 avec un autre bataillon ukrainien mais dans le cadre de la force de stabilisation qui a suivi les accords de Dayton mettant fin à la guerre en Bosnie. Ce bataillon agissait alors sous le commandement opérationnel de l'OTAN. Le principal engagement ukrainien se produira en Irak, au sein de la coalition dirigée par les États-Unis, avec 1 800 hommes présents de 2003 à 2005.

Je ne suis pas certain que l'armée ukrainienne se soit alors beaucoup instruite. Les opérations sous casque bleu apprennent plutôt l'inverse du combat. Outre leur intérêt diplomatique, ces missions étaient considérées comme de bonnes affaires tant pour les États, car les Nations unies payent grassement ceux qui fournissent des bataillons, que pour les soldats engagés. Le bataillon ukrainien que j'ai connu à Sarajevo en 1993, il est vrai au plus sombre de la crise qui a suivi l'effondrement de l'URSS, avait bien plus l'allure d'une entreprise de marché noir que d'une unité combattante. L'expérience irakienne, que l'on espérait facile, s'est avérée plus compliquée que prévu face aux factions qui occupaient la zone ukrainienne. Une bonne centaine de soldats y ont été perdus, dont 18 morts et de nombreux cas de traumatismes. Au total, toutes ces expériences ont concerné peu de monde dans l'armée ukrainienne et leur bilan n'est pas extraordinaire. En tout cas, ce n'est pas là que les soldats de Kiev ont appris le combat de haute intensité.

JL – Quelle a été alors l'école du combat de l'armée ukrainienne ?

MG – C'est celle des pays de l'OTAN. Ceux-ci ont décidé de suspendre toute coopération militaire avec la Russie en 2014 et de fournir une aide spécifique à l'Ukraine. Une commission OTAN-Ukraine est formée avec un représentant permanent présent à Kiev à partir de septembre 2015. Ce n'est cependant qu'après le sommet de l'OTAN à Varsovie en juillet 2016 qu'un programme d'assistance complet (*Comprehensive Assistance Package*, CAP) est mis en place. Outre les livraisons d'armes et d'équipements, à 90 % par les États-Unis, l'assistance consiste surtout en une série d'actes de formation techniques et tactiques au profit des compagnies et des bataillons d'infanterie prodigués essentiellement par les Britanniques et les Canadiens, en particulier dans le camp de Yavoriv à l'extrême ouest du pays. Un effort particulier a porté sur les forces spéciales ukrainiennes, première unité d'un pays non-membre de l'OTAN à recevoir, en 2019, la certification de l'organisation, c'est-à-dire la reconnaissance de sa capacité à combattre aux côtés de forces occidentales. Mais c'est sans doute l'investissement dans le corps des sous-officiers, dont beaucoup ont été formés dans ces centres de l'OTAN en Europe, qui aura été le plus profitable. L'armée ukrainienne ne s'est pas transformée complètement en armée otanienne pour autant. Elle a conservé encore beaucoup de l'héritage soviétique, mais elle a énormément évolué en l'espace de quelques années grâce à cette assistance et dans le sens d'une plus grande souplesse et décentralisation du commandement. Cela va faire une énorme différence[14].

JL – Effort de formation des hommes, donc, et élimination de certaines faiblesses habituelles de la culture militaire russo-soviétique (la médiocrité des sous-officiers et officiers subalternes). Dans un entretien donné à l'hebdomadaire allemand Der Spiegel *le 1er mars 2023, le général Viktor Nazarov, conseiller du commandant en chef Zaloujny, et très connu en Ukraine pour sa défense de l'aéroport de Louhansk en 2014, a expliqué que l'apport essentiel des formateurs de l'OTAN a été de faire passer les officiers ukrainiens de la* Befehlstaktik *à l'*Auftragstaktik. *En termes otaniens : de la tactique orientée commandement à la tactique orientée mission. Dans cette dernière, le subordonné conserve une grande latitude dans le choix des moyens nécessaires à l'accomplissement de sa mission. Si cela a bien été le cas, ce serait une rupture profonde avec l'héritage russo-soviétique, caractérisé par des ordres détaillés que le subordonné doit suivre scrupuleusement. Une des raisons de cette rigidité étant, précisément, de tenir compte de la médiocrité du commandement subalterne.*

L'apport occidental a donc, en partie, substitué une culture tactique à une autre. Mais quid *des matériels ?*

MG – L'armée ukrainienne s'est transformée à l'ombre de la menace russe et durant sa longue guerre contre les républiques séparatistes du Donbass, c'est-à-dire entre 2014 et 2022. Elle a d'abord renforcé ses forces conventionnelles, sans beaucoup d'acquisitions d'équipements nouveaux mais en « rétrofitant* » une partie de l'existant, à savoir toute une panoplie soviétique née dans les années 1960-1980, très diversifiée, en général robuste et peu sophistiquée dont les modèles les plus emblématiques sont le char de bataille T-72** et les chasseurs Mig-29*** et Sukhoï 27. Concernant la modernisation, la priorité a été donnée à l'artillerie, dont le nombre de bataillons a doublé entre 2014 et 2019. À la veille de la guerre, celle-ci est forte de 11 brigades ou régiments, auxquels s'ajoutent une brigade et un régiment dans la

---

* Le *retrofitting* est le terme anglais – traduit en français par « rénovation » ou « mise à niveau » – pour désigner la modernisation de matériels anciens, souvent par adjonction, sur une base inchangée, de composants électroniques.

** Le T-72, lancé en 1973, était le char de bataille des armées du pacte de Varsovie. D'une masse de 41 tonnes, il accommode un canon de 125 mm et 2 mitrailleuses. Il a été sans cesse modernisé et ses variantes se comptent par dizaines parmi les 30 000 fabriqués et exportés dans plus de 40 pays. La version couramment en dotation dans les armées russe et ukrainienne est le T-72B, apparu en 1985, doté d'un moteur plus puissant et d'un surblindage explosif. Le modèle B3 de 2011 a reçu un viseur jour-nuit et une caméra thermique.

*** Le Mig-29 était l'avion de chasse léger de supériorité aérienne de l'armée de l'air soviétique. Son premier vol a lieu en 1977. Équipé de 2 réacteurs et d'un bon radar, il se révèle rustique, très manœuvrier et très rapide (2 400 km/h). Plusieurs fois modernisé, il est encore fabriqué à très petite cadence pour l'exportation. La Russie en possédait encore 70 opérationnels en 2022 et l'Ukraine une quarantaine.

marine. L'ensemble représente près de 1 200 pièces ex-soviétiques de 122 ou 152 mm et quelques 203 mm ainsi que 1 680 lance-roquettes multiples (LRM) divers. Ce sont des vieux équipements mais valorisés par un environnement moderne, dans l'acquisition des cibles notamment. Tous les bataillons reçoivent des drones, les Américains fournissent des radars de contrebatterie* et les Ukrainiens conçoivent des systèmes de gestion des feux qui permettent de réduire considérablement les délais de tirs[15]. En résumé, l'artillerie ukrainienne totalise deux fois moins de pièces que celle des Russes mais sa qualité tactique est supérieure. Son principal problème réside dans les stocks d'obus, en partie consommés lors de la guerre larvée dans le Donbass, et dont six ont mystérieusement explosés entre 2014 et 2018[16]...

JL – Suivez mon regard... Et en dehors de l'artillerie, sur quoi a porté la modernisation des matériels ?

MG – Sur les chars de bataille. À la veille de la guerre, 900 engins modernisés sont regroupés en 30 bataillons, d'active ou de réserve. Le rapport des forces est cependant beaucoup plus défavorable que pour l'artillerie puisque les Russes, eux, peuvent déployer 2 800 chars modernisés, sans parler des 400 modèles plus anciens des armées des deux républiques séparatistes. Les Ukrainiens espèrent

* La contrebatterie désigne l'ensemble des méthodes de détection permettant de localiser les canons de l'ennemi ainsi que les tirs qui s'ensuivent pour les détruire.

compenser cette infériorité par un déploiement antichar assez important : 950 systèmes de tir à terre ou sur véhicules à longue portée et 9 000 missiles, en majorité des Stugna-P de fabrication locale et des Javelin américains, mais aussi de nombreuses armes à courte portée dont 2 000 roquettes NLAW (*Next generation Light Antitank Weapon*) fournies par les Britanniques. On notera au passage que toute l'aide occidentale d'avant-guerre, américaine pour l'équivalent de 2 milliards et secondairement britannique, se concentre sur des équipements et des armements légers. Avec un budget de la Défense officiel environ quinze fois inférieur à celui de la Russie, les ressources manquaient pour investir massivement dans des équipements lourds. Par ailleurs, les alliés occidentaux n'ont pas voulu fournir une aide trop ostentatoire qui ne pouvait que susciter des réactions de la part de la Russie. Relevons aussi l'accord signé par Kiev avec la Turquie pour la livraison de drones armés Bayraktar TB2*.

---

* Le Bayraktar TB2 est un drone développé par la société turque Baykar. Son premier vol date de 2014. C'est un drone armé de 2 missiles antichars à longue portée (8 kilomètres) qui, tirés à 5 000 mètres d'altitude, frappent à quasiment tous les coups une cible de 2 x 2 mètres. D'une envergure de 12 mètres et équipé d'un petit moteur à explosion qui peut propulser ses 450 kilos à 220 km/h, il a un rayon d'action de 150 kilomètres et peut demeurer vingt-sept heures en l'air. Chaque exemplaire coûte 5 millions de dollars et autant pour la cellule de contrôle. Équipé d'une caméra et d'une imagerie infrarouges, il peut frapper de jour comme de nuit. Le tir est déclenché par un opérateur, *via* une télécommande à ondes radio.

JL – On imagine que former des cadres selon des normes occidentales ne peut être sans conséquences sur la structure même des unités.

MG – Les structures sont en effet réorganisées avec quatre commandements opérationnels de zones, coiffant au total une trentaine de brigades de combat d'active plus quatre de réserve. Peu avant la guerre, l'Ukraine constitue également une force territoriale de 25 brigades à former lors de la mobilisation pour assurer la défense de la profondeur du territoire. Le ministère de l'Intérieur dispose de surcroît des brigades de la garde nationale et des bataillons de miliciens mais aussi de la 4e brigade de réaction rapide, en réalité une brigade mécanisée. Au bilan, malgré les pesanteurs internes, une influence russe souterraine dans certains corps ou la corruption, l'armée ukrainienne se transforme suffisamment pour former un modèle de force dont on ne mesure pas, à l'époque, la solidité nouvelle puisque celle-ci repose sur des éléments peu visibles. Sa force terrestre est alors peut-être la plus puissante d'Europe, mais sur le papier assez nettement derrière celle de la Russie, qui, outre une artillerie bien plus puissante, dispose d'une supériorité supposée écrasante dans les milieux fluides : le ciel, la mer Noire et le cyberespace. C'est pour ces raisons qu'en février 2022, si on ne doute pas du courage des soldats ukrainiens, on ne voit pas comment ils pourraient résister à une telle disproportion des forces[17].

JL – Donc, une armée ukrainienne équipée à la soviétique, moins puissante et moins complète que celle de son voisin oriental, mais potentiellement plus nombreuse et disposant d'importants secteurs plus modernes, notamment dans le C3I. Pouvez-vous comparer une brigade d'active dans les deux camps ?*

MG – Russes et Ukrainiens ont des structures de bataillons assez proches. Elles sont, nous l'avons dit, intermédiaires entre les compagnies (ou batteries pour l'artillerie) et les bataillons occidentaux. Ces bataillons d'infanterie comptent environ 300 hommes et les bataillons de chars 150. Avec ces deux unités de base, Russes et Ukrainiens ont formé des brigades autonomes (mais aussi des régiments au sein de divisions pour les Russes) de structures assez proches, selon le principe suivant : quatre bataillons de mêlée, chars ou infanterie sont répartis en 3 + 1. Ainsi, 3 bataillons de chars + 1 d'infanterie forment une brigade blindée ; 3 bataillons d'infanterie + 1 de chars forment une brigade d'infanterie mécanisée. Ces bataillons de mêlée sont appuyés et soutenus par une unité de reconnaissance en véhicules plus légers ainsi que par plusieurs unités d'artillerie sol-sol et antiaérienne, de génie, de transmissions et de logistique. Première différence importante : les brigades/régiments russes

* C3I est l'acronyme anglais de « *Command, Control, Communications and Intelligence* ». Il désigne l'ensemble des moyens permettant aux chefs de donner leurs ordres, d'en contrôler l'acheminement et l'exécution en fonction des données fournies par le renseignement (intelligence).

disposent généralement de deux fois plus de pièces d'artillerie et de lance-roquettes multiples que les brigades ukrainiennes.

Concernant la brigade, il est rare, des deux côtés mais sans doute un peu plus du côté russe, que les effectifs présents sur le terrain atteignent la dotation théorique qui se situe autour de 3 000 hommes : c'est souvent moins. Chez les Russes comme chez les Ukrainiens, les brigades sont mixtes, composées de conscrits et de volontaires, mais du côté ukrainien les conscrits sont engagés au combat, les Russes non. Cela signifie concrètement que les brigades ukrainiennes se trouvent déployées sans changement du temps de paix en temps de guerre, alors que les brigades russes doivent se réorganiser complètement en excluant les appelés avant de pénétrer en Ukraine. Or, les conscrits sont présents dans des proportions différentes dans toutes les unités de la brigade ou de la division. Cela a dû constituer une sacrée gymnastique organisationnelle ! Les brigades et régiments de l'armée de terre russe ont donc formé chacun deux groupements tactiques composés uniquement de professionnels, avec parfois des contrats très courts.

Autre différence : les Ukrainiens ont organisé une vraie force de réserve opérationnelle alors que les Russes ne possèdent rien de tel. À la mobilisation, ces réservistes peuvent former des brigades de manœuvre ou encadrer les brigades territoriales renforcées ensuite de nombreux volontaires.

JL – Mais comment et pourquoi l'armée ukrainienne dispose-t-elle de cette réserve opérationnelle, c'est-à-dire, si je comprends bien, immédiatement apte au combat ? S'agit-il des classes d'âge qui ont pu combattre dans le Donbass entre 2014 et 2021 ? Combien d'hommes cela représente-t-il ?

MG – En théorie, tous les hommes de 18 à 60 ans ayant effectué un temps dans l'armée, comme appelés ou comme professionnels, sont inscrits d'office dans la réserve, qui peut aussi compter des volontaires sans expérience militaire. On estime que l'ensemble représentait un potentiel de 900 000 hommes et quelques femmes. Beaucoup de ces réservistes ont eu une expérience de combat durant la guerre de 2014-2015 et dans les années de guerre larvée qui ont suivi, les unités de manœuvre effectuant systématiquement des périodes de présence sur la ligne de front avec les républiques séparatistes.

JL – C'était donc un outil à la fois plus solide et plus affûté qu'on ne le pensait généralement…

MG – Je le répète : cela est passé quasiment inaperçu. À la mobilisation, Kiev a puisé dans cette masse pour compléter individuellement les unités d'active, constituer deux brigades blindées et deux mécanisées supplémentaires qui ont été engagées au bout d'une semaine, mais aussi pour compléter les brigades de garde nationale du ministère de l'Intérieur et surtout constituer 25 brigades territoriales. Ceux qui n'ont pas été affectés dans une unité ont été envoyés en formation ou restent disponibles. On estime qu'au total 700 000 Ukrainiens portent ou ont porté l'uniforme depuis février 2022.

JL – Un mot sur ces brigades territoriales. Qu'est-ce qui les différencie des brigades d'active en dehors de l'emploi de personnels plus âgés ?

MG – Les Forces de défense territoriale ont été créées officiellement par une loi en juillet 2021 et activées le 1er janvier 2022, une création très récente donc. Son principe est d'organiser une brigade de défense de zone pour chacune des 25 provinces que compte le pays. Ces brigades ne se forment qu'à l'occasion d'une mobilisation à partir d'un encadrement issu de la réserve dite « active » – on dirait « opérationnelle » chez nous – composée d'anciens militaires qui s'entraînent régulièrement ; se joignent à eux des civils qui se portent volontaires le jour venu : c'est la réserve passive. Ils doivent alors former entre quatre et six bataillons d'infanterie légère par province, accompagnés de quelques compagnies d'appui (mortiers, génie) et de soutien (transmissions, santé, etc.). Certains de ces bataillons sont en fait d'anciennes milices formées à l'occasion des événements de 2014 et que l'on a conservées dans un cadre institutionnel. Ils sont gérés organiquement (administration, alimentation, maintenance, logistique, et peut-être solde) par les provinces civiles et employés opérationnellement par les commandements militaires régionaux.

Leur mission première consiste à effectuer ce que l'on appelait en France la « défense opérationnelle du territoire », c'est-à-dire la protection de tous les points sensibles d'une zone. Ils doivent être capables ensuite de mener un combat de partisans s'ils venaient à se trouver sur les arrières de l'ennemi.

Au début de la guerre, six des principales villes créent également chacune une brigade supplémentaire. Kryvyï Rih, par exemple, la ville natale du président Zelensky, forme le 19 août 2022 la 129e brigade en prenant sur son budget propre et recevant l'aide de donateurs privés. Elle est composée de sept bataillons d'infanterie, dont la milice Arei formée en 2015, et cinq compagnies d'appui-soutien. On pouvait estimer les effectifs des Forces de défense territoriale à environ 70 000 hommes au tout début de la guerre, dont 10 000 réservistes actifs, et 110 000 à l'été 2022[18].

JL – Et au-dessus de l'échelon brigade, comment s'organise-t-on des deux côtés ?

MG – L'organisation ukrainienne du commandement et de la logistique est territoriale, par provinces et grandes régions militaires. Choix plutôt bien adapté à une guerre défensive en profondeur. Du côté russe, les forces terrestres sont initialement dirigées par trois états-majors de districts qui eux-mêmes commandent neuf armées et un corps d'armée, ainsi que les armées des deux républiques séparatistes. Ces armées elles-mêmes activent des divisions à deux (forces d'assaut aérien/terrestre) ou quatre régiments et des brigades autonomes. La chaîne de commandement aérien est plus floue, hésitant entre répartition des forces sous le commandement des états-majors de district – essentiellement pour assurer l'appui des forces terrestres – et commandement centralisé pour les frappes en profondeur. Il n'y a pas au début de la guerre de commandement de théâtre. Celui-ci n'est formé qu'en avril après le repli des forces russes autour de Kiev. On a fait plus simple comme structure de commandement !

JL – Et comment l'armée ukrainienne assure-t-elle ses communications et télécommunications ?

MG – Les réseaux de communication ukrainiens s'appuient notamment sur une partie des voies ferrées : l'Ukraine dispose d'une densité de rails parmi les plus élevée au monde. Quant aux transmissions, elles n'ont jamais cessé de fonctionner après l'attaque du 24 février, notamment grâce au réseau satellitaire Starlink.

Les Russes ont mis du temps à comprendre que les Ukrainiens écoutaient tout, même les vœux de Nouvel An

JL – Bref du vieux et du neuf. Le vieux c'est le chemin de fer. Je ne suis pas si étonné d'apprendre qu'une partie des troupes et surtout du matériel prend le train, comme au temps de l'Armée rouge. C'est bien adapté aux distances et aux aléas climatiques. Et le moderne, c'est Starlink, qui offre des accès à Internet via *une constellation de milliers de petits satellites placés en orbite basse. Il s'agit d'une technologie civile, fournie par la société SpaceX, propriété de l'homme d'affaires Elon Musk. Initialement, elle avait pour vocation de couvrir les zones blanches de la planète ou d'offrir une connectivité aux objets en transit (avions, camions...). Avec la guerre en Ukraine se dessine clairement le rôle central que cette technologie déployée par un milliardaire américain aura dans les conflits futurs, du fait de la difficulté à brouiller ses signaux, de sa forte redondance, de la simplicité de ses terminaux. En soi, cela donne matière à réflexion sur le thème de la « privatisation de la guerre ». Donc, malgré les foucades de Musk, l'armée ukrainienne peut compter sur un excellent réseau de télécommunications. Et les Russes ?*

MG – Le réseau de communication russe est à l'image de l'armée russe tout entière. Des parachutistes ont certes été capturés près de Kiev avec des radios portatives R-187 Azart de sixième génération, très performantes, mais on a surtout trouvé sur eux des talkies-walkies chinois Baofeng UV-92 tout à fait basiques. La modernisation de l'armée russe a donc été très incomplète en la matière comme dans tant d'autres. La mise en cause de la société Azart pour fraude sur la qualité et corruption de militaires – un mal récurrent en Russie – n'y est sans doute pas pour rien[19]. En fait, le réseau de télécommunications russe repose avant tout sur la famille d'appareils de

5e génération (baptisée Akveduk), plutôt bons mais en nombre insuffisant, ce qui oblige parfois à l'emploi de téléphones portables civils pour compenser des ruptures de liens. Au niveau le plus élevé, les Russes utilisent fréquemment des radios haute fréquence, ce qui offre l'avantage de la grande portée mais qui se paie d'une plus grande détectabilité. Comme par ailleurs ils font preuve d'une très mauvaise discipline dans les communications, leur réseau est très largement lu par les unités de guerre électronique ukrainiennes. Plusieurs postes de commandement russes ont ainsi été frappés par l'artillerie ukrainienne après avoir été trahis par leurs émissions[20].

JL – C'est ce qui s'est passé, semble-t-il, quand, pour la nouvelle année, les soldats d'une base russe ont tous appelé en même temps parents et amis sur leur téléphone portable.

MG – Durant la nuit du 31 décembre 2022 au 1er janvier 2023, les Ukrainiens ont réalisé une frappe de six roquettes guidées de 227 mm sur un bâtiment occupé par les forces russes dans la petite ville de Makiivka, dans la province de Donetsk. Les pertes estimées ont varié de 63 – puis 89 – morts selon les Russes, à 400 selon les Ukrainiens. Beaucoup des tués et blessés sont des soldats mobilisés venus de la région de Samara, aux confins de la Russie et du Kazakhstan. Le bruit a couru très vite que la position russe avait été repérée par les Ukrainiens, peut-être avec l'aide des services américains, par l'interception de nombreux appels téléphoniques émis au moment du passage à la nouvelle année depuis un bâtiment de formation technique normalement désaffecté. C'est probablement vrai, mais il est aussi très possible que cette explication arrange tout le monde. Le commandement russe, oubliant qu'il avait placé un bataillon complet à portée de tir d'artillerie de l'ennemi et au même endroit qu'un dépôt de munitions, rejetait sa faute sur ses soldats. En réalité, il ne la dégageait qu'à moitié car la discipline des émissions est évidemment de sa responsabilité. Du côté ukrainien, on préférait masquer le fait que des agents locaux avaient déjà repéré des soldats russes à la recherche d'alcool dans les bâtiments proches. De toute façon, les Ukrainiens recoupent toujours les renseignements obtenus par la localisation d'émissions radio ou téléphoniques afin, comme c'est déjà arrivé, de ne pas tomber dans un piège et tirer sur des civils. Cet événement a suscité beaucoup d'émotion en Russie et a montré qu'au bout de dix mois de guerre non seulement les troupes étaient toujours aussi peu disciplinées, mais que le commandement russe pouvait toujours faire preuve d'une grande négligence[21].

JL – C'est le problème qu'ont rencontré Russes et Soviétiques dans les deux guerres mondiales. Des pertes trop élevées empêchent la transmission de l'expérience, et la discipline n'est jamais acquise du fait de l'absence d'un corps de sous-officiers professionnels. Par exemple, en 1945 encore, après trois ans et demi de combat, les Allemands notent que Ivan rompt souvent la discipline radio.

Nous n'avons pas encore parlé de la marine et de l'aviation. Le rôle de la première ne peut être insignifiant, l'Ukraine s'ouvrant largement sur la mer Noire. Quant à la seconde, on pouvait s'attendre à lui voir jouer un grand rôle. Comment étaient dotés les deux adversaires dans ces domaines ?

MG – Quand la guerre commence, la supériorité navale russe semble totale. La flotte de la mer Noire basée à Sébastopol, en Crimée, et secondairement à Novorossiisk, sur la côte caucasienne, est forte d'un croiseur lance-missiles de classe Slava*, le *Moskva*, de cinq frégates de classe Krivak dont trois modernes, de sept sous-marins diesels-électriques Kilo et de 21 corvettes ou patrouilleurs. Juste avant le conflit, ses capacités ont été renforcées de sept bâtiments amphibies des flottes de la Baltique et du Nord ainsi que de petits navires de la flottille de la Caspienne. Elle tient également sous son commandement en Crimée la 810e brigade d'infanterie navale, renforcée de deux bataillons, de la 11e brigade d'artillerie côtière et de

* Dans le vocabulaire naval, une classe désigne une série de navires construits selon le même plan. En général, la classe prend le nom du premier bâtiment de ce type construit. Par exemple, le *Slava* (rebaptisé *Moskva* en 2000), entré en service en 1982, a été le premier d'une série de 4 croiseurs lourds lance-missiles. Long de 186 mètres, déplaçant 9 300 tonnes, il emmène à 32 nœuds 485 hommes d'équipage, un hélicoptère, 16 missiles supersoniques antinavires P-500 Bazalt de 550 kilomètres de portée ainsi qu'une panoplie de missiles antiaériens à longue et courte portée.

la 2e division d'aviation navale. Avec le renfort de la 336e brigade d'infanterie navale de la Baltique, cela permet de constituer deux groupements amphibies. En face, la flotte ukrainienne, presque entièrement capturée lors de l'invasion de la Crimée en 2014, ne peut plus opposer que la frégate classe Krivak *Hetman Sagaidachny*, d'ailleurs sabordée dès le 3 mars 2022, et 17 autres petits bâtiments frappés ou bloqués dans les ports d'Odessa, Mykolaïv ou Berdiansk[22].

JL – Mais la Russie possède bien d'autres navires de combat, en mer Baltique, dans le Grand Nord et dans le Pacifique. Pourquoi ne pas les compter dans l'ordre de bataille ?

MG – Parce que ces navires devraient franchir les détroits du Bosphore et des Dardanelles, contrôlés par la Turquie et que la convention de Montreux de 1936 donne à cette dernière le droit de les fermer à tout navire de guerre en cas de conflit armé. Fermeture qu'Ankara a annoncée le 28 février, quatre jours après l'attaque russe. Cette décision pénalise surtout la Russie puisque la flotte de la mer Noire se retrouve ainsi isolée, mais cela ne semble alors pas poser de problème majeur dans la perspective d'une campagne que l'on prévoit courte.

JL – Et quelles peuvent être les missions de la flotte russe de la mer Noire ?

MG – Avant tout bloquer les eaux ukrainiennes. Pour la mer d'Azov ça ne posera aucun problème puisque la Russie contrôle les deux rives du détroit de Kertch. Il a également dû sembler facile à l'amirauté russe de fermer les débouchés des ports ukrainiens d'Odessa, Kherson et Mykolaïv en mettant la main sur le minuscule îlot Zmiinyi – l'île aux Serpents –, qui se trouve à 45 kilomètres au large de la frontière roumano-ukrainienne. Une fois le contrôle des eaux et le blocage des ports assurés, la flotte de la mer Noire reçoit la double mission de participer à la campagne de frappes en profondeur et d'appuyer les opérations terrestres le long des côtes. Pour s'y opposer, la marine ukrainienne combattra depuis la terre avec ses deux brigades d'infanterie navale, la 406e brigade d'artillerie côtière et le 32e régiment de lance-roquettes dont les batteries sont trop furtives pour être neutralisées complètement par les Russes.

JL – Et dans le ciel, la supériorité russe apparaît-elle aussi écrasante ?

MG – Oui. Pourtant, sur le papier, l'aviation de combat ukrainienne s'avère loin d'être négligeable avec 70 à 80 appareils de chasse Mig-29 et Su-27B disponibles ainsi que 45 avions d'attaque Su-24M et Su-25 ou encore une trentaine d'hélicoptères d'attaque. Les Ukrainiens disposent aussi d'une flotte de transport de 29 avions divers et de 49 hélicoptères Mi-8 et Mi-9. Même si certains de ces appareils ont été rénovés avec l'aide de l'OTAN, il s'agit de modèles soviétiques anciens dont la disponibilité réelle est très incertaine. Conscients de leur infériorité dans le ciel, les Ukrainiens ont mis l'accent sur la capacité de survie de leur flotte restreinte afin de pouvoir mener une guérilla aérienne. Les aéronefs sont dispersés sur de nombreuses petites bases et dépôts camouflés, pilotes et maintenanciers bien formés se trouvent en surnombre par rapport aux appareils et les Ukrainiens sont bien entraînés au combat à très basse altitude. La principale force de l'armée de l'air ukrainienne réside cependant dans son réseau de 60 divisions (un mot trompeur pour désigner des batteries autonomes) de défense antiaérienne étagé sur plusieurs couches regroupant 250 lanceurs longue portée/haute altitude S-300 PS/PT, 70 Buk-1 de moyenne portée et 9 K33 OSA en courte portée, accompagnés de nombreux missiles portables. À cela s'ajoute une force de frappe de plusieurs dizaines de lanceurs et de plusieurs centaines de missiles tactiques sol-sol OTR-21 Tochka-U*. Tous des matériels soviétiques des années 1970 de faible précision et de portée inférieure à 180 kilomètres. L'Ukraine a acquis également peu de temps avant la guerre au moins six drones armés turcs Bayraktar TB2 et attend d'en recevoir d'autres[23].

JL – À part les drones, que du matériel soviétique !

MG – Oui, ce qui représente un avantage pour les Russes : ils connaissent par cœur les matériels en possession de l'ennemi, et pour cause ! La force

* L'OTR-21 Tochka-U est plus connu en Occident sous son nom de code OTAN de SS-21. C'est un missile balistique à courte portée, monté sur un tracteur 6 roues et développé dans les années 1970 par l'Union soviétique.

aérienne russe est potentiellement dix fois supérieure. Tout son territoire mitoyen de l'Ukraine est protégé par ce qui apparaît, de l'avis général, comme le réseau de défense antiaérienne le plus puissant du monde, avec notamment ses batteries de missiles S-400*. Derrière ce bouclier peut se déployer à peu près la moitié de l'aviation de combat russe, qui est forte d'un peu moins de 1 000 avions de combat de tout type et de près de 500 hélicoptères d'attaque dont 300 modernes. La Russie dispose également de 130 bombardiers et de 1 900 missiles balistiques ou de croisière[24]. On imagine alors que cette force de frappe considérable va écraser la défense aérienne ukrainienne en quelques jours et acquérir ainsi une suprématie qui entravera beaucoup la conduite des opérations ukrainiennes. À la grande surprise des observateurs, il n'en sera finalement rien, nous y reviendrons. Une grande partie de l'aviation de combat et surtout de la défense antiaérienne ukrainiennes survit aux frappes initiales. Le ciel de guerre s'avérera finalement beaucoup plus contesté qu'anticipé.

---

* Le S-400 Triumf, issu du S-300P soviétique, est un système complexe de missiles antiaériens dont un premier régiment a été formé en 2007. Il se compose d'un poste de commandement, de plusieurs stations radars détectant et lançant des missiles différents selon le type de cible, son altitude et sa distance. Il serait capable d'attaquer 80 cibles en même temps – avions ou missiles –, protégeant ainsi un vaste territoire. Il est considéré comme plus moderne que les célèbres Patriot américains pour un coût moindre.

JL – Nous avons, autant que faire se peut, tenté de présenter les forces et les faiblesses des deux adversaires. Nous voici le 23 février 2022, veille de l'attaque. L'incertitude sur les intentions russes persiste-t-elle ?

MG – De moins en moins, en tout cas chez les observateurs les plus perspicaces. Depuis plusieurs jours se produisent en effet des événements clairement annonciateurs. Le 18 février, les deux présidents des républiques autoproclamées de Donetsk (République populaire de Donetsk, RPD ou DNR en russe) et de Louhansk (RPL ou LNR) diffusent des vidéos enregistrées où ils décrivent l'imminence d'une attaque ukrainienne et appellent à l'évacuation de leurs deux territoires. Le 19 et le 21 février, les Russes publient des images de mystérieuses attaques ukrainiennes sur leur sol, des faux évidents qui annoncent l'emploi d'opérations en « faux drapeau* » pour accuser le camp adverse. Le 21 toujours, Vladimir Poutine reprend dans un grand discours les nombreuses accusations qu'il a déjà lancées contre l'Ukraine : elle serait un État artificiel créé par l'URSS et désormais gouverné par une clique néonazie qui s'apprêterait simultanément à provoquer un génocide dans les républiques séparatistes et à rejoindre l'OTAN, une organisation sous contrôle

* *False flag* ou « fausse bannière ». Dans la marine à voile, une des méthodes d'approche d'un vaisseau ennemi était de le tromper en arborant un pavillon endormant sa méfiance. D'une façon générale, l'attaque sous fausse bannière est licite si elle dure peu de temps. Si elle va jusqu'à utiliser des uniformes ennemis, elle est considérée comme crime de guerre.

américain très hostile à la Russie. Tous les objectifs stratégiques de l'attaque prochaine sont ainsi exprimés de manière un peu surréaliste : dénazification de l'Ukraine et donc changement de régime, démilitarisation du pays et rattachement à la Russie des terres russophones. Le 22 février, les deux républiques séparatistes sont reconnues par la Douma comme indépendantes. L'attaque russe, qui ne fait alors plus aucun doute, sera présentée comme préventive, à court terme, d'une offensive ukrainienne contre ces deux républiques sœurs et, à long terme, de la menace de l'OTAN.

JL – Donc, clairement, Kiev n'a pu être surpris par l'attaque du 24 février.

MG – Bien sûr que non. Depuis au moins cette séquence d'événements des 18-22 février, les forces armées ukrainiennes se préparent, et probablement se préparaient-elles avant. Mais Volodymyr Zelensky ne décrète pas la mobilisation générale, ce qui limite cette préparation. Il avouera plus tard avoir hésité devant le risque de provoquer une panique, ce qui en dit long aussi sur les incertitudes que l'on peut alors avoir de part et d'autre quant aux réactions de la population ukrainienne. La veille de l'invasion, on vit donc tout à fait normalement à Kiev. Face à cela, les pays occidentaux sont un peu paralysés. L'Ukraine ne fait partie ni de l'OTAN ni de l'Union européenne : elle ne peut donc bénéficier de l'assistance militaire obligatoire et automatique prévue par les chartes de ces organisations. Mais il s'agit d'un État indépendant qui peut toujours demander de l'aide à un autre État. Dans l'absolu, il aurait été possible de faire comme lors de l'opération « Manta » au Tchad en 1983 quand le gouvernement tchadien avait demandé l'aide de la France face à la Libye. Paris avait alors déployé en quelques jours une brigade au milieu du Tchad et une puissante force aérienne à N'Djamena et Bangui. Par cette opération éclair, elle avait placé la Libye devant le dilemme inaction ou guerre ouverte. Mais la Libye n'est pas la Russie. Les moyens et le courage ont beaucoup manqué pour envisager, à la demande ukrainienne, de déployer en quelques jours des forces le long de la frontière avec la Russie ou la Biélorussie. Tous les messages envoyés alors, notamment par les Américains, vont en sens contraire : il n'y aura aucun soldat de l'Alliance atlantique sur le sol ukrainien. Et tout le monde de s'empresser de rapatrier ses ressortissants. En résumé, si la plupart des Occidentaux se préparent à une confrontation avec la Russie beaucoup plus sérieuse qu'auparavant, ils ne pensent certainement pas se retrouver face à une guerre de cette ampleur.

2

L'échec de la Blitzkrieg

Jean LOPEZ – *Peut-on décrire à peu près ce qui s'est passé le 24 février 2022 ?*

Michel GOYA – Le 24 février, les Russes lancent une grande opération dans le plus pur style des « offensives à grande vitesse » définies dans les années 1970 et dernier avatar de l'art opératif[1] russo-soviétique. *A posteriori*, en analysant l'ensemble des mouvements de troupes, il semble à peu près acquis que l'« opération militaire spéciale » se donnait deux objectifs principaux à atteindre le plus vite possible : prendre Kiev et encercler les forces ukrainiennes dans le Donbass. Alors que les colonnes blindées commencent leur mouvement, les forces russes tentent de paralyser tout le système nerveux ukrainien – réseaux de commandement et de communication, défense aérienne, bases et dépôts – par une combinaison d'attaques électroniques, de frappes de missiles, de raids aériens et de coups de main. Les grandes infrastructures, en revanche, et notamment les voies ferrées, ne sont pas visées : sans doute les assaillants souhaitent-ils les préserver en vue de la phase de stabilisation après l'intervention initiale.

Dans le cyberespace, la société Microsoft a identifié de nombreuses attaques avant même le 24 février, avec un pic le jour J visant à détruire le réseau de communication ukrainien et entraver celui de l'énergie. C'est un échec[2] : près de 90 % des tours de téléphonie mobile fonctionnent toujours et la société américaine SpaceX, qui devient de ce fait un acteur politico-militaire à part entière, contribue à maintenir Internet *via* son réseau satellitaire Starlink. Pilotés par le ministère de la Transformation numérique, les groupes de hackers de la vaste communauté cyber ukrainienne défendent le pays contre les intrusions et contre-attaquent les pirates russes[3].

L'attaque aérienne que l'on attendait a bien lieu le 24 février, mais pas à l'échelle qui était anticipée. Un peu plus de 150 missiles sont utilisés le premier jour, et une quarantaine dans chacun des jours qui suivent, tandis que l'aviation russe engagée, forte pourtant de 300 avions de combat, est plutôt rare dans le ciel, fonctionnant par raid de paires de chasseurs-bombardiers utilisant peu de munitions de précision. L'objectif premier de cette attaque vise le réseau intégré – air et sol – de défense aérienne des Ukrainiens. Or, ceux-ci ont été alertés quelques heures avant l'attaque et ont eu le temps de déplacer tout ce qui pouvait l'être, si bien que les Russes ne frappent pratiquement que des objectifs fixes. Leur plan de ciblage s'avère par ailleurs assez approximatif, plusieurs sites touchés n'étant par exemple plus des positions militaires depuis longtemps. Ils ont par ailleurs un processus d'évaluation des dégâts très imparfait et, disons-le, très optimiste dans ses bilans. Ils croient donc sincèrement avoir détruit la majeure partie du système de défense aérien ukrainien alors que, faute de moyens de frappe et de renseignements précis, ils l'ont seulement neutralisé durant quelques jours.

JL – Une première frappe aérienne trop faible et imprécise, donc. Cela tient peut-être en partie au manque traditionnel russo-soviétique d'autonomie de l'arme aérienne, toujours inféodée au commandement terrestre.

MG – C'est possible, car, hormis les bombardiers et les appareils de transport, les avions de combat et les hélicoptères russes sont répartis entre les cinq districts militaires* sur lesquels repose l'administration militaire. Trois états-majors de ces districts – Sud, Ouest et Est – sont à l'œuvre en Ukraine avec, par conséquent, chacun leur propre force aérienne. Et en effet, la première frappe assénée, chacun de ces états-majors réoriente rapidement ses avions vers l'accompagnement des opérations terrestres. Cela pose de nouveaux problèmes puisque par manque d'entraînement et de procédures communes, la coordination air-sol se fait

* Les 4 districts militaires russes sont le DM du Centre (TsVO), de l'Est (VVO), de l'Ouest (ZVO), du Sud (YuVO) et le Commandement militaire stratégique de la flotte du Nord.

très mal. Par crainte de tirs fratricides, l'artillerie antiaérienne mobile reçoit en outre interdiction de tirer. Les colonnes russes sont alors très surprises d'être attaquées par les aéronefs et drones ukrainiens restants – sur lesquels, par conséquent, personne ne tire. En fait, elles sont même surprises d'être attaquées tout court[4].

JL – Je reprends deux éléments de votre présentation : les voies ferrées ne sont pas attaquées, la campagne aérienne d'interdiction est limitée. Au vu de ces deux points, ne peut-on imaginer que les forces russes aient reçu une consigne d'emploi restreint de la force ? Après tout, ce serait cohérent avec le discours de Poutine du 21 février 2022, dans lequel il expose sa théorie selon laquelle l'Ukraine et la Russie ne seraient en fait qu'un pays et qu'un peuple. Bien sûr, devant la violente résistance rencontrée, cette consigne aurait été annulée rapidement. Cela vous paraît-il possible ?

MG – Il semblerait en effet qu'il y ait eu des ordres de modération dans l'emploi de la puissance de feu, pour l'artillerie et l'aviation en particulier. Dans l'esprit des autorités ayant procédé à la planification de l'opération, rappelons-le, les Ukrainiens sont un peuple frère sous la coupe d'un régime néonazi fantoche mis en place et manipulé par les États-Unis, raison pour laquelle ils n'imaginaient pas une résistance sérieuse. Ils se voyaient même plutôt accueillis en libérateurs, en particulier dans les régions russophones. Dans ces conditions, il n'était ni nécessaire ni souhaitable d'user massivement de la puissance de feu qui ne pouvait que toucher et braquer une population favorable. L'approche était assez similaire à celle de l'invasion de la Tchécoslovaquie en août 1968.

Il s'agissait bien sûr d'une illusion, même si les Russes ont parfois bénéficié de complicités, et surtout une illusion gênante pour une armée contrainte de manœuvrer sans user massivement de son artillerie, ce qui n'est guère dans sa nature. Les forces de la 6e armée qui se sont présentées en avant-garde devant Kharkiv, la grande ville à forte minorité russophone, dans l'est du pays, ont ainsi été très étonnées de rencontrer une résistance. Elles ne savaient pas très bien comment faire sans en appeler à l'artillerie. Ce flottement n'a duré que quelques jours, bien sûr : les restrictions d'emploi ont rapidement été levées afin de permettre aux unités de combattre à leur manière, c'est-à-dire avec des feux massifs.

JL – Un mot sur le commandement supérieur au début de la guerre. Côté ukrainien, en vertu de la Constitution de 1996, le chef suprême des armées est le président de la République Volodymyr Zelensky, élu en 2019. Chef politique de la nation en guerre, il exerce pleinement ce rôle, faisant œuvre de diplomate et payant de sa personne en permanence. Il n'hésite pas non plus à limoger les éléments douteux, ainsi, le 17 juillet, le chef du SBU (le service de renseignements) Ivan Bakanov et la procureure générale Irina Venediktova. Bien entendu, même si, sans aucun doute, le président suit les opérations de près, le commandement des forces est aux mains de militaires professionnels. Le commandant en chef de l'armée est Valery Zaloujny, le chef de l'état-major général Serhiy Chaptala, tous deux nés en 1973. Zaloujny n'a pas directement reçu l'empreinte de l'armée soviétique. Il a fréquenté l'École militaire supérieure interarmes d'Odessa, commandé une brigade mécanisée puis suivi une formation à l'université Tcherniakhovski, l'équivalent de notre École de guerre. Ce que l'on sait de lui décrit un homme très favorable, dès avant le conflit du Donbass, à un rapprochement sinon un alignement des forces ukrainiennes sur les normes et méthodes des armées de l'OTAN. Il n'est à son poste que depuis juillet 2021. Côté russe, les choses sont plus troubles. Au début des hostilités, on entend beaucoup s'exprimer le ministre de la Guerre, le général Sergueï Choïgou, mais l'homme est d'abord un politique. Quel rôle exact tient le chef de l'état-major général, Valery Guerassimov ? Sa fonction pourrait le cantonner à la planification, mais en l'absence de commandant en chef du théâtre des opérations, ce doit être lui qui passe directement les ordres du Centre aux trois commandants de districts militaires régionaux, les vrais maîtres sur le terrain. Rien n'est certain, toutefois, dans le domaine du haut commandement, et ce, dans les deux camps. Choïgou et Guerassimov, nés en 1955, sont de purs produits du système soviétique. L'important est de retenir qu'il n'y a pas initialement côté russe de commandant en chef unique pour l'« opération militaire spéciale ».

Quelles sont les missions dévolues aux trois chefs des districts militaires Est, Ouest et Sud, respectivement les généraux Chaiko, Nikiforov et Sourovikine ?

MG – À noter d'abord que ces trois districts ont conservé leur nom originel qui correspond au découpage de la Russie, ce qui peut introduire de la confusion une fois qu'ils ont mis le pied en Ukraine. Le district Est, basé à Gomel en Biélorussie, est ainsi en charge du nord de l'Ukraine, et a pour mission de s'emparer de Kiev au plus vite. Le district Ouest, quant à lui, couvre la frontière russe face à Kharkiv qu'il doit prendre avant d'atteindre le Dniepr et d'encercler la force principale ukrainienne dans le Donbass. Le district Sud, enfin, doit fixer les forces ukrainiennes dans le Donbass, sortir de Crimée pour aller vers l'est en direction de la province de Zaporijjia et de la côte de la mer d'Azov, mais aussi vers l'ouest afin de s'emparer de Kherson puis de progresser au-delà du Dniepr vers le centre du pays et Odessa, appuyé par la flotte de la mer Noire.

Des groupes de tueurs auraient cherché Zelensky dans tout Kiev

JL – Rappelons aux lecteurs qu'en l'absence de documents internes russes, ces intentions stratégiques sont déduites *de ce que l'on observe sur le terrain.*

La pénétration russe va donc, selon ces déductions, prendre la forme de quatre poussées dont on peut supposer qu'elles devaient converger à un moment donné. Si l'objectif global est de faire de l'Ukraine un pays « dénazifié » et « démilitarisé » (discours de Poutine du 24 février), cela suppose d'en prendre le contrôle complet. Néanmoins, les objectifs intermédiaires de l'offensive du 24 février semblent 1. de décapiter l'État en s'emparant de Kiev ;

2. de mettre hors de combat le groupement principal des forces ukrainiennes dans le Donbass ; 3. de prendre le contrôle de l'économie ukrainienne en occupant tous ses ports d'exportation sur la mer Noire et la mer d'Azov. Vaste programme ! Qui semble obéir à ce que le théoricien soviétique Alexandre Svetchine appelait une « victoire extraordinaire », obtenue en une opération d'anéantissement unique et non par une série d'opérations étirées dans le temps et dans l'espace. Permettez-moi de rappeler que ce même théoricien mettait en garde contre ce type d'opérations. Elle ne peut réussir, écrivait-il, que si l'adversaire est très faible et elle comporte toujours des risques très élevés de retour du bâton.

MG – C'est effectivement très ambitieux, d'autant que les moyens ne sont pas écrasants et qu'aucune réserve générale n'est prévue pour faire face à un échec éventuel. Les Russes « font tapis », comme au poker, ce qui suppose une grande confiance dans le succès.

Les choses se passent plutôt bien pour eux au sud-est et au sud. La 8e armée et les deux corps d'armée séparatistes fixent les forces ennemies dans le Donbass, tandis que la 58e armée et le 22e corps d'armée sortent de Crimée et progressent vers l'est en direction de Melitopol. Un groupement fort d'une division et d'une brigade d'assaut par air se dirige vers l'ouest, en direction de Kherson, tandis que la 49e armée basée dans le Caucase emprunte le pont de Kertch pour traverser la Crimée et le rejoindre. Le district Ouest rencontre davantage de difficultés le long de la frontière russe. Si la 20e armée pénètre facilement dans la province de Louhansk, peu défendue, la 6e armée a plus de mal en revanche face à la résistance inattendue de Kharkiv, où un détachement précurseur de forces spéciales russes est anéanti. Plus au nord, la 1re armée blindée est également stoppée devant la ville de Soumy.

Au nord, sous le commandement du district Est, un groupement d'assaut par air, une division et une brigade musclée par des forces spéciales tentent par héliportage et aérotransport de s'emparer des aéroports à l'ouest de Kiev, en avant des 35e et 41e armées qui, elles, accourent de Biélorussie, depuis la base de Gomel, de part et d'autre du Dniepr. La 36e armée reste en réserve en Biélorussie. Les unités d'assaut par air échouent avec de lourdes pertes, tandis que la 35e armée est freinée tout le long de son trajet de Tchernobyl à Kiev. De son côté, la 41e armée bute sur la résistance de Chernihiv, grosse ville de 300 000 habitants située à 140 kilomètres au nord-est de la capitale. Le long de la frontière russe, la 2e armée est lancée également en direction de Kiev, mais tombe à son tour sur une résistance inattendue[5].

JL – Côté ukrainien, l'on se met rapidement en état de guerre : la loi martiale est proclamée, de même que la mobilisation générale des hommes entre 18 et 60 ans. Kiev est placé sous couvre-feu et le maire de la ville, Vitali Klitschko, prévient que toute personne traînant dans les rues entre 17 heures et 8 heures du matin sera considérée comme un saboteur. La vision des cartes animées montrant l'allongement des tentacules russes provoque une vague de pessimisme chez tous les commentateurs. Le site de Newsweek *annonce même que, selon une source proche du Pentagone, Kiev devrait être encerclé et tomber en quatre jours. Dans ce scénario où la vitesse, la surprise (au moins relative) et le choc devaient paralyser la volonté de défense des Ukrainiens, l'attaque sur les aéroports de Kiev revêtait une importance particulière. Sa réussite devait couper le pouvoir ukrainien de ses appuis extérieurs. Or, cette attaque échoue très rapidement. Sait-on ce qui s'est passé durant cette bataille pour les aéroports ?*

MG – L'aéroport d'Hostomel, communément appelé « aéroport Antonov », à 10 kilomètres au nord-ouest de Kiev, revêtait en effet une importance capitale. Selon les Russes eux-mêmes, il est assailli au matin du 24 février par 200 hélicoptères d'attaque et de transport, précédés par quelques frappes aériennes dans le secteur. La 11e brigade d'assaut aérien, presque au complet, a pour mission de s'en emparer au plus vite – et intact – afin de permettre ensuite l'aérotransport de renforts plus lourdement équipés. Les Russes espèrent ainsi, au mieux, avoir suffisamment de moyens pour pénétrer dans la capitale ; au pire, faciliter la progression de la 35e armée qui arrive de Biélorussie et doit rejoindre les parachutistes. Or, les choses ne se passent pas comme prévu.

Car s'ils parviennent bien à déposer la 11e brigade sur l'aéroport malgré la perte de plusieurs hélicoptères, c'était sans compter sur une réaction très vive des Ukrainiens, qui envoient sur place la 4e brigade de réaction rapide du ministère de l'Intérieur – en fait une brigade blindée-mécanisée. Celle-ci est engagée dans la journée, appuyée par plusieurs sorties d'hélicoptères et d'avions. Les forces spéciales ukrainiennes interviennent aussi dans la bataille. Les combats sont si violents qu'ils empêchent les Russes d'utiliser la piste de l'aéroport. Résultat : la vingtaine d'avions de transport Iliouchine 76 partis de Russie avec un régiment aéroporté a dû finalement renoncer, se poser en Biélorussie et rejoindre Kiev par la voie routière. Dans la nuit du 24 au 25 février, le plus gros avion du monde, l'Antonov An-225 « Mriya », est détruit dans un hangar par les Russes, sans doute au moment de leur repli. Car la 11e brigade d'assaut aérien est alors repoussée hors de l'aéroport. Sa survie était en jeu. Elle n'évite en effet la destruction que parce qu'elle est rejointe par les forces venues de Biélorussie le 25 février. Les Russes sont alors suffisamment forts pour reprendre l'aéroport d'Hostomel, mais sa piste est désormais inutilisable. Il peut néanmoins servir de base arrière à la 35e armée et au groupement de forces aéroportées qui progressent vers la banlieue de Kiev[6].

Des forces russes plus réduites, peut-être de la 45e brigade des forces spéciales, ont également essayé de s'emparer de la base aérienne militaire de Vasylkiv, à 25 kilomètres au sud-ouest de Kiev. La base, qui est surtout occupée par la 40e brigade de défense antiaérienne, est d'abord frappée par des missiles au matin du 24 février puis attaquée par des soldats russes déposés par hélicoptères quelques kilomètres plus au nord ou peut-être déjà installés depuis plusieurs mois dans la région. La garnison ukrainienne renforcée de territoriaux résiste aux attaques jusqu'au repli des Russes le 26 février. Les Ukrainiens revendiquent la destruction de deux Iliouchine Il-76 à proximité de la base, mais aucune carcasse d'avion n'a été trouvée par la suite[7].

JL – Sait-on si les Russes ont cherché à éliminer Volodymyr Zelensky dans les débuts de leur attaque ?

MG – De nombreux bruits ont couru sur le sujet. On a évoqué la société privée Wagner pour exécuter cette mission mais aussi les Tchétchènes dont le bataillon présent dans les rangs de la 35e armée aurait été chargé d'assassiner les dirigeants ukrainiens. Ce devait plutôt être une mission pour les « saboteurs » russes issus des services de renseignements de l'armée (GRU), infiltrés dans la capitale depuis parfois un an et peut-être des forces spéciales de la 45e brigade. Il ne s'agissait pas seulement d'éliminer Zelensky, évidemment une cible prioritaire, mais de décapiter tout l'exécutif ukrainien le plus vite possible, une mission qui aurait dû normalement se dérouler quasi simultanément avec l'entrée des troupes russes dans la capitale. En dépit de l'échec du plan initial, les officiels ukrainiens feront état malgré tout de plusieurs tentatives d'assassinat du président en février-mars[8].

JL – On rappellera que, le 27 décembre 1979, l'invasion de l'Afghanistan par l'armée soviétique avait débuté par l'assassinat du président afghan, Amin, dans son palais, par l'unité d'élite du KGB, Zenit[9]. *La ressemblance entre les deux actions est frappante.*

Vous venez à deux reprises de signaler que des forces russes « dormaient », camouflées, près de l'aéroport de Vasylkiv, et dans Kiev même. Comment pareille chose est-elle possible ?

MG – C'est finalement assez simple. Des agents russes, parfois avec leurs familles pour ne pas éveiller les soupçons, se sont installés tout à fait légalement dans les grandes villes, Kiev et Kharkiv tout au moins, plusieurs mois avant le début de la guerre, ce qui laisse penser que l'invasion était planifiée de longue date. Avec sans doute des complices ukrainiens, ils avaient pour mission de renseigner et, le cas échéant, de mener des actions de force ponctuelles, comme s'emparer d'un pont, souvent en tenue civile, avant l'arrivée des forces russes. Les Ukrainiens les ont baptisés « saboteurs » en grossissant sans doute leur importance et ils ont dépensé beaucoup d'énergie à les traquer. Ils ont déclaré en avoir tué 60 au nord de la capitale dès le 24 février. C'est sans doute exagéré, mais il y a eu effectivement plusieurs accrochages à l'intérieur de Kiev dans les tout premiers jours de la guerre.

JL – Nombre de témoins ont en effet rapporté de longs échanges à l'arme automatique dans le centre-ville, durant les nuits des 24, 25 et 26 février.

Résumons : le 24 et le 25 février, les deux coups de main sur les aéroports de Kiev échouent du fait d'une résistance plus vive que prévue et de l'impossibilité de poser les renforts aérotransportés. Néanmoins, j'imagine que cela ne met pas en péril l'ensemble du plan, qui repose surtout sur les moyens lourds qui accourent depuis la Biélorussie. Du poste-frontière biélorusse de Novaya Guta à la capitale ukrainienne, il y a 214 kilomètres par la route. De l'autre côté (rive ouest), par Tchernobyl, on compte 150 kilomètres. Et par le réservoir du Dniepr, il y a à peine 100 kilomètres. Vous avez cité les 35e et 41e armées russes qui progressent vers le sud, de part et d'autre du fleuve. Quels moyens humains et matériels cela représente-t-il ?

MG – Le groupement aéroporté nord, 31e brigade et 76e division d'assaut aérien plus des éléments de la 45e brigade, représente en théorie environ 8 000 hommes. Il est probable qu'en réalité il y en avait moins de 6 000, formant six groupements tactiques pour la manœuvre et des groupements d'appui en arrière. L'ensemble doit totaliser environ 250 véhicules de combat, des engins de transport chenillés blindés, et une quarantaine de chars de bataille T-72B3 ainsi qu'une cinquantaine d'obusiers de 122 mm tractés ou mortiers portés de 120 mm*. Les membres des forces aéroportées russes (VDV) s'installent au nord-ouest de Kiev à proximité du réservoir du Dniepr.

Ils sont rejoints par la 35e armée qui s'installe à l'ouest de leur position dans la région de Boutcha,

* Les transports chenillés blindés sont pour la plupart du type BMD-2 ou 4M, les pièces d'artillerie des D-30 et les canons-mortiers automoteurs des 2S9 Nona-S.

à Borodyanka : on est à peine à 10 kilomètres des limites nord-ouest de la capitale. Cette armée est forte de 8 000 hommes. Elle dispose de trois brigades d'infanterie et on lui attribue huit groupements tactiques, sans doute assez réduits. En arrière, elle peut compter sur trois brigades d'artillerie, sol-sol, sol-air et missiles. L'armée dispose au total d'environ 250 véhicules de combat, chars de bataille ou véhicules d'infanterie, et 200 pièces d'artillerie, obusiers ou lance-roquettes multiples. La 36e armée, qui est en deuxième échelon derrière la 35e, est un peu plus réduite avec 7 000 hommes. La 41e armée qui doit atteindre Kiev depuis l'autre rive du Dniepr s'avère en revanche plus puissante : elle comprend trois brigades autonomes et un régiment de la 90e division blindée. Elle dispose des mêmes appuis que la 35e armée, mais on la crédite de dix groupements tactiques[10].

Les soldats russes stupéfaits de se retrouver en Ukraine : on ne leur avait rien dit

JL – Cette double attaque le long du Dniepr est donc forte d'environ 30 000 hommes et 1 000 véhicules de combat dont 400 chars et 600 pièces d'artillerie diverses, soit le quart des moyens russes mis en jeu les 24 et 25 février. Étant donné l'importance de l'enjeu politique que représente Kiev, cette proportion n'est pas si considérable. Elle me donne même l'impression, si l'on considère la multiplicité des axes d'attaque, d'une dispersion des efforts qui tient elle-même à l'absence de séquençage de l'opération. On court après tous les lièvres en même temps et dans tous les azimuts ! Il me semble par ailleurs que cette attaque n'a pu surprendre les Ukrainiens. L'alliance entre la Biélorussie et la Russie, la présence de forces russes attestée depuis des semaines, la proximité de la capitale : tout indiquait qu'un coup allait venir de ce côté. Les Ukrainiens avaient-ils pris des dispositions particulières pour y faire face ?

MG – Il semble bien pourtant qu'ils aient été surpris non seulement par la date de l'attaque – avec une alerte seulement quelques heures avant l'offensive russe –, mais aussi par son axe d'effort. On considérait alors généralement que l'objectif « terrain à conquérir » des Russes serait sans doute le Donbass et son objectif « forces à détruire » plutôt le puissant groupement de forces ukrainiennes qui s'y trouvait. À cet égard, la manœuvre de déception russe a plutôt réussi, mais au prix de la désinformation de leurs propres soldats qui n'ont été mis au courant, au niveau bataillon, qu'un jour avant l'opération et, de surcroît, sur des présupposés concernant l'attitude ukrainienne complètement faux. On a cité le cas de soldats russes croyant à une erreur de parcours en découvrant les premiers panneaux ukrainiens.

Or, les Ukrainiens réagissent rapidement. Les premiers engagés, on l'a vu face au groupement d'assaut par air russe, sont le régiment des forces spéciales et la 4e brigade de réaction rapide du ministère de l'Intérieur, en fait les seules forces organisées présentes le 24 février dans la capitale. Les autorités avaient considéré que la voie d'invasion la plus logique était la route qui va de Gomel à Kiev à l'est du Dniepr : ils avaient donc placé la 1re brigade blindée, la plus puissante de toutes, sur le point de passage obligé de Chernihiv à quelques kilomètres de la frontière avec la Biélorussie. Elle y combat la 41e armée russe dès le premier jour[11]. Pour le reste, le commandement mobilise immédiatement les brigades territoriales, quatre dans les oblasts de Jitomir, Kiev et Chernihiv plus une, la 241e, dans la capitale avec la garde nationale et plusieurs bataillons de milice. Une brigade de manœuvre* de réserve, la 61e motorisée, est organisée également au nord-est de la capitale. On ordonne aussi aux brigades de manœuvre les plus proches de rejoindre la zone des combats. La 78e brigade mécanisée, stationnée à Bila Tserkva quelques kilomètres plus au sud, se déplace vers Kiev, tandis que la zone à l'ouest de la capitale est prise en compte par la 95e brigade d'assaut aérien, la 14e brigade mécanisée venue de l'ouest du pays et la 30e brigade mécanisée[12].

JL – Ce qui fait au total 14 brigades ukrainiennes qui convergent de tous côtés vers la capitale ! Le sang-froid du commandement, la réactivité des forces sont notables. Cela prouve bien que les efforts faits par les Russes pour paralyser d'emblée leur adversaire ont été bien trop légers.

---

* Les brigades de manœuvre sont des brigades de combat mobiles et lourdement équipées. Par opposition aux brigades territoriales ou de garde nationale qui sont des unités d'infanterie légère normalement destinées à tenir le terrain.

Le croyaient-ils donc intrinsèquement si faible ?! Néanmoins, avec des chars russes signalés à 10 kilomètres du bâtiment qui abrite la Rada, le Parlement ukrainien, le pouvoir vacille. Ce moment de désarroi explique certainement que, le 25, Zelensky déclare à la télévision qu'il « n'a pas peur de parler d'un statut de neutralité » pour son pays et qu'il exprime des doutes sur la volonté des Occidentaux de lui venir en aide… Ce passage à vide sera très bref.

Restons sur ce secteur du front. Comment se passe la progression des deux tentacules poussés par les Russes vers Kiev à partir de la Biélorussie ?

MG – À l'ouest, le groupement d'assaut aérien est rejoint le 25 février par la 35ᵉ armée. Le lendemain, les premiers obus tombent sur la capitale, dont une grande partie de la population est évacuée. La 76ᵉ division d'assaut aérien pousse le long du Dniepr jusqu'à Novi Petrivtsi tandis que la 31ᵉ brigade d'assaut aérien et la 64ᵉ brigade de la 35ᵉ armée attaquent Irpin et Boutcha, deux petites villes de banlieue entourées de forêts et coupées par deux rivières. Le reste de la 35ᵉ armée est, plus à l'ouest, à Nemichaïeve et cherche à pousser plein sud jusqu'à Buzova afin d'aborder la capitale par l'ouest ou de compléter vers le sud son encerclement. Dans ce secteur nord-ouest, la progression russe piétine très rapidement face à l'opiniâtreté de la résistance.

Sur l'axe oriental, les choses sont encore plus simples : toute la 41ᵉ armée se trouve bloquée devant Chernihiv après 40 kilomètres de progression depuis la Biélorussie. La ville est un point de passage obligé au centre de toutes les routes principales de la région et notamment la P69, en pleine forêt, et la E95 qui permettent d'accéder à Kiev. Chernihiv est encerclée et plusieurs groupements tactiques parviendront plus au sud sur la E95 mais sans aborder la capitale. Pendant un mois, le combat de la 41e armée se résume au siège de Chernihiv.

JL – J'ajoute que cette ville s'adosse à la rivière Desna, large de 100 mètres à cet endroit, et qu'elle contrôle trois ponts importants (routier, ferroviaire et autoroutier) dont la possession est indispensable pour marcher sur Kiev. En septembre 1943, le général Tcherniakhovski – un des rares capitaines de l'Armée rouge dont se réclament les Ukrainiens – avait rejeté une attaque par le nord, trop contrainte par le terrain, et abordé la ville par le sud, la prenant en vingt-quatre heures.*

Première surprise, donc : les deux groupes de forces chargés de prendre la capitale par le nord sont bloqués après quelques dizaines de kilomètres de progression. À quels types de combats a-t-on affaire et quels atouts font jouer les Ukrainiens ?

MG – Le premier atout ukrainien est la totale improvisation dont semblent faire preuve en toute

* Né en Ukraine en 1906, Ivan Tcherniakhovski était un des généraux les plus prometteurs de l'Armée rouge. Devenu commandant du Troisième Front de Biélorussie en 1944, il libère Vilnius, Grodno et Tilsit avant d'être tué en février 1945 par un éclat d'obus durant la conquête de la Prusse-Orientale.

chose les unités tactiques russes. Malgré des semaines de manœuvres, celles-ci n'ont pas eu le temps de préparer correctement l'opération : on leur a répété, d'une part, qu'il n'y aurait pas de combat sérieux, d'autre part qu'il fallait rejoindre le plus vite possible la capitale. On assiste donc un peu partout à un mélange de négligence et de désordre – certaines armes de bord ne sont même pas approvisionnées en munitions ! L'écoute, assez facile, du réseau de transmissions russe montre des soldats qui essaient souvent simplement de savoir où ils sont. Le terrain forestier à l'ouest du Dniepr est le plus difficile avec ses marais, ses champs inondés, ses routes sabotées et ses ponts détruits. Les brigades russes y sont canalisées et congestionnées sur quelques axes étroits. Il est extrêmement difficile pour la logistique de venir alimenter les forces avancées puisque la chaussée est bloquée. Les trois brigades ukrainiennes à l'ouest de Kiev tiennent les sorties de la zone, tandis que les brigades d'artillerie, les drones armés TB2, pendant quelque temps les chasseurs Mig-29 ou les hélicoptères Mi-24, et surtout l'artillerie harcèlent les Russes. Bloquée dans la banlieue de Kiev avec les parachutistes, la 35e armée tente dans la première semaine de mars de contourner la ville et engage au moins une brigade sur Makariv à 15 kilomètres à l'ouest de la capitale puis vers le sud en direction de Byshiv, après avoir franchi la route. Harcelée par les petits groupements de la 14e brigade mécanisée ukrainienne et incapable de soutenir logistiquement cette force avancée et sa brigade d'artillerie en appui, elle est obligée d'arrêter son attaque puis de se replier sur Makariv à la fin du mois.

Tir aux pigeons sur un embouteillage de 64 kilomètres de long !

JL – Dès le 25 février apparaissent les premières vidéos, prises depuis des drones, de destructions de chars russes coincés à l'intérieur de longues colonnes au milieu des forêts…

MG – Oui, ces vidéos étaient spectaculaires. On s'aperçoit en outre que les Russes ont également beaucoup de mal à combattre dans les zones urbaines. Ils avaient initialement l'ordre de contourner les villes afin d'aller le plus vite possible vers Kiev où ils espéraient, rappelons-le, pénétrer sans combat véritable. Maintenant, ils s'aperçoivent qu'ils doivent notamment prendre Chernihiv d'assaut parce que son contrôle par les Ukrainiens entrave complètement l'action de la 41e armée. Il faut donc mener des combats urbains et visiblement, malgré le retour d'expérience syrien, l'armée russe n'est pas prête pour cela, ne serait-ce que parce qu'elle manque de fantassins. En comptant les parachutistes, 10 000 à 15 000 fantassins sont engagés en tout dans les armées qui se dirigent vers Kiev, dont la moitié tout au plus aura abordé la périphérie de cette ville de 3 millions d'habitants.

JL – En 1943, l'Armée rouge affectait 1,3 million d'hommes à la prise de Kiev ; en 1945 devant Budapest, elle en alignait 1 million dont 300 000 uniquement pour s'emparer d'une ville de 2 millions d'habitants ; à Berlin, environ le double… Quelles que soient les différences en termes de puissance de feu entre les armées de cette époque et la nôtre, prendre une ville exige, alors comme aujourd'hui, beaucoup d'hommes par la nature même du terrain.

MG – S'emparer d'une ville, c'est courir en effet le risque de combats de rues prolongés. Et pour cela, il faut un personnel nombreux car les combats sont très fragmentés, les couverts innombrables et les aléas permanents. Pour revenir aux Russes de 2022, ils n'ont pas été entraînés dans cette optique, c'est certain. La moindre ville un peu importante tenue par une brigade de manœuvre renforcée de territoriaux et de gardes nationaux, comme à Chernihiv ou dans la banlieue de Kiev, représente pour eux un défi presque insurmontable. Ils ne savent pas y progresser sans écraser d'abord les défenses et donc les bâtiments par leur artillerie. Or, celle-ci peine à fonctionner correctement dans l'imbroglio des combats autour de la capitale et loin de ses bases logistiques demeurées en Biélorussie. La météo de la fin de l'hiver restreint en outre les mouvements sur des sols qui commencent à devenir boueux du fait du dégel. Les Ukrainiens bénéficient par ailleurs de la connaissance du milieu et de la supériorité du renseignement, grâce à l'aide des Américains mais aussi de la population ou d'unités spécifiques comme l'Aerorozvidka roulant en quads et utilisant des drones du commerce. Ils utilisent ces deux avantages pour harceler les lourdes colonnes russes, qui sont à moitié aveugles. Les Ukrainiens parviennent à maintenir le contact entre Kiev et Chernihiv en passant par le grand parc naturel qui longe le Dniepr parce que les Russes n'osent pas s'y engager.

JL – Cette unité spéciale, Aerorozvidka, a été la coqueluche des médias occidentaux dans les premiers temps de la guerre. Le côté geek, les quads qui circulent sous le couvert des forêts, la personnalité très communicante de son chef, Yaroslav Honchar, ont attiré la lumière sur elle. En réalité l'unité n'a pas été improvisée, elle existait depuis 2014 et on l'avait déjà vue à l'œuvre dans le Donbass.

La situation des 35ᵉ et 41ᵉ armées russes me rappelle le sort terrible des trois armées soviétiques qui ont attaqué la Finlande durant l'hiver 1939-1940. Leurs divisions motorisées se sont encastrées sur 20 à 30 kilomètres de longueur sur de rares routes bordées de forêts et de lacs. Les colonnes de skieurs finlandais, quasi invisibles, n'ont eu qu'à bloquer les véhicules de tête pour les détruire ensuite au détail et à loisir, à la grenade et au cocktail Molotov, personne ne venant secourir les colonnes…

Le 28 février, la société américaine Maxar Technologies, qui fabrique et exploite des satellites d'observation de la Terre, diffuse des images hallucinantes de précision : on peut y voir sur la route P02, au nord-ouest de Kiev, les camions russes à la queue leu leu sur 64 kilomètres de long selon le calcul de la firme. Or à la guerre, témoin l'Exode de 1940, l'immobilité c'est la mort !

MG – Le 28 février, la 36e armée russe, qui avait pénétré en Ukraine en deuxième échelon derrière la 35e armée, est repérée dans le petit village de Prybirsk à une quarantaine de kilomètres au nord-ouest de Kiev. Elle s'engage ensuite dans Ivankiv, un carrefour dans une zone rare en routes, puis sur la route P02 en direction de Kiev. Canalisée par les obstacles et les destructions réalisés par les Ukrainiens, en particulier sur les ponts, et incapable de manœuvrer hors des routes, elle se trouve stoppée devant Fenevychi, à 40 kilomètres de la capitale, par une forte défense antichar. Bloquée sur une route étroite sur 60 kilomètres sans possibilité de ravitaillement en carburant et en nourriture, elle est ensuite harcelée pendant deux semaines. Les soldats restent étonnamment passifs. Ce n'est qu'à partir du 11 mars que la 36e armée parvient à se dégager à l'avant et à s'approcher d'Hostomel, peu de temps avant la fin de la bataille de Kiev. Elle n'y aura joué pratiquement que… le rôle d'une cible.

À l'est de Kiev, la puissante 41e armée assiège Chernihiv, nous l'avons dit, et réussit à engager sa 90e division blindée au sud en direction de Kiev. Le 9 mars, le 6e régiment de cette unité aborde Brovary dans la banlieue est de Kiev et tombe immédiatement dans une embuscade. La scène est filmée par un drone. Cela permet de constater d'abord l'extrême pauvreté du comportement tactique de la colonne blindée-mécanisée avançant dans la localité comme à la parade du 9 Mai sur la place Rouge, sans aucune protection d'hélicoptères et sans songer à faire débarquer l'infanterie de ses véhicules pour reconnaître les bâtiments[13]. Le contraste est alors saisissant avec l'activité et l'initiative des fantassins ukrainiens de la 72e brigade qui assaillent les véhicules à l'arme antichar en combat rapproché, avant qu'une pluie d'obus ne s'abattent avec précision sur des Russes paralysés par la surprise. La 90e division blindée reste dans les villages autour de Brovary jusqu'à la fin du mois de mars sans jamais pouvoir avancer.

JL – A-t-on une idée des pertes encaissées par les colonnes motorisées russes ?

MG – Selon le site en sources ouvertes néerlandais Oryx, les Russes auraient perdu fin février-début mars 2022 sur l'ensemble du théâtre, mais très majoritairement autour de Kiev, près de 350 chars de bataille et 650 véhicules blindés d'infanterie divers[14]. Ce sont des pertes documentées et donc sans aucun doute inférieures à la réalité. Ces pertes matérielles peuvent paraître relativement faibles au regard par exemple de la guerre du Kippour* (3 000 chars de bataille perdus dans tous les camps en dix-neuf jours), mais elles sont considérables pour des armées modernes en format réduit. Elles équivalent au capital matériel

---

* En septembre et octobre 1973, la guerre dite du Kippour met aux prises l'armée d'Israël contre celles de l'Égypte et de la Syrie, celle-ci appuyée plus tard par des unités irakiennes.

complet de 20 groupements tactiques, sur 128 engagés initialement.

Le plus étonnant reste que les pertes ukrainiennes en véhicules de combat, sans doute encore plus sous-estimées il est vrai, sont environ quatre fois inférieures. On obtient habituellement de tels écarts entre les adversaires lors de batailles ayant abouti à une dislocation de l'ennemi, ce qui se traduit, lors de la fuite, par d'énormes pertes matérielles, souvent par capture ou par abandon, ainsi que par de nombreux prisonniers. Rien de tout cela dans la bataille de Kiev ! Ni Russes ni Ukrainiens ne détruisent intégralement une brigade ou un régiment de l'autre camp. On en conclut qu'il s'est agi surtout de petits combats fragmentés, courtes frappes et embuscades menées, dans l'immense majorité des cas, à l'initiative d'unités ukrainiennes de la taille d'une petite compagnie et terminées avant que l'artillerie du groupement tactique ou des brigades de l'armée russe ne puisse être activée.

JL – Mais de quels systèmes antichars disposent donc les Ukrainiens ?

MG – Quand on observe les images de l'infanterie ukrainienne au début du mois de mars, on est frappé par l'abondance de son équipement antichar, au prix il est vrai d'une grande hétérogénéité. L'aide occidentale en armements légers, antichar ou antiaérien, a été suffisamment rapide pour influencer les combats dès le milieu du mois de mars. Dans tout cet arsenal, on relève en particulier l'efficacité des systèmes à tir plongeant comme les roquettes NLAW* jusqu'à 500 mètres, puis les missiles Javelin (américains) ou Stugna-P (ukrainiens) à plusieurs kilomètres. Ces armes ont la particularité d'être de type « tire et oublie** » et de monter dans le ciel avant de frapper les toits des chars de bataille, leur zone la plus vulnérable, et percer jusqu'aux obus qui se trouvent dans le plancher, ce qui fait souvent sauter la tourelle. Des lance-roquettes antichars plus classiques peuvent avoir le même effet en ville quand on les utilise en hauteur depuis les bâtiments[15].

Le deuxième système destructeur est celui des drones armés à bas coût Bayraktar TB2 de fabrication turque. En l'absence d'aéronefs pilotés, trop rares du côté ukrainien ou d'emploi très prudent côté russe, ce sont les drones qui prennent en compte de plus en plus les missions qui étaient naguère dévolues aux avions et hélicoptères. Les TB2, difficiles à déceler et d'une portée de tir de 8 kilomètres, sont responsables

---

* De conception franco-suédo-britannique, le système portable antichar NLAW (*Next generation Light Antitank Weapon*) peut être utilisé en tir direct ou en mode OTA (*Overfly Top Attack*). Dans ce cas, la charge explosive portée par la roquette détone sur le toit du véhicule, où le blindage est moins épais.

** Ou *fire and forget* en anglais. Le tir effectué, le missile n'a pas besoin d'aide extérieure pour trouver sa cible, que ce soit par guidage laser ou radar. Généralement, les informations relatives à la cible sont programmées avant le lancement. Après lequel le missile exploite toutes les données fournies par les capteurs et peut recevoir par GPS des informations sur le mouvement de sa cible et ajuster ainsi sa trajectoire, ce qui le rend d'autant plus redoutable.

avec les commandos de fantassins d'une bonne partie des destructions de camions des bataillons logistiques russes (660 pertes documentées au total dans le premier mois), ce qui n'a pas été pour rien dans la mise en panne de l'offensive contre la capitale.

Le troisième système destructeur est l'artillerie. Les Ukrainiens sont alors équipés sensiblement des mêmes matériels que les Russes, en bien moindre quantité mais avec beaucoup plus de souplesse et d'efficacité grâce à leur supériorité en informations et à leur système de gestion tactique Kropyva ou GIS Arta qui réduisent le temps de réponse à moins d'une minute.

Au bilan, des forces ukrainiennes plus souples, avec une structure de commandement décentralisée et des équipements bien adaptés, ont pratiqué une « usure dynamique » des armées russes, résistant fermement dans les villes et harcelant partout ailleurs. Au bout d'un mois de combats, les unités russes ont subi de telles pertes que la prise de la capitale est désormais exclue.

Kharkiv la russophone n'attend pas les Russes avec des fleurs

JL – Le nuage de frelons a eu raison de l'éléphant… ou le renard de l'ours ! Donc échec total de la tentative de prendre Kiev depuis la Biélorussie. Il faut relever que cette résistance inattendue de l'armée ukrainienne a des retombées politiques immédiates. Du côté des Occidentaux

– dont beaucoup, il faut le rappeler, ne croyaient guère à ce scénario –, on va dès lors pouvoir envoyer de l'aide militaire sans nourrir l'arrière-pensée qu'elle pourrait finir chez les Russes. Retombées également dans la relation russo-ukrainienne. Les discussions entamées entre les deux parties à Gomel en Biélorussie le 28 février 2022, et qui dureront, en plusieurs endroits, jusqu'à la fin mars, se terminent en effet sans résultat. Officiellement, la découverte des premiers crimes de guerre commis par les Russes met fin aux contacts directs. L'analyse des diverses déclarations émises en mars montre que ce sont bien les échecs russes dans le nord qui raidissent la position ukrainienne.

Mais quid *de Kharkiv, l'autre grande ville ukrainienne ? Habitée par une majorité de russophones, celle qui fut la première capitale de l'Ukraine au début de l'ère soviétique est très liée au Donbass voisin et n'a, par exemple, pas connu le phénomène Euromaïdan de 2014 à l'échelle où Kiev l'a connu. Je m'attendais à ce que la ville tombe assez facilement, d'autant qu'elle est proche de la frontière russe. Que s'est-il passé ?*

MG – Deuxième ville d'Ukraine avec 1,5 million d'habitants, Kharkiv, comme Donetsk, est une ville largement russophone en effet. Kharkiv, ou Kharkov en russe, constituait évidemment un objectif prioritaire pour les Russes. La possession de la ville, plaque tournante de toute la région Nord-Est, permettait par ailleurs de poursuivre plus facilement vers le fleuve Dniepr, vers la ville de Dnipro en particulier par la grande rocade M18, et de menacer ainsi d'encerclement la force ukrainienne massée dans le Donbass. La prise de Kharkiv est la mission de la 6e armée combinée, forte de deux brigades manœuvre.

JL – Je ne peux m'empêcher de remarquer que cette mission était également celle du Front du Sud-Ouest commandé par le maréchal Timochenko lors de l'offensive de mai 1942. Cinq armées soviétiques devaient prendre Kharkov puis s'élancer vers le sud-ouest en direction de Dniepropetrovsk (Dnipro aujourd'hui) et du grand carrefour ferroviaire de Sinelnikove. Les deux armées allemandes du Donbass auraient été de ce fait quasiment encerclées. Il suffit de regarder une carte : Dnipro se trouve au sommet de la grande boucle que dessine le Dniepr vers l'est. De Kharkov à ce point il n'y a que 216 kilomètres par la route. Mais Timochenko[16] *fut battu sèchement comme l'ont été les Russes quatre-vingts ans plus tard.*

MG – On retrouve à Kharkiv tous les errements déjà relevés. Plus qu'ailleurs en effet, les Russes croient entrer en terrain conquis, mais comme partout ailleurs, il n'en est rien. Un détachement précurseur est détruit par la 92e brigade mécanisée ukrainienne. C'est une grande surprise et la 6e armée se trouve d'autant plus embarrassée qu'elle a reçu une consigne de retenue dans l'emploi des feux pour ne pas retourner une population que l'on a cru acquise. La défense se renforce de deux brigades territoriales et deux brigades nationales. L'est de la ville est protégé par la 4e brigade blindée de réserve tandis qu'au nord-ouest la 93e brigade mécanisée bloque à Okhtyrka tout débordement de ce côté par la 1re armée blindée de la garde, qui sera – on l'a vu – finalement lancée contre Kiev.

Le 26 février, l'artillerie et l'aviation commencent à frapper Kharkiv juste avant un premier assaut. Les Russes sont repoussés le lendemain.

La 6e armée, qui ne dispose que de deux brigades mécanisées, est donc renforcée des deux brigades du 14e corps d'armée, puis de la 3e division d'infanterie de la 20e armée. Kharkiv est durement frappée par l'artillerie russe, et un tiers de sa population fuit la ville, mais elle est toujours reliée à l'arrière et résiste. Un deuxième assaut est repoussé le 2 mars. Au milieu de ce mois, le commandant de la 6e armée, le général Yershov, est limogé. Malgré de très fréquents bombardements, les forces russes restent en périphérie au nord de la ville et essayent de la contourner. En vain. Le front se fige donc également à Kharkiv.

JL – Nouvel échec donc pour l'armée russe, malgré trois semaines d'efforts. Je note que la consigne de ne pas utiliser des feux massifs pour épargner des civils supposés favorables n'a pas été respectée longtemps. La situation particulière de Kharkiv m'amène en outre à remarquer qu'il ne faut pas confondre, comme on le fait souvent, le fait de se déclarer russophone lors d'un recensement et la volonté d'être rattaché à la Russie de Poutine. À notre connaissance, mais elle est sur ce point très limitée, la population a davantage cherché à fuir les combats qu'à aider les soldats de la 6e armée.

Revenons au front. Kharkiv, donc, est assurément un objectif important, mais la mission majeure demeure de prendre Kiev. Nous avons vu ce qu'il en était des unités venues de Biélorussie, mais l'on constate sur les cartes diffusées à l'époque que d'autres forces convergent vers la capitale, venant non plus du nord mais de l'est, de la Russie. Quel est leur sort ?

MG – Nous avons déjà évoqué le rôle de la 41e armée débouchant de Gomel, assiégeant Chernihiv et tentant en vain d'aborder Kiev par la route E95. De son côté, la petite 2e armée – trois brigades de manœuvre, soit 13 000 à 14 000 hommes – vient du secteur de Briansk en Russie et doit parcourir presque 300 kilomètres en territoire ukrainien pour atteindre la capitale. Son sort est lié sur sa gauche à celui de la 1re armée blindée de la garde, placée, elle, au nord de Kharkiv. Cette dernière formation est puissante – deux divisions blindées et une division plus une brigade motorisées, soit une vingtaine de groupements tactiques. Elle devait, sans doute de conserve avec les autres armées du district Ouest, encercler les forces ukrainiennes du Donbass, mais elle est déroutée et envoyée en direction de Kiev. Cet engagement signifie que, une semaine après le début de la guerre, la moitié de toutes les forces russes engagées en Ukraine menace Kiev, soit environ 60 000 hommes et une soixantaine de groupements tactiques, avec au moins 800 chars de bataille et un millier de pièces d'artillerie diverses.

JL – Si je comprends bien, il s'agit d'une altération du plan initial. La résistance de Kiev aimante les forces qui devaient filer jusqu'à Dnipro c'est-à-dire sur les arrières des forces ennemies engagées dans le Donbass. S'agit-il d'une erreur d'après vous ?

MG – Ce changement de direction n'est *a priori* valable que pour la 1re armée blindée qui, placée entre Kharkiv et Soumy – distantes de 150 kilomètres – solidement tenues par les Ukrainiens, avait la possibilité d'avancer en direction du Dniepr vers Poltava, lieu hautement symbolique de l'histoire russe*, puis vers Krementchouk ou Dnipro, deux cités situées sur le grand fleuve. Au regard de ce qui s'est passé autour de Kiev, il est probable que cette attaque en direction du Dniepr aurait échoué. Il n'est pas même certain qu'elle ait pu atteindre Poltava devant la résistance dans le secteur, et même si elle l'avait fait, elle se serait retrouvée isolée en flèche à l'intérieur du territoire ukrainien et aurait probablement connu un sort funeste. Je me souviens des images de territoriaux ukrainiens descendant de voitures civiles, détruisant à coups de RPG-7** des véhicules de reconnaissance russes qui avaient pénétré dans la province de Poltava, puis se repliant tout de suite pour attaquer ailleurs. Il

* C'est en effet à Poltava, en 1709, que l'armée du tsar Pierre Ier bat celle de Charles XII de Suède. Ce dernier avait pour allié l'hetman cosaque Mazepa considéré comme un traître par les Russes et comme un héros par les Ukrainiens.

** Le RPG-7 est une arme antichar portative non guidée d'origine soviétique : elle lance une petite roquette à charge creuse capable de percer un épais blindage. Robuste et peu coûteuse, elle est massivement employée dans toutes les guérillas du monde. Elle est précise à moins de 200 mètres, ce qui expose évidemment beaucoup son servant.

faut imaginer cette guérilla technologique à grande échelle. Devant cette perspective, à quoi s'ajoute, au sud, la résistance ukrainienne dans la province de Zaporijjia face à la 58e armée, les Russes renoncent vite à l'idée d'encercler les forces du Donbass pour se concentrer sur Kiev.

JL – Il reste à parler de la 2e armée qui s'était massée autour de Sevsk en Russie et qui doit aussi rallier Kiev.

MG – La 2e armée connaît des déboires similaires à ceux de la 1re armée blindée. Son axe général de déplacement est la route E391-autoroute M02 qui se dirige directement de Russie vers le nord de Kiev. Elle est rapidement bloquée devant Konotop, qui, selon les ordres, est fixée par une brigade puis dépassée. Mais cette tentative pour retrouver un peu d'air est définitivement stoppée devant la ville de Nyzhin. Étalée sur des centaines de kilomètres, la 2e armée est harcelée par les forces légères ukrainiennes et se retrouve rapidement paralysée.

JL – Si cette poussée s'était poursuivie seulement 30 kilomètres au-delà de Nyzhin, les forces ukrainiennes défendant Chernihiv se seraient trouvées coupées de leurs arrières. L'ensemble de la défense des abords nord-est de Kiev se serait alors effondré… Le commandement russe n'a-t-il pas manqué d'audace sur ce point ? N'aurait-il pas dû forcer son chemin vers l'ouest, comme Guderian en mai 1940 en France ?

MG – Il a surtout manqué de moyens. Je concède que la poussée de la 2e armée était dangereuse pour les Ukrainiens. Mais celle de la 1re armée blindée ne l'était pas moins ! Et pourtant, avec une puissance double, elle a connu un sort similaire à celui de la 2e armée. Elle est d'abord bloquée quelques dizaines de kilomètres seulement après la frontière par la grande ville et nœud routier de Soumy, 250 000 habitants. Toute la 4e division blindée plus, peut-être, la 27e brigade autonome sont fixées par le siège de la ville. Il faut ensuite franchir les 350 kilomètres de route entre Soumy et Kiev et c'est un calvaire, car, là encore, les Russes sont harcelés sans arrêt. Toute la 47e division blindée doit se consacrer à la défense de cet axe. Il ne reste plus que la 2e division d'infanterie motorisée pour aborder la ligne Hoholiv-Boryspil à 10 kilomètres à l'est de la capitale. Elle y est facilement stoppée par les forces ukrainiennes dont sans doute la 45e brigade d'assaut aérien. Sans avoir eu à livrer une seule grande bataille, la 2e armée et la 1re armée blindée ont donc été usées et paralysées tout le long de leur axe de progression. Leurs avant-gardes n'atteignent même pas Kiev, arrêtées par des unités ukrainiennes de qualité tactique supérieure.

Grand succès russe au sud : grâce à des complices ukrainiens ?

JL – À la limite, s'agissant de l'attaque venue de Biélorussie, on peut avancer que les Russes ont été handicapés par la rareté des routes et l'omniprésence des forêts ou des marais. Mais s'agissant de la 2e armée et de la 1re armée blindée, l'argument ne vaut plus : le paysage est relativement ouvert et il y a de l'espace pour manœuvrer. Nous sommes donc bien obligés de répéter que ce sont, ici comme au nord de Kiev, les méthodes de combat des Russes qui se sont révélées inadaptées. Si nous faisons un arrêt sur image sur le front nord le 15 mars, après trois semaines de combat, les forces russes ont conquis une bande de territoire ukrainien qui court le long de la frontière sur 50 à 100 kilomètres de profondeur, de Chernihiv au Donbass ; puis leur progression s'est enrayée. En revanche, au sud, le long des côtes de la mer Noire et de la mer d'Azov, les choses se passent mieux pour les assaillants.

MG – Le succès de la 58e armée russe dans le sud de l'Ukraine est en effet étonnant. Cette formation, forte des 19e et 42e divisions motorisées et de la 136e brigade autonome, était stationnée en Crimée et on pouvait estimer qu'il lui serait difficile de sortir de la péninsule par les deux seules voies disponibles, la route E97 à l'ouest et la route E105 à l'est. Il n'en a rien été. Les forces ukrainiennes du commandement Sud sont demeurées plutôt inertes durant les premiers jours du conflit. La ville de Melitopol, située au débouché de la presqu'île, est prise dès le 25 février, puis le port de Berdiansk le 28 février. Une dizaine de petits navires ukrainiens sont capturés. La 810e brigade d'infanterie navale de la flotte de la mer Noire débarque et rejoint Marioupol, 80 kilomètres plus à l'est, où elle prend contact avec la 150e division motorisée de la 8e armée et des bataillons de miliciens venus de la République populaire de Donetsk (DNR). Marioupol est cependant tenue par plusieurs brigades ukrainiennes qui ont eu le temps de s'organiser. Cette ville d'un demi-million d'habitants est complètement encerclée le 3 mars. Un long siège commence.

Pendant ce temps, la 58e armée a poursuivi vers le nord-est. Le 28 février, elle s'empare d'Enerhodar, la ville à proximité de la centrale nucléaire de Zaporijjia, puis de la centrale elle-même, le 4 mars. Avec la mise en place de brigades ukrainiennes le long des axes, le front de la province de Zaporijjia se stabilise alors sur une ligne droite allant à Vasylivka, au bord du Dniepr, jusqu'au sud-ouest de la ville de Donetsk.

Pendant ce temps, la région de Kherson est abordée par les trois brigades du 22e corps et un groupement d'assaut comprenant la 7e division et la 11e brigade d'assaut par air. Le grand pont Antonovskiy sur le Dniepr à Kherson est pris dès la soirée du 24 février. Le lendemain les Russes s'emparent de Nova Kakhovka, plus au nord, et franchissent le fleuve à nouveau. La ville de Kherson est attaquée le 1er mars et contrôlée dès le lendemain, essentiellement par la 7e division d'assaut aérien.

JL – Voilà qui est étonnant ! Kherson est une capitale provinciale de 300 000 habitants, un centre de construction navale important et le port qui contrôle tout le trafic sur le Dniepr. Sa chute réduit la façade maritime de l'Ukraine à la région d'Odessa, c'est-à-dire à une fenêtre d'environ 200 kilomètres de longueur. Comment une ville si importante a-t-elle pu tomber en une journée ? Cela signifie-t-il qu'il n'y a pas eu de combats urbains ? Comment l'expliquer ?

MG – Les combats dans la ville de Kherson n'ont duré qu'une semaine au total et n'ont pas été très violents. Cette incapacité à défendre cette ville, et plus largement toute la province de Kherson, est le plus grand échec ukrainien dans cette première phase de la guerre. On a pu invoquer la surprise, un terrain plat et dénudé plus favorable qu'ailleurs à la guerre de mouvement et la meilleure qualité des troupes russes stationnées en Crimée. La réalité est surtout que la résistance n'a pas été organisée à temps, contrairement au nord du pays. Les grands ponts à la sortie de la Crimée ou sur le Dniepr n'ont pas été détruits et le bruit a vite couru que les Russes bénéficiaient de complicités au sein du commandement ukrainien de la région Sud. Durant les mois de mars et d'avril, plusieurs officiers ukrainiens seront d'ailleurs arrêtés et accusés de trahison, en particulier dans la branche renseignement. Ces errements initiaux coûtent très cher, car les Russes, encouragés par ce début facile, continuent leur progression. Renforcés par la 49e armée, venue du Caucase, et par la 336e brigade d'infanterie navale, ils établissent une solide tête de pont à l'ouest du Dniepr à partir de laquelle ils tentent immédiatement de rayonner. L'intention première est de s'emparer du port de Mykolaïv, à l'embouchure du Boug méridional, afin de poursuivre ensuite vers Odessa. Contrairement à Kherson, Mykolaïv est bien défendue. La ville a été abordée dès le 25 février par un détachement russe, mais les forces principales de la 20e division motorisée arrivent seulement le 1er mars. Elles sont arrêtées par la 36e brigade d'infanterie navale ukrainienne et la 59e brigade d'infanterie motorisée. Le 20 mars, les Russes sont repoussés à plusieurs kilomètres de la ville. Dans la première semaine de mars, la 7e division d'assaut par air essaie de contourner la résistance de Mykolaïv et l'obstacle du Boug en tentant un raid jusqu'à Voznessensk, à 60 kilomètres plus au nord-ouest. La centrale nucléaire de Kostiantynivka, 30 kilomètres encore plus au nord-ouest, était peut-être également un objectif. Le raid est sans doute trop audacieux. Les forces russes sont harcelées tout le long de l'unique route par les territoriaux ukrainiens et ne peuvent s'emparer de Voznessensk. Le 14 mars, la 7e division d'assaut par air se replie vers le Dniepr. Durant le même temps, la 11e brigade d'assaut par air et le 22e corps d'armée longent le Dniepr vers le nord en direction de Kryvyï Rih (Krivoï Rog en russe), mais se trouvent arrêtés sensiblement sur la limite de la province de Kherson. À la fin du mois de mars, les Russes ne progressent plus et se fortifient.

JL – Quelles intentions révèle le raid vers Voznessensk ? Cette ville n'est qu'à 140 kilomètres de l'enclave prorusse de Transnistrie (capitale Tiraspol), non reconnue internationalement, et qui, en droit, appartient à la Moldavie. Des forces russes y sont présentes depuis plus de trente ans. Que peut-on en dire ? Est-il possible que Moscou ait voulu débloquer la Transnistrie coincée entre Ukraine et Moldavie ?

MG – Ce raid est assez étrange, étant donné sa faible probabilité de réussite. Était-il raisonnable d'engager quelques milliers de soldats aussi loin à l'intérieur du territoire ukrainien avec un axe de ravitaillement unique ? Plus probablement s'agissait-il, au moins dans un premier temps, de tenir le carrefour de Voznessensk en attendant l'arrivée de forces plus puissantes, qui ne sont jamais venues, puis de rayonner ensuite vers plusieurs axes stratégiques possibles. La direction d'Odessa était la plus probable, mais il était également possible de remonter vers le nord puis vers l'ouest en utilisant la grande autoroute Est-Ouest E584. Dans tous les cas, le désenclavement de la Transnistrie constituait certainement un objectif à moyen terme.

Rappelons que la Transnistrie est un pseudo-État de la taille d'un petit département français de 450 000 habitants sur la bordure est de la Moldavie. Autoproclamée indépendante en 1992, elle ne doit son existence comme entité politique qu'à l'intervention à l'époque de la 14e armée russe, en réalité un assemblage de quelques troupes régulières et de miliciens russes, voire ukrainiens. Elle fait partie depuis des décennies, avec l'Ossétie du Sud et l'Abkhazie en Géorgie*, ou des deux républiques populaires du

* L'Ossétie du Sud (3 900 kilomètres carrés) et l'Abkhazie (8 600 kilomètres carrés) sont deux petits territoires de la république soviétique de Géorgie qui entrent en rébellion contre Tbilissi lors de

Donbass, des conflits à basse intensité gelés par la présence militaire russe. Celle-ci est en fait limitée, la 14e armée, ou « groupe opérationnel russe en Moldavie », n'étant forte que de la 8e brigade d'infanterie à deux bataillons et d'un régiment antiaérien, peut-être 2 000 hommes au total. Son rôle est d'assurer une présence dissuasive face à la Moldavie et de gérer les énormes stocks d'armes laissés par l'armée soviétique. Lesquels alimentent un important trafic, ressource économique première du territoire.

Bien que limitrophe de l'Ukraine, la Transnistrie n'est pas impliquée dans la guerre de 2022 et demeure un îlot de présence russe en arrière des combats. On aurait pu imaginer une opération de revers russe après un renforcement discret de la 14e armée dans les mois précédant le conflit, ou, au contraire, une opération secondaire ukrainienne en liaison avec le gouvernement moldave visant à y détruire les forces russes. Il n'y a rien eu de tout cela. La zone est restée calme sauf pendant un bref moment fin avril lorsque l'on a assisté à plusieurs explosions sur le territoire, attribuées aux Ukrainiens par la Russie. L'affaire a suscité beaucoup d'inquiétudes en Moldavie, le pays étant totalement vulnérable : il est situé en première ligne et au-delà de la dernière frontière protégée par l'OTAN, celle de la Roumanie. On ne sait pas très bien ce

l'éclatement de l'URSS. Après avoir tenté de s'interposer, Moscou a finalement utilisé ces deux micro-États, dont l'indépendance proclamée en 1992 n'a été reconnue par personne, pour faire pression sur la Géorgie. Plus de 2 000 soldats russes y stationnent depuis 2010.

qui s'est passé à ce moment-là. Diversion russe ? Vraie attaque ukrainienne laissée sans suite ? Lutte interne entre milieux d'affaires locaux – proches de leurs collègues ukrainiens – et partisans prorusses ? Impossible de trancher aujourd'hui. La Transnistrie est restée neutre et sans grande possibilité pour les Russes de la relier à leurs conquêtes en Ukraine[17].

Le bidonnage de l'île aux Serpents

JL – L'angoisse de l'accident nucléaire est présente dans cette guerre dès lors que, dans les premières heures du 24 février, une unité russe occupe après un combat l'ancienne centrale de Tchernobyl, qui n'est qu'à 10 kilomètres de la frontière biélorusse. L'Agence internationale de l'énergie atomique (AIEA) publie aussitôt un communiqué exprimant ses alarmes. Les opinions publiques (re)prennent brutalement conscience que non seulement la Russie est une puissance nucléaire majeure, mais qu'en outre l'Ukraine reste un pays hautement nucléarisé. À ce propos, l'autre destination possible du raid de la 7e division d'assaut par air vers Voznessensk pouvait être, avez-vous dit, la centrale nucléaire de Kostiantynivka située sur le Boug. Cette unité est une des quatre en activité (19 réacteurs au total) opérées par la société publique Energoatom, un legs de l'époque soviétique, qui fournit encore environ 20 % de l'électricité du pays. Rappelons que c'est la première fois qu'un conflit de haute intensité se déroule dans un pays nucléarisé. Quelle est l'importance de cette donnée nouvelle d'un point de vue politique et militaire ?

MG – Ce n'est pas la première fois que des centrales nucléaires sont des objectifs militaires. On se souvient des frappes aériennes israéliennes sur les réacteurs de recherche d'Osirak en Irak en 1981 et à Al-Kibar en Syrie en 2007 ou même de la cyberattaque israélo-américaine utilisant le virus informatique Stuxnet en 2010 pour entraver le fonctionnement des installations iraniennes d'enrichissement d'uranium. Le conflit ukrainien est cependant le premier où des centrales nucléaires en pleine production constituent des objectifs à conquérir.

Rappelons le droit en la matière. L'article 56 du protocole additionnel I de 1977 à la convention de Genève de 1949 sur la protection des civils proscrit toute attaque sur un site de production d'énergie, barrages, digues et centrales nucléaires, provoquant la libération de forces pouvant causer des pertes sévères dans les populations civiles. Il n'interdit pas pour autant les combats dans ces zones ou leur conquête, pourvu que cela ne provoque pas de pertes civiles excessives par rapport aux gains militaires. C'est un flou qui a été maintenu, notamment sous la pression des États-Unis, afin de pouvoir éventuellement agir contre des pays cherchant à se doter de l'arme nucléaire.

L'Ukraine est un pays très nucléarisé, vous l'avez dit, sans oublier la centrale de Tchernobyl inactive depuis 2000 mais qui constitue un grand dépôt de stockage de déchets hautement radioactifs. Ces centrales constituent par essence des objectifs importants pour les Russes essentiellement pour contrôler le pays à travers son réseau énergétique. À quelques kilomètres de la frontière et sur la route d'invasion vers Kiev, Tchernobyl a été occupée dès le premier jour de la guerre sans grande préoccupation par ailleurs pour la sécurité des troupes russes qui évoluaient dans les zones contaminées. Celle de la province de Zaporijjia, la plus importante d'Europe, est occupée le 2 mars. La centrale nucléaire d'Ukraine du Sud à Kostiantynivka dans la province de Mykolaïv était peut-être à portée de forces russes. Les deux autres, Khmelnytskyï et Rovno, sont en revanche très à l'ouest en Ukraine.

Au total, seule la centrale de Zaporijjia est occupée. Toutefois, implantée au bord du Dniepr, elle se trouve seulement à quelques centaines de mètres des forces ukrainiennes qui se tiennent de l'autre côté du fleuve. Si le franchissement de celui-ci est difficile à grande échelle, la centrale se trouve néanmoins sur la ligne de front et à portée de l'artillerie ukrainienne. Même si ses réacteurs sont progressivement désactivés, la centrale fonctionne toujours sous contrôle russe, elle est occupée et environnée par des forces russes. C'est un point majeur de ce conflit, potentiellement un des endroits les plus dangereux du monde.

JL – Nous avons évoqué Odessa à plusieurs reprises. Il est temps de s'intéresser à ce grand port et au volet naval de la guerre russo-ukrainienne. Avec 40 millions de tonnes de fret traitées chaque année, la ville est le premier port ukrainien pour les conteneurs, les hydrocarbures et, surtout, pour les exportations des céréales et des oléagineux. Ces dernières sont une source majeure de devises et un outil politique important pour Kiev. On imagine sans peine que ce port et son trafic constituent une proie de premier ordre pour la Russie. Pour revenir aux débuts de la guerre, fin février donc, quelle activité militaire enregistre-t-on dans cet espace ?

MG – Odessa est un objectif majeur pour les Russes, ils ne s'en sont jamais caché. Fondée par la tsarine Catherine II, magnifiquement embellie par un émigré français, Armand-Emmanuel du Plessis de Richelieu, la ville est d'abord considérée comme partie intégrante du projet de « Nouvelle Russie » de Vladimir Poutine, en fait un plan d'annexion pure et simple des provinces russophones d'Ukraine et d'une partie de la Moldavie. Comme vous l'avez souligné, Odessa est aussi le grand pôle commercial de l'Ukraine. S'en emparer, c'est interdire l'accès à la mer à cette dernière et contrôler en grande partie son économie. C'est assurer aussi la continuité géographique avec la Transnistrie, et menacer la Moldavie.

Le blocus du port a pu être réalisé rapidement par la flotte russe de la mer Noire, qui dominait alors complètement les eaux et s'était emparée dès le premier jour de l'île aux Serpents, au large de la frontière entre l'Ukraine et la Roumanie. Empêcher l'Ukraine d'exporter ses céréales – 19 millions de tonnes en 2021 soit 9 % des exportations mondiales –, c'est évidemment la priver de ressources essentielles mais aussi menacer indirectement les importateurs, qui sont incités à tout faire pour que la guerre se termine vite, c'est-à-dire, dans la vision russe, pour que l'Ukraine dépose les armes. Ajoutons qu'en bloquant le commerce des céréales, les Russes handicapent aussi les récoltes futures que l'on ne pourra pas stocker puisque les silos sont pleins et ne peuvent être vidés.

JL – D'ailleurs, Moscou fait tout pour que la navigation à destination d'Odessa s'interrompe. Le 1er mars, un cargo japonais est touché par un missile, un navire moldave reçoit des obus ; le 3 mars, un cargo estonien est coulé. Appelons un chat un chat : Moscou fait du chantage sinon à la famine, du moins à la pénurie alimentaire. En dehors de la Turquie, les principaux clients de l'Ukraine sont en effet des pays pauvres et fragiles : Égypte, Soudan, Yémen, Somalie, Djibouti… Et, pour revenir à la question précédente, il n'est pas impossible que l'inclusion des centrales nucléaires dans la zone des combats ne soit pas une forme de chantage à un méga-Tchernobyl, cette fois-ci à destination des Européens…

MG – S'emparer d'Odessa est en revanche une autre affaire. Il faut d'abord prendre Mykolaïv, le principal port militaire d'Ukraine, une ville de plus de 400 000 habitants. Or, contrairement à Kherson, Mykolaïv, nous l'avons dit, est solidement défendue. Il est par ailleurs presque impossible de l'encercler, les points de passage sur le Boug étant rares au nord de la ville. Même après avoir pris Mykolaïv l'accès à Odessa resterait difficile : un seul axe routier, l'autoroute M14, avec franchissement de plusieurs ponts sur deux cours d'eau, ponts dont le sabotage est cette fois bien organisé. Et puis, il faudrait s'emparer de la ville, deux fois plus grande que Marioupol, et où la défense a eu le temps de se fortifier et de s'organiser autour d'une brigade territoriale, d'une brigade de garde nationale et de la petite 5e brigade blindée de réserve.

JL – Resterait pour les Russes la possibilité d'une opération amphibie le long de la côte.

MG – Cette côte est souvent difficile d'accès et elle est surtout bien défendue par des mines et des batteries d'artillerie côtière. Les reconnaissances menées par des unités des forces spéciales de la marine n'ont guère été concluantes. De toute manière, les possibilités russes sont limitées à deux brigades d'infanterie navale, soit 3 000 hommes au total, dont l'une est déjà engagée dans la mer d'Azov. C'est insuffisant pour conquérir et tenir une tête de pont importante assez longtemps pour qu'une force extérieure arrive jusqu'à elle, et encore moins si cette tête de pont doit elle-même servir de base à une grande opération autonome. Les opérations amphibies russes ne se conçoivent qu'en avant des opérations terrestres. Or, nous l'avons vu, celles-ci sont rapidement bloquées[18].

JL – Je me permets d'ajouter que cette conception limitée des opérations amphibies est de tradition depuis l'époque soviétique. On projette à courte distance des effectifs réduits pour préparer l'arrivée de grandes unités terrestres, à l'instar de ce que l'on fait avec des unités parachutistes ou des groupes héliportés. Il n'existe pas dans ce domaine de capacités logistiques analogues à celles des Américains.

MG – En résumé, Odessa est un objectif essentiel – symbolique et militaire –, mais dès le milieu du mois de mars, alors que les Russes sont repoussés devant Mykolaïv, c'est déjà un objectif inaccessible.

JL – La prise de l'île aux Serpents le premier jour de la guerre par le croiseur Moskva *et le patrouilleur* Vasily Bykov *donne un avant-goût de la bataille de propagande qui accompagne les combats, et de la difficulté pour les observateurs extérieurs à démêler le vrai du faux. Pouvez-vous en dire deux mots ?*

MG – La prise de l'île aux Serpents dès les premières heures de l'attaque a donné lieu à un échange radio qui a été largement partagé sur les réseaux sociaux. On peut y entendre la marine russe ordonner aux 13 soldats ukrainiens de la garnison de l'île de se rendre sous peine d'être détruits, et la réponse : « Allez vous faire foutre ! » Ces mots ont été repris dans de nombreux médias, y compris par le président ukrainien Volodymyr Zelensky, qui a salué la mort « héroïque » des défenseurs de l'îlot. En réalité les soldats ukrainiens se sont constitués prisonniers, et ont d'ailleurs été libérés par la suite en échange de prisonniers russes. Ce n'est pas la seule légende destinée à glorifier l'héroïsme ukrainien qui apparaît à ce moment-là. Le 25 février, un tweet de Petro Porochenko, l'ancien président ukrainien, évoque un mystérieux pilote de chasse qui aurait déjà abattu six avions russes. Les exploits de celui qui est rapidement surnommé par la presse internationale le « fantôme de Kiev » sont repris et décrits jusqu'au 14 mars sur différents sites gouvernementaux ukrainiens… avant que l'on n'admette que ce fantôme aux 40 victoires aériennes n'a jamais existé. On parlera aussi d'une super-combattante qui aurait détruit plusieurs dizaines de chars alors qu'elle est… chirurgienne.

La mode des super-héros fictifs passe vite, d'abord parce qu'il y a rapidement de vrais héros à mettre en avant, mais surtout parce que les Ukrainiens se rendent bien compte que si les mensonges peuvent aider à soutenir le moral de la nation, leur usage s'avère contre-productif vis-à-vis des opinions publiques extérieures dont le soutien est également essentiel[19].

JL – Les combats sur le terrain se doublent d'une intense bataille de communication entre les deux parties à destination interne et internationale. En soi, ce n'est pas nouveau…

MG – Oui, mais on n'avait jamais connu cela à telle échelle. La nouveauté réside dans l'emploi d'instruments nouveaux d'information – tous les réseaux sociaux sollicités en permanence – et leur capacité à produire du faux vraisemblable. C'est peut-être la première guerre où l'image est à ce point manipulée, déformée, déviée ou fabriquée de toutes pièces, ce qui ne facilite pas le travail des observateurs et complique celui des historiens.

3

Retour au Donbass

Jean Lopez – *Le 25 mars 2022, la Russie déclare officiellement que le véritable but de l'invasion est la « libération du Donbass », alors que le discours de Vladimir Poutine du 24 février précédent indiquait que l'objectif était la prise de contrôle totale d'une Ukraine qu'il fallait dénazifier. Le même jour, le général Sergueï Roudskoï, premier adjoint au chef d'état-major général, déclare que la « première étape » de l'opération militaire est atteinte et qu'il faut maintenant se focaliser sur la « libération du Donbass ». Les jours suivants, les unités russes abandonnent leur avance dans la région de Soumy et ne contestent plus aux Ukrainiens le contrôle d'Irpin, dans la banlieue de Kiev. Enfin, le 29, Sergueï Choïgou, ministre de la Défense, annonce à son tour une « diminution drastique de l'activité militaire » sur les fronts de Kiev et de Chernihiv, ce que confirment les satellites d'observation. Le 30 mars, on peut donc considérer que la bataille pour Kiev est terminée. Mais pas la guerre : l'effort russe est en effet porté sur la ville d'Izium, située à une soixantaine de kilomètres au sud-est de Kharkiv, qui tombe le 1er avril. Ces déclarations semblent néanmoins avaliser l'échec du vaste projet initial – la prise de contrôle totale de l'Ukraine –, tout en se gardant bien évidemment de le dire. Tout au moins marquent-elles un tournant, le début d'une seconde phase du conflit, celle d'une guerre d'usure. J'ajoute que ce tournant s'accompagne, le 9 avril, d'un premier remaniement à la tête de l'armée russe : Poutine intronise commandant en chef de l'opération militaire spéciale en Ukraine – poste qui, rappelons-le, n'existait pas – Alexander Dvornikov, 51 ans, jusque-là commandant en chef du secteur Sud, le seul qui ait rempli sa mission. Dvornikov s'est fait connaître auparavant comme un des commandants en chef des forces russes en Syrie. Qu'en pensez-vous ?*

Michel Goya – Oui, la déclaration du général Roudskoï marque bien la reconnaissance de l'échec du plan initial et le redéploiement vers un nouvel objectif : la conquête complète des deux provinces du Donbass. Après un mois de combats intenses, c'est effectivement une nouvelle phase qui débute dans cette guerre plus longue et plus difficile que prévu. En politique, quand on triomphe on s'en vante. Et lorsqu'on envoie le numéro 2 du chef d'état-major des armées annoncer une inflexion majeure, personne, en interne, ne s'attend à un succès. Il est vrai que, par une inversion du discours que l'on retrouvera constamment dans cette guerre, cette inflexion est présentée comme la suite logique du succès de la première phase. « Tout se passe comme prévu » et il n'y a pas besoin d'une autorité supérieure pour l'annoncer. Oubliant toute idée de « dénazification » et de changement de régime à Kiev, d'occupation complète du territoire ukrainien et de création d'une « Nouvelle Russie » avec des territoires annexés jusqu'en Moldavie, le général Roudskoï se contente de dire que la démilitarisation de l'Ukraine est désormais acquise et qu'il s'agit maintenant simplement de finir le travail en « libérant » le Donbass[1].

Cette description est évidemment fausse : c'est plutôt l'armée russe qui a été considérablement affaiblie par les combats autour de Kiev et l'Ukraine qui a remporté un net succès défensif. Pour autant, la conquête du Donbass paraît alors un objectif plus réaliste et mieux adapté aux capacités restantes que la grande invasion initiale. Nous possédions, c'est vrai, un certain nombre d'indices de ce changement majeur puisque les attaques russes avaient cessé, à peu près depuis le 25 mars, de Kharkiv jusqu'à la banlieue ouest de Kiev et même au sud dans la région de Kherson, pour se concentrer uniquement le long de la ligne fortifiée du Donbass et dans la région d'Izium. La question qui se posait alors, y compris après la déclaration du général Roudskoï, était de savoir si les Russes allaient rester présents près de Kiev, reprendre leur souffle et réattaquer ou s'ils allaient replier complètement leurs forces. Je pensais alors qu'ils allaient plutôt maintenir une tête de pont sur la rive ouest du Dniepr afin de fixer une partie de l'armée ukrainienne et garder la capitale à portée d'artillerie. Je me trompais. Les Russes avaient décidé, sans doute au milieu de mars, de replier en Russie et/ou en Biélorussie les quatre armées engagées dans le nord afin de les redéployer dans le Donbass.

Les crimes russes : des ordres d'en haut ou une soldatesque ensauvagée ?

JL – Avant de parler de ce redéploiement, je crois important d'aborder certaines questions politiques et diplomatiques. Sur ces deux terrains, les Russes ont également de mauvaises surprises. Sur le plan politique, la « révélation » Zelensky a étonné tout le monde et d'abord Moscou. Il était difficile d'imaginer a priori *qu'il entrerait si facilement dans la peau d'un chef de guerre, ne croyez-vous pas ?*

MG – Oui, et paradoxalement cela a dû contribuer en partie au déclenchement de la guerre. Vladimir Poutine n'avait que mépris pour celui qu'il considérait comme un clown et qu'il n'a accepté de rencontrer qu'une fois, le 9 décembre 2019 à Paris. Jeune, issu du milieu artistique et médiatique, nouveau venu en politique, Zelensky ne paraissait pas être un adversaire consistant. Il était également très contesté en Ukraine. On lui reprochait de ne pas avoir lutté contre la corruption comme il s'y était engagé. On l'accusait même de sympathies prorusses et de faire preuve de faiblesse pour vouloir régler pacifiquement le problème du Donbass. L'armée ukrainienne ne débordait pas de sympathie pour lui. L'homme semblait être plus proche d'un Chamberlain face à Hitler que d'un Churchill, ce qui a alimenté la perception au Kremlin d'un pouvoir ukrainien faible et illégitime qui ne saurait pas réagir en cas d'attaque.

Or c'est effectivement l'inverse qui s'est produit, les crises modelant ou révélant les individus : l'acteur comique Volodymyr Zelensky a parfaitement endossé le rôle de chef de guerre. D'une certaine façon, il a su réutiliser l'art de la communication moderne qui avait fait son succès surprenant lors de l'élection présidentielle de 2019 pour incarner la résistance de la nation ukrainienne. Son refus de quitter Kiev sur la proposition américaine avec une *punchline* très churchillienne : « J'ai besoin de munitions, pas d'un taxi », le look militaire cool avec l'éternel tee-shirt kaki, la prise de risques et la diffusion de messages vidéo forts ont largement contribué et contribuent toujours à la résistance ukrainienne et au soutien international[2].

JL – Avant la diplomatie, abordons le sujet des exactions. En se retirant, les unités russes quittent assez précipitamment les localités situées au nord-ouest de Kiev, dont Boutcha. Des charniers, des corps portant des traces de tortures sont découverts en plusieurs endroits de la petite ville. La guerre des propagandes s'enflamme aussitôt, on parle de traduire Poutine devant le Tribunal pénal international, les États-Unis poussent à suspendre la participation de la Russie au Conseil des droits de l'homme des Nations unies. Pour leur part, les Russes crient à la manipulation des images. Psychologiquement, un seuil semble franchi. Que sait-on exactement de l'affaire de Boutcha ?

MG – Le 1er avril 2022, l'entrée des forces ukrainiennes dans cette petite ville de 37 000 habitants environ est l'occasion de découvrir le spectacle épouvantable de dizaines de corps de civils jonchant les rues. L'armée russe a déjà été accusée d'assez nombreux crimes de guerre en Ukraine mais l'ampleur du massacre, avec de nombreuses images, dépasse tout ce que l'on a connu jusque-là. On se rend vite compte que ces images ne représentent pourtant qu'une petite partie des exactions commises à Boutcha et même dans toute la zone occupée pendant un mois au nord-ouest de Kiev. Comme ils le font à chaque fois, les Russes nient l'évidence et tentent même d'inverser l'accusation en lançant plusieurs contre-versions comme celle d'un montage ukrainien, les cadavres étant des acteurs, ou d'une vengeance ukrainienne contre des civils qui auraient bien accueilli les « libérateurs » russes. Ces versions reprises en chœur par tous les sympathisants du régime de Poutine sont contradictoires, mais peu importe puisqu'il s'agit avant tout d'instiller le doute[3]. Le problème pour les Russes est que des journalistes sont vite arrivés sur place, qui ont pu témoigner directement de l'horreur. J'en ai rencontré plusieurs. La décomposition des corps indiquait par ailleurs que les morts ne dataient pas de l'arrivée des Ukrainiens, ce que confirmera une enquête du *New York Times* utilisant des photos de la société d'imagerie satellitaire Maxar et qui montrera qu'un certain nombre de corps étaient déjà étendus dans la rue principale de Boutcha le 11 mars, trois semaines avant l'arrivée des soldats ukrainiens, ce qui invalide totalement la thèse du montage[4]. On a également trouvé des fosses communes dans la ville puis dans les localités proches. Les témoignages de la population sont par ailleurs accablants. À la fin du mois d'août 2022, la mairie de Boutcha décomptait un total de 458 victimes. En y ajoutant celles répertoriées dans les communes avoisinantes, on dépassait 1 300 morts. Entre-temps, la 64e brigade de fusiliers motorisée russe – principale responsable de ces exactions – a été élevée au titre honorifique d'unité de la Garde par Vladimir Poutine[5].

Une des particularités de cette guerre est qu'on y engage des procédures judiciaires pour crimes de guerre alors que les combats ne sont pas terminés. Le ministère de la Justice ukrainien enquête ainsi sur tous les cas constatés depuis le début des hostilités. Il y a peu de chance de juger les suspects – sans même parler de la chaîne de commandement jusqu'au donneur d'ordres ultime, Vladimir Poutine , mais cela arrive parfois lorsqu'ils sont faits prisonniers comme le sergent Chichimarine reconnu coupable en mai 2022 d'avoir abattu un civil. À la fin du mois d'août 2022, le bureau du procureur ukrainien avait déjà documenté plus de 29 000 crimes de guerre, identifié plus de 624 suspects et engagé des poursuites contre 160 d'entre eux[6].

L'Ukraine et la Russie ne sont pas signataires du traité de Rome instituant la Cour pénale internationale

(CPI) en 1998. Ces deux pays ne peuvent donc pas la saisir, mais tous les États signataires le peuvent en vertu de la notion juridique de « compétence universelle » qui s'applique pour les crimes de guerre. Cela a été le cas pour le conflit ukrainien. La CPI enquête donc sur un certain nombre de ces crimes mais ne peut en réalité pas faire grand-chose contre la Russie à moins que celle-ci ne décide de coopérer, ce qui est pour l'instant improbable. Puisqu'on se trouve dans le champ judiciaire, on évoque aussi de plus en plus la création d'un tribunal international pour juger la Russie pour « crime d'agression », ce qui serait une première.

JL – Un pas supplémentaire est franchi le 17 mars 2023 lorsque la Chambre préliminaire II de la Cour pénale internationale émet, je cite le communiqué, « des mandats d'arrêt contre deux personnes dans le cadre de la situation en Ukraine : M. Vladimir Vladimirovitch Poutine et Mme Maria Alekseyevna Lvova-Belova », commissaire présidentielle aux droits de l'enfant en Russie. Poutine « est présumé responsable du crime de guerre de déportation illégale de population (enfants) et de transfert illégal de population (enfants) des zones occupées d'Ukraine vers la Fédération de Russie », ajoute la cour. « Les crimes auraient été commis sur le territoire ukrainien occupé au moins à partir du 24 février 2022 » et il existe « des motifs raisonnables de croire que Vladimir Poutine est personnellement responsable des crimes susmentionnés ».

Ces actions déboucheront-elles ? On peut en douter. En général, on ne traduit pas en justice une grande puissance, à moins qu'elle ne soit complètement défaite, ainsi les pays de l'Axe en 1945. Je m'interroge néanmoins sur ces crimes. Non pas sur leur réalité ni sur le camp qui les a commis, qui ne font pas le moindre doute, mais sur l'intention. S'agit-il d'un crime d'État, donc ordonné au sommet, comme l'a été par exemple le massacre des officiers polonais à Katyn en 1940 ? Mais alors dans quel but puisque ces crimes ne pouvaient que durcir la volonté de résistance adverse et soulever une réprobation générale ? Ou bien s'agit-il d'un crime généré par la situation sur place ? Ce qui transférerait la responsabilité sur la 64e brigade et, éventuellement, sur le commandant de la 35e armée dont dépend cette formation. Ou bien avons-nous affaire à une troupe ensauvagée dont le contrôle a échappé à l'encadrement, ce qui attesterait d'un problème plus profond de discipline, d'ailleurs assez traditionnel dans les armées russes et soviétiques ? Quelle part ont prise dans ces exactions le niveau élevé des pertes, la discordance entre le discours officiel (un peuple frère qu'on vient libérer des nazis) et la résistance acharnée rencontrée partout, ou encore l'alcoolisme, le pillage et le vandalisme ? Seule une enquête poussée nous révélera ce qui s'est passé et qui me rappelle, y compris dans les détails, un comportement fréquent des troupes soviétiques en Hongrie et en Allemagne en 1945.

MG – Oui, vous avez raison. On retrouve les questions que l'on se pose surtout depuis la Seconde Guerre mondiale sur la manière dont des groupes de soldats peuvent commettre de telles exactions[7]. On retrouve dans le cas de l'armée russe le mélange de facteurs structurels – la brutalité inhérente aux conditions matérielles et psychologiques de la vie du soldat, le manque de discipline avec un encadrement qui peut être à la fois brutal et tolérant sur certaines pratiques, la propagande – et de facteurs circonstanciels comme le fait d'être sous forte pression, de subir des pertes et de croire que les civils renseignent les artilleurs et les snipers ukrainiens. Le cocktail était particulièrement dangereux dans la région de Kiev. Au total, l'ampleur et la fréquence des exactions constatées sur l'ensemble des zones occupées par les Russes associées à l'absence apparente de toute sanction donnent à penser que l'on est face à un phénomène systémique qui peut se trouver d'un seul coup amplifié par un stress intense.

Notons combien tout cela peut avoir des conséquences stratégiques en renforçant la détermination ukrainienne, et notamment la volonté de libérer les territoires encore occupés par les Russes, en fragilisant la position diplomatique de la Russie ou en stimulant le soutien étranger à l'Ukraine.

Pour être complet, signalons que les Ukrainiens sont également accusés de crimes de guerre, commis notamment sur des prisonniers par des bataillons de milices comme la Légion géorgienne*[8]. Première différence avec la Russie, toutefois, ces cas ont été dénoncés

* La Légion géorgienne en Ukraine a été fondée en 2014 quand commencent les combats au Donbass. Son chef, Mamuka Mamulashvili, est un vétéran du conflit en Abkhazie et de la guerre contre la Russie en 2008, et il est évident que son engagement manifeste une solidarité entre ces deux nations face à l'ennemi commun. Encouragée par le gouvernement du président Saakashvili, l'unité, minuscule au départ, grossit jusqu'à quelques centaines d'hommes, pas tous géorgiens, intégrés en 2016 dans le 25e bataillon mécanisé. On les

par les autorités et sont normalement instruits par la Justice. La deuxième différence est qu'on ne se trouve pas du tout à la même échelle. L'organisation Amnesty International a publié au mois d'août les résultats d'une enquête de deux mois sur le comportement des troupes ukrainiennes. Ce rapport a fait grand bruit et a été très critiqué en Ukraine, mais ce qu'il racontait était en réalité plutôt positif pour les soldats ukrainiens accusés seulement de combattre près d'habitations civiles (comme s'il était possible de faire autrement en ville) et d'occuper des écoles vides ou parfois de se mettre à l'abri dans des hôpitaux. Aucune exaction contre des prisonniers ou des civils n'était signalée[9].

La mauvaise surprise de Poutine : l'Occident se mobilise

JL – Venons-en à la seconde mauvaise surprise de Vladimir Poutine. Après la révélation d'un Zelensky authentique chef de guerre, il constate que l'Occident « décadent » se mobilise en faveur de l'Ukraine. Permettez-moi d'abord une question contrefactuelle : une Ukraine sans aucun allié – disons avec des appuis qui se seraient réduits à de bonnes paroles – pouvait-elle tenir face aux Russes ?

MG – C'est toujours très difficile à mesurer. On a des exemples de nations soutenues à bout de bras

---

a vus combattre dès février 2022, notamment autour de l'aéroport d'Hostomel.

avec des armées complètement équipées – pensons au Sud-Vietnam – et qui se sont effondrées quand même. Dans le cas ukrainien et pour cette première phase de la guerre, j'ai tendance à penser que cet appui extérieur n'a pas été décisif. Militairement, il s'est limité à l'envoi d'équipements et d'armements légers, antichars et antiaériens pour l'essentiel. Il s'agissait de donner les moyens les plus immédiatement disponibles et assimilables par les Ukrainiens. Ajoutons que, dans la perspective répandue de leur défaite, ces dons limités n'entamaient pas non plus le potentiel militaire des pays donateurs. Ces armements ont été évidemment très utiles, mais pas forcément essentiels dans un délai aussi court. L'armée ukrainienne était déjà assez bien pourvue en la matière. La différence tient à la supériorité tactique des unités de combat ukrainiennes dans la guerre de mouvement. Les choses auraient peut-être été un peu plus difficiles pour les Ukrainiens sans aide extérieure, mais ils auraient quand même stoppé les armées russes en février-mars 2022. L'importance de cet appui extérieur s'accroît en revanche avec le prolongement de la guerre alors que l'Ukraine n'a pas les moyens de soutenir seule son effort sur la longue durée, du moins pas autant que la Russie[10].

JL – Il faut donc minorer dans la résistance ukrainienne initiale la part prise, deux jours après le début de l'attaque russe, par la décision de Joe Biden de livrer pour

350 millions de dollars d'équipements antichars, d'armes légères et de munitions.

Par ailleurs, la condamnation internationale de l'agression russe appelle deux remarques. Au cours d'une réunion extraordinaire – du jamais vu depuis quarante ans –, l'Assemblée générale des Nations unies vote dès le 2 mars, par 141 voix sur 193, une résolution demandant que la Russie cesse ses activités militaires et se retire sans condition sur les frontières internationalement reconnues. Des chefs d'État et de gouvernement font le voyage de Kiev pour montrer leur solidarité. Les premiers à arriver sont les voisins les plus engagés – Pologne et République tchèque le 15 mars. En revanche, Français, Allemands et Italiens se font tirer l'oreille en n'allant voir Zelensky que le 16 juin. Il n'en demeure pas moins que de nombreux poids lourds mondiaux se sont abstenus lors du vote à l'ONU et ne suivent pas la politique de sanctions – ni le discours sur la défense des valeurs – adoptée par les Occidentaux et le Japon : Chine, Inde, Brésil, Pakistan, Iran, Afrique du Sud, pour ne rien dire de l'attitude de la Turquie pro-ukrainienne sans être antirusse. Il n'y a pas de front mondial contre la Russie, seulement un front occidental. Ma seconde remarque concerne l'efficacité des sanctions économiques. Dans les premiers mois de la guerre, on a beaucoup entendu dire qu'elles allaient mettre l'économie russe à genoux, ce qui, plus d'un an après, n'est toujours pas avéré. Est-ce à dire que ces sanctions n'ont aucune efficacité ?

MG – Une remarque préliminaire : il faut bien distinguer ce qui relève de la confrontation et ce qui relève de la guerre. Dans le premier cas, des nations s'affrontent de toutes les manières possibles mais sans se battre, du moins ouvertement et à grande échelle. Dans le second, s'y ajoutent les combats ouverts, ce qui bouleverse naturellement la perspective. La Russie et l'Ukraine sont en guerre ; la Russie et le monde occidental, ou l'OTAN pour simplifier, sont en confrontation depuis la guerre contre la Géorgie en 2008. Les Russes ont utilisé de multiples instruments pour prendre l'avantage, depuis l'intrusion dans les jeux politiques intérieurs jusqu'à l'emploi de la société Wagner en Afrique en passant par les cyberattaques, la propagande sur les réseaux sociaux ou encore la recherche de la dépendance énergétique* et, peut-être, la manipulation des migrations**. De leur côté, les Occidentaux ont été beaucoup plus timides, du moins jusqu'à l'attaque du

* L'Allemagne a été une proie de choix pour l'arme du gaz russe. Depuis la fin des années 1990, Berlin s'est enfoncé dans une dépendance contre laquelle, à plusieurs reprises, les États-Unis l'ont mis en garde. Le SPD, où l'ancien chancelier Schröder, membre du conseil d'administration de la société pétrolière russe Rosneft (qu'il n'a quitté qu'en mai 2022), et les Verts – qui voulaient ainsi sortir du nucléaire – ont été les principaux artisans de cette dépendance contre laquelle, il faut le reconnaître, Angela Merkel n'a jamais réagi.

** À partir de 2015, Moscou est régulièrement accusé par l'UE de faciliter l'entrée de migrants, notamment syriens, à travers son territoire ou celui de son allié biélorusse. Le général américain Philip Breedlove, commandant des forces de l'OTAN, accusera publiquement, en février 2016, la Russie de vouloir ainsi détruire l'UE. Ce thème est ressorti durant le débat britannique autour du Brexit. Les preuves manquent pour tenir ces accusations pour des certitudes.

24 février. L'action la plus forte menée ces dernières années a été un ensemble de sanctions économiques appliquées après l'annexion de la Crimée en 2014. Ces sanctions ont au moins un effet certain : elles ont largement entravé une modernisation de l'armée russe qui dépendait beaucoup des importations de technologies occidentales[11].

JL – Quelles importations occidentales ont fait défaut à la Russie et quels types d'armements ont été impactés ?

MG – Le recours aux importations militaires, de surcroît occidentales, est une nouveauté en Russie. Cette politique a été initiée par le ministre de la Défense réformateur Anatoli Serdioukov, en poste entre 2007 et 2012. Elle a permis de pallier en partie les deux grandes faiblesses de la base industrielle et technique de défense russe. La première est l'ingénierie industrielle, c'est-à-dire le passage du bureau d'études à la production en série. La livraison en 2013 à l'Inde de l'ex-*Amiral Gorchkov* transformé en porte-avions *Vikramaditya* a par exemple pris cinq ans de plus que prévu avec des coûts multipliés par trois ; en 2009, l'Algérie a renvoyé en Russie les 14 chasseurs Mig-29SMT défectueux qu'elle venait d'acquérir. La seconde est la difficulté à produire des composants électroniques performants. Les Russes sont capables de dessiner et de produire de belles cellules, missiles, hélicoptères ou avions de combat, mais sont obligés de se fournir auprès des Occidentaux pour mettre à l'intérieur des systèmes électroniques modernes permettant détection avancée et précision des frappes notamment[12].

JL – La Russie n'a donc pas été capable de résoudre ces problèmes dès lors que l'Union européenne et les États-Unis ont décidé de la frapper d'embargo à la suite de l'occupation de la Crimée et la sécession du Donbass…

MG – En effet. Quand la France a annulé la vente de bâtiments de projection et de commandement (BPC) de classe Mistral, les industriels russes se sont vantés de pouvoir les produire eux-mêmes à l'identique : on les attend toujours. De même que l'on attend la mise en service des nouveaux chars de bataille et véhicules de combat d'infanterie prévue initialement pour 2019.

JL – … ou encore l'intercepteur à longue portée Mig-41 que les gazettes décrivaient comme devant pouvoir voler à Mach 4, avoir la capacité de neutraliser des satellites et même des planeurs hypersoniques, tout en restant furtif. Verra-t-on un jour cette Arlésienne ?

MG – Moins ambitieux, le premier prototype de chasseur multi-rôle de cinquième génération Su-57 a volé pour la première fois en 2010 mais il ne sera pas en service avant 2024, à condition que tous ses problèmes soient résolus. Aussi, à partir de l'embargo de 2014, les Russes ont-ils préféré investir massivement dans la modernisation des engins soviétiques les plus récents (donc des années 1980) plutôt que de poursuivre dans des programmes aléatoires.

JL – Une décision très rationnelle, d'ailleurs. Les sanctions visant spécifiquement les armes ou les technologies pouvant être utilisées ou détournées, ont-elles été vraiment respectées ?

MG – Pour être juste, les exportations d'équipements militaires occidentaux ont continué discrètement jusqu'en février 2022, mais pour une toute petite moyenne de 50 à 60 millions d'euros par an – dont la moitié de la part d'entreprises françaises – et essentiellement pour fournir des systèmes électroniques qui manquaient cruellement : caméras thermiques, systèmes de navigation, casques de pilotes, etc. Depuis février 2022, le robinet s'est complètement fermé et l'on assiste plutôt à une régression technique au fur et à mesure des combats en Ukraine. Notons que ce n'est pas forcément négatif. Disposer de vieux chars T-62 modernisés en grand nombre peut être un atout sur le champ de bataille. La masse a un effet, comme la qualité.

JL – Revenons à l'aide occidentale à l'Ukraine et à la « mauvaise surprise » du Kremlin…

MG – Je pense, d'une part, que cette aide n'allait pas de soi dans l'esprit des Russes, d'autre part qu'elle a été largement improvisée. Comme Moscou a misé sur une victoire rapide, cette option excluait par définition que l'aide extérieure puisse arriver à temps. Sans doute a-t-on en outre surestimé l'importance des failles du camp occidental, la division des opinions publiques, la dépendance au gaz. Après tout, entre 2014 et 2022, les Occidentaux s'étaient bel et bien montrés divisés, et plutôt apathiques, sur l'attitude à adopter face aux combats dans le Donbass et à l'annexion de la Crimée. Ce fut aussi le cas durant les semaines de crise qui ont précédé l'invasion de février 2022. On croyait alors – moi le premier – se trouver dans une pure situation de confrontation, la mobilisation des forces russes ayant pour but d'exercer une pression sur les pays occidentaux afin d'imposer une neutralisation de l'Ukraine. Les Occidentaux manquaient de moyens de pression en retour. Les États-Unis ont plutôt envoyé des signaux inverses, comme lorsque Joe Bien a déclaré que jamais un soldat américain ne serait déployé en Ukraine[13].

Bref, à part dialoguer, l'Ouest ne sait pas alors très bien comment agir et réagir. Lorsque la guerre commence, il n'y a pas vraiment de stratégie occidentale hormis l'obligation de « faire quelque chose ». Deux solutions viennent en tête en fonction de ce que l'on a sur étagère : des sanctions économiques et une aide militaire. On explique ensuite qu'il s'agit de faire monter le prix de la guerre pour la Russie jusqu'à ce que Vladimir Poutine finisse par considérer que les coûts l'emportent sur les avantages et décide d'arrêter les frais[14]. C'est une stratégie évidemment très simpliste et qui a peu de chances de réussir, mais personne ne voit quoi proposer d'autre.

JL – Si elle est importante, cette aide occidentale est néanmoins assez prudente sur le fond.

MG – Incontestablement. Lorsqu'il s'agit d'aider militairement l'Ukraine, plusieurs paramètres sont pris en compte. Le premier est de ne pas provoquer une escalade avec la Russie, en clair de ne pas entrer en guerre avec elle et pour cela de ne pas susciter d'affrontements directs. Il n'y aura donc pas de militaires occidentaux sur place, du moins ouvertement et hors mission de protection des ambassades ; pas non plus d'avions pilotés par des Occidentaux dans le ciel d'Ukraine, malgré la demande récurrente (et irréaliste) de Kiev de création d'une « zone d'exclusion aérienne ». Dans le choix des équipements et armements à fournir se pose aussi la question de ce qui peut être considéré comme une escalade par les Russes et susciter une riposte de leur part. D'où l'idée un peu paradoxale de ne pas envoyer de moyens trop efficaces afin de ne pas les inciter à débloquer un conflit en l'étendant. À un moment où l'on imagine encore probable la victoire de l'armée russe, on se dit aussi que ce n'est pas forcément une bonne idée d'envoyer à la perte des équipements précieux pour sa propre défense, qui pourraient de surcroît tomber entre les mains des Russes. Et puis il y a l'urgence de la situation : il faut envoyer des matériels rapidement transportables sur place et vite assimilables par les Ukrainiens.

JL – Ce qui se traduit par l'envoi de quels équipements ?

MG – Le consensus se fait d'abord sur l'envoi d'équipements et d'armements légers. Cela part dans tous les sens et dans un grand désordre. Le flux n'est pas poussé par la demande – les Ukrainiens qui se mobilisent ont besoin en réalité d'à peu près tout – mais en fonction de ce que les pays donateurs ont en stock. Les premiers équipements importants fournis, nous l'avons dit, sont les armements antichars et antiaériens. On retrouve en Ukraine tout ce qui existe dans les armées occidentales en la matière : dans le premier cas, des missiles Milan, des lance-roquettes Carl Gustav, NLAW ou Matador* et surtout les Javelin, déjà en service en Ukraine et que les Américains fournissent en grand nombre[15] ; dans le second cas, l'équipement vedette est le MANPADS** Stinger. La Turquie continue par ailleurs à envoyer des drones armés Bayraktar TB2, particulièrement efficaces. On voit des images de l'emploi de toutes ces armes dès le début du mois de mars.

JL – Mais à partir du moment où les Russes ont échoué à Kiev et à Kharkiv et où la guerre devient pure attrition,

---

* Le Carl Gustav est un canon sans recul antichar portatif créé par l'entreprise suédoise Bofors. C'est une arme ancienne mais qui a été régulièrement modernisée. Elle envoie une roquette de 84 mm perçant à peu près tous les blindages jusqu'à 700 mètres. Plus récent et plus léger, le Matador (Man-portable Anti-Tank, Anti-DOoR) – ou RGW90 – est un lance-roquettes antichar et anti-construction développé par Singapour, Israël et l'Allemagne.

** *Man-portable air-defense system* ou Système portatif de défense antiaérienne.

nombreux sont les commentateurs qui commencent à croire qu'après tout l'Ukraine pourrait l'emporter. Ce qui change complètement la perspective et incite à monter en gamme dans l'aide militaire.

MG – Dès lors que l'on se propose en effet d'aider l'Ukraine à gagner se posent deux questions : celle du soutien dans la durée et celle de la fourniture d'équipements plus lourds. L'armée ukrainienne dispose d'un capital d'équipements mixte, mi-ex-soviétique et mi-moderne de fabrication locale, parfois fournis par les Occidentaux. La partie ex-soviétique de ce capital matériel est soutenue par les anciens membres du pacte de Varsovie (Pologne, République tchèque, Slovaquie, Roumanie…) qui jouent un rôle essentiel dans l'appui à l'artillerie ukrainienne et à la défense antiaérienne par l'envoi de systèmes, comme les indispensables lanceurs S-300, mais surtout de munitions, obus, roquettes et missiles. La Pologne est la première à envoyer des chars, plus de 200 T-72, et elle propose même très vite de fournir des avions Mig-29, ce qui est alors jugé trop « escaladant » par les États-Unis. D'autres pays de l'Est suivent en envoyant tout ce qui leur reste de machines soviétiques. L'Europe de l'Est devient également l'atelier de réparation de l'armée ukrainienne grâce aux usines de fabrication de matériels soviétiques conservées en Tchéquie et en Slovaquie. Une partie notable de la production industrielle ukrainienne s'y déporte également pour échapper aux frappes russes.

Les canons de l'Occident ont-ils fait la différence ?

JL – Je note tout de même que, à partir du début de 2023, c'est-à-dire dès lors que les frappes aériennes russes commencent à s'espacer, on voit apparaître, au contraire, des propositions d'installer en Ukraine des unités de production. Le 4 mars, l'agence Reuters annonçait ainsi que l'allemand Rheinmetall discutait avec Kiev la possibilité de construire une usine de chars. À l'inverse, le 5 du mois précédent, c'est le Wall Street Journal *qui annonçait des discussions entre Téhéran et Moscou pour installer à Yelabouga une usine capable de sortir 6 000 drones Shahed 136* par an.*

MG – Pour revenir aux débuts des envois occidentaux, le désordre initial est tel qu'on décide, en avril 2022, de créer un centre de coordination de toute l'aide sur la base américaine de Ramstein en Allemagne. L'autre grande décision est d'occidentaliser l'artillerie ukrainienne. Il faut cependant un peu de temps pour acheminer les lance-roquettes multiples HIMARS** américains, les obusiers automo-

---

* Le Shahed 136, imaginé et construit en Iran, et mis en service en 2020, est un drone à aile delta, à bas coût (20 000 dollars), d'une envergure de 2,5 mètres et d'un poids de 200 kilos à vide. Il est mû par un petit moteur à piston entraînant une hélice. Il peut transporter 40 kilos d'explosifs à plus de 1 000 kilomètres. Il n'est efficace que contre des cibles fixes présélectionnées vers lesquelles il se dirige *via* un satellite GPS.

** Le système de lance-roquettes multiples HIMARS (acronyme de système d'artillerie à haute mobilité) a acquis la célébrité avec

teurs Caesar français, les PzH 2000* allemands, entre autres matériels, et former les servants. On peut estimer que la majorité de ces équipements entrent en service dans le courant du mois de juin[16].

JL – Et dès lors, en effet, l'état-major ukrainien peut envisager de quitter une stricte défensive… Sur le plan militaire, les Ukrainiens ne reçoivent pas que du matériel.

MG – C'est exact : il y a des apports moins visibles qui se mettent en place comme des plans de formation de milliers de soldats par les Britanniques, bientôt relayés par de nombreux pays d'Europe qui vont former des Ukrainiens à l'utilisation de matériels spécifiques, l'Allemagne avec les blindés par exemple. Il ne faut pas oublier non plus l'aide humanitaire et financière, considérable, qui permet simplement à l'État ukrainien de fonctionner.

JL – Le 3 mars 2023, le total de l'aide militaire américaine se montait à plus de 30 milliards de dollars. Cinquante-quatre autres pays ont donné pour environ 15 milliards d'aide, Royaume-Uni, Pologne et Allemagne en tête. En termes de matériels, c'est plus de 1 000 blindés,

---

la guerre en Ukraine. Entré en service en 1998, il consiste en un « panier », monté sur camion, de 6 roquettes de 227 mm guidées par GPS qui touchent à 80 kilomètres un objet de 2 x 2 mètres, ou de 1 missile MGM-140 ATACMS de portée quatre fois supérieure.

* Le Panzerhaubitze 2000 (« obusier blindé ») de fabrication allemande monte un canon de 155 mm long sur un châssis chenillé très lourd (57 tonnes !). Il tire des obus classiques à 30 kilomètres et des roquettes à 56 kilomètres avec une cadence de tir maximum de dix coups en une minute. Son intérêt réside dans la protection de l'équipage sous une casemate blindée.

800 systèmes d'artillerie, 50 systèmes de lance-roquettes multiples, plus de 2 millions d'obus d'artillerie, Bref, on peut affirmer que sans cette aide extérieure, l'armée ukrainienne aurait sans doute été vaincue entre mai et juin. On peut être également quasi certain que Vladimir Poutine n'aurait pas franchi le Rubicon s'il avait anticipé des chiffres semblables.

MG – Sans aucun doute. Quand, à partir de juin, les forces s'équilibrent et qu'en juillet les Ukrainiens prennent le dessus, la nouvelle artillerie fournie par les Occidentaux est pour beaucoup dans ce retournement. Pour être plus précis, c'est essentiellement l'aide militaire américaine, qui représente deux tiers du total, qui change véritablement la donne.

JL – Revenons aux opérations. Nous en sommes restés au début d'avril quand, actant leur échec à Kiev – et secondairement à Kharkiv –, les Russes ramènent le combat dans le Donbass. Pourquoi ce choix et que change-t-il dans le type de guerre mené ?

MG – En fait, le changement de stratégie date probablement de la mi-mars, époque à laquelle on constate que les attaques russes n'ont plus lieu que dans le Donbass avec un effort particulier pour s'emparer d'Izium. La signification de ce changement est claire : Moscou a réduit ses ambitions à la conquête complète, la « libération » dans son discours, des deux provinces du Donbass, celles de Louhansk et de Donetsk. Cela signifie attaquer du fort au fort car le gros des forces ukrainiennes

– au moins dix brigades de manœuvre – se trouve dans cette région, retranché dans les zones fortifiées depuis 2015, ou dans les zones urbaines.

JL – Alors pourquoi aller s'en prendre au gros de l'armée ukrainienne ?

MG – Parce qu'il s'agit d'une guerre de position, qui est plus simple et plus méthodique que la guerre de mouvement initiale et donc plus accessible à leurs capacités réelles. Les Russes peuvent en particulier y bénéficier de la supériorité de leur artillerie.

*JL – En d'autres termes – vous l'avez déjà dit mais je me permets d'insister –, l'armée russe n'est plus capable de mener une guerre de mouvement, fluide, toute d'imprévue et nécessitant, par définition, un bon C3I et une capacité d'allonge logistique. Les mânes de Joukov et de Koniev doivent se retourner dans le mur du Kremlin où sont déposés leurs restes ! Restons plutôt au Donbass. Les Russes doivent conquérir environ les deux tiers des deux oblasts, soit 37 000 kilomètres carrés ou encore l'équivalent de quatre gros départements français. Rappelons que le Donbass est une région industrielle ancienne, fondée sur le charbon et la métallurgie, et plus urbanisée que la moyenne des oblasts ukrainiens. Il s'est développé à la fin du XIX*e* siècle puis sous Staline, et son développement a entraîné un fort courant migratoire russe. Concrètement, quels sont les objectifs des forces russes ?*

MG – En termes militaires français, on appelle cela l'« effet majeur », qui correspond à ce qu'il faut absolument faire pour être sûr de réussir la mission. Pour les Russes, l'effet majeur est forcément la conquête de Sloviansk et Kramatorsk au nord-ouest de l'oblast de Donetsk et de Lysychansk et de Severodonetsk, 60 kilomètres plus à l'est, dans l'oblast de Louhansk. Une fois que ces quatre villes de plus de 100 000 habitants seront prises, il suffira de s'emparer de Pokrovsk, un carrefour de routes 40 kilomètres au sud de Kramatorsk, pour que la conquête soit complète.

JL – Quelles forces les Russes engagent-ils ?

MG – Quatre armées et deux corps : les 6ᵉ et 20ᵉ armées dans la province de Kharkiv, la 8ᵉ armée et les deux corps d'armée des républiques séparatistes dans les provinces de Louhansk et Donetsk, la 58ᵉ armée enfin dans la province de Zaporijjia. Soit une quarantaine de groupements tactiques plus un ensemble assez disparate de brigades séparatistes regroupant au total environ 30 000 hommes.

JL – Cela semble peu.

MG – En effet. Cet état des forces, que l'on constate à la fin du mois de mars lorsque Moscou annonce officiellement ce nouvel objectif, est insuffisant. Mais il reste encore à récupérer les armées aventurées autour de Kiev, les forces engagées dans le siège de Marioupol et à faire venir des renforts de Russie parmi les unités de combat restantes. On commence aussi à recruter tous azimuts, y compris jusqu'en Syrie, pour essayer de combler les pertes. Il faudra attendre le mois de mai pour avoir une concentration de forces maximale autour des quatre villes désignées comme objectifs, mais dès le début du mois d'avril le martelage du front commence.

JL – Les recruteurs russes font flèche de tout bois. Les soldes offertes sont triplées. On démarche les vétérans, on fait pression sur les conscrits pour qu'ils signent un contrat d'engagement, on passe des annonces à la télévision, on s'adresse aux chômeurs et il semble même qu'il y ait eu quelques débordements sous forme d'enrôlements forcés par exemple en Tchétchénie. Puisque vous parlez des Syriens, pouvez-vous faire un point sur les apports de combattants non russes, y compris les Tchétchènes, même si, juridiquement, ceux-ci font partie de la fédération russe ?

MG – Il n'existe pas de données officielles complètes sur la composition ethnique de l'armée russe, mais l'analyse des noms de soldats qui ont pu apparaître sur le service de messagerie Telegram – depuis banni par Moscou, bien que d'origine russe – permet d'estimer la proportion des non-Russes à environ 30 % du contingent militaire en Ukraine, soit une proportion assez nettement supérieure à la moyenne nationale de 20 %. Plusieurs facteurs peuvent expliquer cette surreprésentation. Le premier est une plus grande proportion de jeunes dans les régions non russes, pour cause de natalité supérieure. Le facteur principal est cependant économique et social. Les territoires périphériques à majorité ethnique non russe sont économiquement défavorisés. La carrière militaire, offrant plutôt une bonne solde et un statut social différent, y est donc considérée beaucoup plus favorablement que dans les grandes villes. On notera que les Russes qui s'engagent comme simples soldats dans l'armée sont aussi majoritairement issus des milieux populaires et le plus souvent ruraux. On retrouve finalement des caractéristiques propres à toutes les armées de métier, y compris en France. La mobilisation de la fin septembre 2022 n'a pas modifié cette composition. Le gouvernement russe cherche à éviter de fâcher les classes supérieures ou moyennes urbaines, et la décision de ne pas incorporer les étudiants est significative à cet égard. Il est vrai aussi que, par la petite corruption ordinaire, ces mêmes classes moyennes et supérieures peuvent plus aisément éviter l'incorporation.

Reste le cas particulier des Tchétchènes. Le dictateur tchétchène Ramzan Kadyrov, installé par Moscou en 2007 pour diriger cette république musulmane naguère rebelle, a saisi l'occasion de la guerre en Ukraine pour se mettre en avant par des vidéos assez grotesques, et surtout ses troupes. Celles-ci font officiellement partie de la garde nationale russe mais agissent de fait comme une unité militaire autonome. Le nombre de ces « Kadyrovtsy » engagés en Ukraine a été estimé en juillet, au maximum, à 3 000 hommes. C'est finalement une proportion assez faible pour les 1,3 million d'habitants de la Tchétchénie. En proportion, les Bouriates sont deux fois plus nombreux en Ukraine, mais ils font moins de films. Les terribles

Tchétchènes ont finalement été surnommés les « soldats TikTok ». Ils ont pourtant été engagés dans des combats urbains difficiles à Marioupol puis à Severodonetsk. Il faut noter aussi qu'un bataillon de plusieurs centaines de Tchétchènes indépendantistes, le bataillon Djokhar-Doudaïev, combat dans les rangs ukrainiens. Il a notamment été engagé autour de Kiev.

JL – Vous avez mentionné les Syriens. Assad a-t-il envoyé des combattants contre l'Ukraine ? Et quid *des Ossètes et des Abkhazes qui n'existent comme entités politiques qu'avec l'aide de Moscou ?*

MG – Les Russes ont annoncé le 11 mars 2022 qu'ils allaient recruter des mercenaires en Syrie, en particulier dans le 5e corps de l'armée arabe syrienne (AAS) dont ils assurent le commandement. On annonçait la formation de plusieurs centres de recrutement proposant des soldes mirobolantes pour aller combattre en Ukraine. On parlait même de former 40 000 soldats ! Et puis, comme beaucoup d'annonces de Moscou, celle-ci a fait long feu sans que l'on sache vraiment pourquoi. Il semble que le régime de Bachar el-Assad ne voyait pas d'un bon œil le départ de milliers de ses combattants, en parallèle d'ailleurs d'un rétrécissement du contingent russe, alors que son pouvoir n'est pas encore complètement assuré. Il se peut, plus simplement, que l'idée d'aller combattre en Ukraine n'ait pas fait recette. De la même façon, derrière quelques bravades en vidéo, on n'a pas vu venir beaucoup de volontaires des pays africains alliés de la

Russie, mais un peu plus des deux républiques autoproclamées du Caucase que vous avez mentionnées.

La bataille du Donbass : on détruit beaucoup et on avance un peu

JL – Retour aux opérations dans le Donbass. Quelle est la méthode utilisée par les Russes pour progresser ?

MG – Elle est très simple. Ils mènent une série de poussées dans des « boîtes d'attaque » de quelques centaines de mètres de côté selon une triple séquence : reconnaissance par des forces légères souvent « consommables » comme les miliciens séparatistes ou, plus tard, d'ex-détenus recrutés par la société Wagner, qui servent à déterminer les contours de la défense ; martelage d'artillerie sur la position cible et son arrière ; enfin assaut d'un bataillon d'infanterie ou, de plus en plus fréquemment, d'« infanterie d'assaut » prise dans les bonnes troupes – VDV, infanterie navale, Wagner – qui ont la particularité de ne pas appartenir à l'armée de terre. Si la position est prise, elle est ensuite occupée à nouveau par des miliciens ou une unité d'infanterie de l'armée de terre tandis que les forces d'assaut sont renvoyées derrière. Beaucoup de ces attaques échouent, tout simplement parce que la défense ne s'est pas repliée sous le feu de l'artillerie, mais avec la masse et le temps, les Russes parviennent à progresser petit à petit de part et d'autre d'une zone à conquérir, et ce, dans différents secteurs du front. Lorsqu'un secteur est en passe d'être encerclé, les Ukrainiens sont obligés de se replier, et de secteur en secteur ce sont des pans entiers du front qui peuvent s'effondrer. Cela ressemble aux offensives de Joffre en 1915 (« je les grignote »), mais c'est relativement efficace grâce à la supériorité de l'artillerie russe. C'est aussi très usant de part et d'autre.

JL – Très usant c'est le mot. De la pure attrition, avec une énorme consommation de munitions, des destructions terribles et, sans doute, des victimes civiles nombreuses car il semble que toute la population n'ait pas été évacuée. La progression doit se compter en centaines de mètres par jour au maximum. Combien de temps dure cette séquence et avec quels résultats ?

MG – Tout l'arc de cercle d'Izium à Horlivka, à 15 kilomètres au nord de la ville de Donetsk, est martelé pendant trois mois, du début avril jusqu'au 3 juillet 2022. Il s'est agi d'abord, à partir d'Izium, de déborder toute la zone cible par l'ouest de Sloviansk, peut-être avec l'idée de compléter cette pince nord par une pince sud venant plus tard de la province de Zaporijjia. Les trois brigades et les milices ukrainiennes du secteur résistent cependant et échangent des kilomètres contre du temps et de l'usure. Il faut alors une semaine et de lourdes pertes aux Russes pour avancer d'un petit kilomètre vers le point clé de Barvinkove, 30 kilomètres à l'ouest de Sloviansk. Ils renoncent au bout de trois semaines pour se concentrer directement sur la ville de Sloviansk dont la zone de défense est attaquée à l'ouest depuis Izium mais surtout à l'est à partir de la zone forestière autour de la rivière Donets. À force d'attaques, la position clé de Lyman est abordée de plusieurs côtés par les Russes puis évacuée par les Ukrainiens le 27 mai 2022.

À l'est, la progression est également très lente dans la périphérie de Severodonetsk, la seule grande ville ukrainienne directement sur la ligne de front. Après plus d'un mois de combat, la ville de Roubijne (56 000 habitants), directement au nord-ouest de Severodonetsk, est conquise définitivement le 13 mai. Il faut encore trois semaines pour aborder Severodonetsk par le nord et l'est, alors que la ville ne peut être ravitaillée que par les ponts qui la relient à Lysychansk, de l'autre côté de la rivière Donets. Pendant ce temps, à 50 kilomètres au sud, le front ukrainien a fini par craquer le 7 mai à Popasna, après six semaines de combat. La prise de ce point haut s'accompagne ensuite, pour la seule et unique fois dans cette période, d'une percée de quelques kilomètres dans toutes les directions menaçant en particulier la route T1302 qui alimente Lysychansk et Severodonetsk *via* Soledar et Bakhmut.

Les forces ukrainiennes sont alors placées devant un dilemme. Les attaques qu'elles ont menées dans les provinces de Kharkiv et de Kherson, où l'armée russe est en posture défensive, ont obtenu des succès, surtout au nord de la ville de Kharkiv, mais sans obtenir rien de décisif qui puisse au moins soulager le Donbass. Après la percée de Popasna, il leur faut donc choisir entre le repli de la poche Severodonetsk-Lysychansk pour éviter de voir plusieurs brigades se faire encercler ou la résistance ferme. Elles choisissent la seconde option. Avec les renforts, il y a désormais 13 brigades de manœuvre – le tiers du total – plus trois brigades territoriales ainsi que plusieurs bataillons de milices qui se trouvent engagés dans le combat pour défendre la poche de Severodonetsk-Lysychansk.

JL – C'est un pari très risqué.

MG – Et il est perdu. Les Ukrainiens ne parviennent pas en effet à desserrer l'étau et les forces russes continuent de progresser lentement mais sûrement depuis la tête de pont de Popasna vers le nord en direction de Lysychansk. Après une résistance de trois semaines les forces ukrainiennes évacuent Severodonetsk le 25 juin, puis Lysychansk le 3 juillet. Elles se replient sur une ligne Siversk-Soledar-Bakhmut le long de la rivière Bakhmutovka et de la rocade T0513. On imagine alors que les Russes vont poursuivre leur avantage, mais les choses s'arrêtent là. Si le commandement russe parle de pause opérationnelle, il s'agit en réalité de la fin de la « bataille du Donbass ».

JL – Cette bataille du Donbass est bien étrange, et elle rappelle bien sûr celles de la Première Guerre mondiale.

A-t-on idée du nombre de pièces engagées de part et d'autre et de la consommation de munitions ?

MG – L'artillerie russe en Ukraine repose sur deux forces de frappe : les 1 400 canons automoteurs de 152 mm de différents modèles et les 800 lance-roquettes multiples dont 500 BM-21 Grad anciens et 300 BM-27* plus modernes. Autour de ces deux éléments principaux, la soixantaine d'automoteurs 2S7 de 203 mm peut avoir un impact important notamment sur les positions les plus fortifiées ou lorsqu'il s'agit d'abattre un immeuble. Le reste, dont toutes les pièces légères des troupes aéroportées ou de l'infanterie de marine, sert surtout à l'appui direct. Un peu plus de la moitié de cette artillerie est déployée dans le Donbass. L'emploi est planifié depuis l'arrière – et non pas sollicité par les unités de l'avant – sur des cibles d'opportunité ou d'urgence, en grande partie par manque de contrôleurs avancés. La cellule de base est le groupe de trois batteries de six pièces, canons ou lance-roquettes multiples (LRM), qui agissent alignées et ne bougent normalement que sur ordre ou si elles sont attaquées directement. Il y a peu de projectiles de précision et les effets sont obtenus par la masse des feux. La très grande majorité des tirs

* Le système BM-21 Grad (« Grêle » en russe) est un lance-roquettes multiple soviétique développé dans les années 1960. Monté sur camion, il peut lâcher 40 roquettes de 122 mm à une quinzaine de kilomètres. Exporté dans 65 pays, il est le système d'artillerie réactive le plus répandu au monde. Plus récent (1975), le système BM-22 « Ouragan » envoie 16 roquettes (chacune pouvant disperser 312 mines antipersonnel) à 70 kilomètres.

se déroulent dans une profondeur de 20 kilomètres depuis la ligne de contact, et jusqu'à 70 kilomètres avec les LRM les plus modernes.

JL – Tout cela, équipements et méthodes, ne diffère guère de l'époque soviétique !

MG – La nouveauté réside dans la valorisation de cet arsenal ancien par les drones de guidage, les Orlan 10, et la numérisation de la gestion des feux, ce qui permet normalement de pouvoir déclencher un tir dans les cinq minutes qui suivent la détection de l'objectif. Durant les trois mois de l'offensive du Donbass, les Russes lancent en moyenne 12 000 à 15 000 projectiles par jour avec parfois des pointes de 50 000 à 60 000, soit plusieurs centaines chaque jour sur chaque kilomètre de front et plusieurs milliers sur les zones d'attaque.

L'artillerie ukrainienne est sensiblement équipée des mêmes matériels ex-soviétiques que les Russes, mais avec deux fois moins de pièces et de projectiles en stock. Elle les utilise cependant avec plus de souplesse grâce à une meilleure circulation des données. L'unité de base est plutôt la batterie avec des pièces non plus alignées mais dispersées. On ajoutera que, d'une manière générale, l'artillerie ukrainienne dispose de plus de renseignements d'objectifs que celle des Russes grâce à l'aide américaine mais aussi à celle de la population dans la zone occupée, d'où la possibilité de faire des coups comme plusieurs frappes sur des postes de commandement de divisions ou la destruction complète d'un bataillon russe cherchant à franchir à plusieurs reprises la rivière Donets près de Lysychansk du 8 au 11 mai. Cela a donné un grand avantage aux Ukrainiens pendant la phase de mouvement alors que la lourde artillerie russe avait du mal à fonctionner. Cela n'est plus le cas en avril, mai et juin 2022 alors que le front est statique et que l'artillerie adverse peut agir de toute sa masse. Les Russes lancent en moyenne trois fois plus de projectiles que les Ukrainiens, ce qui finit par produire des effets. Au début du mois de juillet, on se demande comment les Ukrainiens vont pouvoir résister à un tel pilonnage.

JL – J'imagine qu'ils ont lâché du terrain. D'ailleurs, quel est le gain global de cette offensive d'artillerie en avril, mai et juin ?

MG – Il est assez faible. On parle de 1 000 kilomètres carrés conquis en trois mois de combat.

JL – Un peu moins que la superficie du petit département du Val-d'Oise. Les images des destructions du bâti sont effrayantes. Le 27 mai, un communiqué ukrainien estime que 90 % des immeubles de Severodonetsk sont détruits ou endommagés. Ce petit gain ajouté aux précédents donne aux Russes, selon une déclaration du président Zelensky du 2 juin, le contrôle de 20 % du territoire ukrainien, soit 125 000 kilomètres carrés, à peu près la superficie de la Grèce[17]*.*

MG – Les Russes peuvent juste s'enorgueillir de s'être emparé de trois villes importantes du

Donbass : Lysychansk, Severodonetsk et surtout Marioupol. Mais ils ont aussi par ailleurs reculé jusqu'à la frontière au nord de Kharkiv. Tout cela a un coût prohibitif. Selon le site néerlandais Oryx qui liste les pertes documentées de matériels dans cette guerre, les Russes perdent 2 500 véhicules et aéronefs pendant toute la période, contre 700 ukrainiens. Ce sont des chiffres à amplifier bien sûr, sans doute d'ailleurs plus du côté ukrainien, mais ils pointent en trois mois un niveau de destruction un peu supérieur à celui du mois de guerre de mouvement (2 200 perdus). Il est toujours très difficile d'estimer les pertes humaines, mais elles doivent être de l'ordre de 10 000 à 20 000 morts et 30 000 à 50 000 blessés du côté russe, un peu moins du côté ukrainien.

JL – En rappelant aux lecteurs que, sur la question des effectifs, nous marchons sur des œufs tant chacun des deux camps ment sans cesse. Nous y reviendrons.

MG – Chaque kilomètre carré conquis par les Russes a donc été payé par le sacrifice de l'effectif et de l'équipement d'une compagnie. C'est évidemment très cher payé et on peut se demander si le but n'était pas plutôt de saigner l'armée ukrainienne. Le problème est que, même s'ils souffrent beaucoup, les Ukrainiens, mobilisés en profondeur, ont plus de capacités d'encaisser les pertes que les Russes, qui peinent à trouver suffisamment de volontaires pour remplacer les tués et blessés[18].

JL – Vous avez mentionné Marioupol. La presse internationale a énormément parlé de cette bataille, la comparant souvent à celle de Stalingrad. On signale les premiers combats à la périphérie de la ville dès le 28 février 2022. Quand, le 21 avril, Vladimir Poutine déclare la ville conquise, il semble que des combattants ukrainiens résistent encore dans l'aciérie. Que peut-on dire de cette bataille autour et dans cette ville industrielle et portuaire ?

MG – Le siège de Marioupol est, du moins à ce jour, de loin la bataille urbaine la plus importante de cette guerre. La ville de plus de 400 000 habitants, port industriel essentiel sur la mer d'Azov et grand symbole de résistance aux Russes et aux séparatistes en 2014 et 2015, était évidemment un objectif majeur de l'« opération militaire spéciale ».

La ville, très proche du front dans la province de Donetsk, est investie dès la fin du mois de février à la fois par la 58e armée russe venant de Crimée à l'ouest et par la 8e armée à l'est. L'ensemble réunit les 19e et 150e divisions d'infanterie motorisée ainsi que la 3e brigade de Spetsnaz et trois unités de la république de Donetsk : les bataillons Sparta et Somali puis le régiment Vostok. Ces premiers moyens sont renforcés à la mi-mars par la 810e brigade d'infanterie navale et un groupement tactique tchétchène de la Rosgvardia, la garde nationale russe chargée de la sécurité intérieure. Soit sans doute l'équivalent de 12 groupements tactiques et peut-être 14 000 hommes au total en comptant les unités d'appui. Mais il n'y a probablement pas plus de 3 000 fantassins. En face, les Ukrainiens disposent de la 36e brigade d'infanterie de marine, de la 56e brigade d'infanterie motorisée incomplète, de la 109e brigade territoriale et de la 12e brigade de la garde nationale composée principalement du sulfureux régiment Azov. En tout de 8 500 à 10 000 hommes, très diversement formés et équipés[19]. Comme on le voit, la supériorité numérique de l'attaquant n'est pas très marquée, ce qu'il compense par une plus grande densité en engins blindés et surtout par une puissante artillerie, voire des feux aériens puisqu'on verra l'intervention de bombardiers stratégiques et l'emploi de missiles balistiques. Attaquants et défenseurs ne sont pas non plus très nombreux au regard de la superficie de la ville.

JL – Par sa population et sa superficie, Marioupol est très comparable à la Stalingrad de 1942. En revanche, elle en diffère grandement par le nombre de soldats qui s'y battent. En 1942, les sept ou huit divisions allemandes investies et les deux armées soviétiques qui leur font face n'ont jamais totalisé moins de 250 000 hommes, soit au moins dix fois plus !

MG – Par l'ampleur des moyens engagés, très inférieure en effet à celle de Stalingrad pour une superficie urbaine assez proche, et par les méthodes employées c'est plutôt à la seconde bataille de Grozny de décembre 1999 à février 2000 que l'on pourrait comparer celle de Marioupol. La faible densité donne une forme de combat très imbriqué où les attaquants vont pouvoir pénétrer dans une ville qui ne peut être défendue hermétiquement, mais devoir ensuite réduire des poches successives de résistance.

Grande différence avec Grozny cependant : la bataille est filmée et suivie dans le monde entier. Bien entendu, dans cette guerre informationnelle qui se superpose à la bataille des armes, les Russes accusent les Ukrainiens d'utiliser la population civile comme bouclier et source d'images émouvantes pour les opinions publiques étrangères. De leur côté, les Ukrainiens font remarquer qu'il n'a jamais été question pour les Russes, à la différence par exemple des Américains à Falloujah fin 2003, de laisser partir la population avant de commencer les combats ; ils accusent même leur adversaire de chercher sciemment à provoquer une crise humanitaire. La gestion des centaines de milliers de civils assiégés est entièrement à la charge des défenseurs, et c'est une grosse charge. Et comme en Syrie, la référence la plus récente pour les Russes en matière de combat urbain, la souffrance de la population peut être vue comme une incitation à la reddition. Les combats sont néanmoins ponctués de plusieurs cessez-le-feu plus ou moins respectés afin de laisser partir les civils (et quelques combattants cachés) en direction de Zaporijjia.

À partir du 6 mars 2022, date du bouclage définitif de la ville, et jusqu'au 21 avril, on assiste à une série d'attaques concentriques faites de combats pied à pied pour progresser de bloc en bloc et isoler les défenses dans plusieurs zones. Le 10 avril, les forces russes font leur jonction au centre de la cité.

Avant d'être complètement isolées, les forces ukrainiennes résiduelles de la zone industrielle du nord et du sud-ouest rejoignent l'usine d'Azovstal dans le sud-est de la ville. Azovstal était la plus grande aciérie d'Europe et l'immense site de 12 kilomètres carrés a été aménagé en profondeur sur plusieurs étages dans les années 1950 pour pouvoir accueillir plus de 30 000 personnes en cas de guerre atomique. C'est une véritable ville à l'intérieur de la ville et un énorme défi pour les attaquants dont la puissance de feu n'a guère d'effet en dessous de la surface. Le 21 avril, Vladimir Poutine ordonne finalement d'assiéger et d'affamer le site sans le prendre d'assaut. Les pilonnages et les bombardements aériens avec notamment des bombes FAB-3000 de 3 tonnes, se poursuivent toutefois sans relâche. Le 16 mai, les premiers défenseurs d'Azovstal se rendent. Les derniers sortent quatre jours plus tard. C'est la fin d'une bataille qui a détruit Marioupol au moins à 70 % et provoqué un nombre indéterminé mais sans aucun doute considérable de victimes civiles.

D'un point de vue militaire, les pertes russes se situent probablement entre 6 000 et 10 000 dont la moitié de pertes définitives, morts ou blessés graves. Les Ukrainiens ont bien entendu perdu la totalité de leur contingent, dont un peu plus de 4 000 prisonniers, et c'est à ce jour leur plus grande défaite. Ils peuvent cependant se targuer d'avoir réussi à héroïser médiatiquement la bataille, un facteur stimulant pour le moral ukrainien et dissuasif pour les Russes lorsqu'ils se retrouveront à nouveau devant une grande ville à prendre. Ils ont surtout réussi à fixer et à user des forces importantes pendant trois mois.

JL – À Marioupol comme au Donbass, on a quand même l'impression d'une régression du combat interarmes. Qu'en est-il, par exemple, de l'aviation d'appui au sol ? Pourtant, déjà durant la Seconde Guerre mondiale, il y a plus de soixante-dix ans, on l'utilisait comme artillerie volante et notamment pour détruire les batteries ennemies. Il n'y a donc rien de tout cela dans le Donbass ?

MG – Si. On compte environ 400 sorties aériennes quotidiennes russes de tout type durant la bataille du Donbass, et la majorité sont menées sur la ligne de front dans des missions d'attaque. Le problème majeur pour les deux adversaires est qu'ils doivent faire face à des défenses antiaériennes très denses aux différentes altitudes et qu'ils manquent de capacités techniques de pénétration. Les Russes souffrent également d'une pénurie de munitions de précision et se coordonnent mal avec le sol. Il y a très peu de contrôleurs avancés pour demander et guider des attaques d'opportunité, nous l'avons dit. Les missions sont donc le plus souvent planifiées à l'avance sur des zones précises en substitut des tirs d'artillerie plutôt qu'en complément, car les engins évoluent généralement dans les mêmes enveloppes de tir que les obus et roquettes. Hélicoptères et avions d'attaque sont utilisés prudemment sur la ligne de contact plutôt en attaques de saturation à la roquette.

On voit souvent des hélicoptères approcher à très basse altitude, monter et lancer – sans grande précision – leurs roquettes en cloche à la manière de lance-roquettes multiples avant de se replier[20]. Cela n'empêche pas les pertes. Au mois de janvier 2023, on compte 53 hélicoptères d'attaque perdus de manière certaine plus un nombre indéterminé de pertes probables. On estime qu'il ne doit plus rester qu'une trentaine de Ka-52 Alligator, l'hélicoptère d'attaque russe le plus moderne[21]. Les Russes ont également perdu 26 avions d'attaque Su-25. C'est à la fois beaucoup en valeur absolue pour une armée moderne « démassifiée » et relativement peu en un an au regard de la densité des combats. C'est la preuve en réalité que cette composante est devenue secondaire par rapport aux lance-roquettes multiples, à l'artillerie à longue portée ou aux drones armés ou rodeurs*, qui remplissent sensiblement la même mission avec un meilleur rapport coût-efficacité et sans risquer la vie de pilotes, une ressource humaine rare chez les Russes comme partout ailleurs. Il n'y a pratiquement que lors de la percée de Popasna le 9 mai qu'un rôle important de l'appui air-sol grâce à une forte concentration de moyens en alternance avec des frappes massives d'artillerie est à signaler.

* Un drone rodeur, également appelé drone suicide, emporte une charge explosive. Il survole le champ de bataille à la recherche d'un objectif et se jette sur la cible choisie, explosant avec elle comme un kamikaze.

Les canons Caesar français ont-ils chassé les Russes de l'île aux Serpents ?

JL – La presse a beaucoup parlé de l'effet des livraisons de matériels d'artillerie en provenance des pays de l'OTAN. Quand commencent-ils à arriver ? De quels systèmes s'agit-il et quel effet ont-ils sur les combats du Donbass ?

MG – Les premières pièces d'artillerie occidentales arrivent en juin 2022, avons-nous dit plus haut. Le flux ne s'est jamais interrompu depuis. Jusqu'en décembre, il s'agit d'environ 90 pièces légères de 105 mm britanniques et américaines, mais surtout de plus de 300 pièces de 155 mm de neuf systèmes différents. Certains systèmes sont tractés et légers comme les 130 obusiers M777 américano-britanniques, d'autres automoteurs à roues comme les Caesar français et les Dana polonais, ou encore automoteurs à chenilles pour les PzH 2000 allemands. Mais les vraies stars, à l'instar des Javelin ou les drones Bayraktar TB2 de la période précédente, ce sont les lance-roquettes multiples américains HIMARS (*High Mobility Artillery Rocket System*) M142 à roues et M270 à chenilles, soit environ une cinquantaine de pièces au total. Tout cela est très hétérogène. La maîtrise de la technique et de l'emploi optimal de ces engins variés aux portées différentes a dû être très compliquée et la maintenance un vrai casse-tête. Au moins les calibres sont-ils standardisés – obus de 105 ou de 155 mm et roquettes de 227 mm –, ce qui facilite les approvisionnements[22].

Cette nouvelle artillerie est encore assez faible numériquement comparée à l'artillerie russe, et le nombre d'obus lancés par les Ukrainiens reste toujours très inférieur, mais le saut qualitatif est indéniable. Les pièces occidentales modernes, environ les deux tiers des livraisons, sont plus mobiles, tirent plus vite et surtout plus précisément que les équivalents russes. Les obus occidentaux sont également plus puissants que les russes à calibre égal. Une batterie de Caesar français peut ainsi tirer jusqu'à 50 kilomètres avec une grande précision et avoir quitté les lieux avant même que ses obus ne soient arrivés au sol, ce qui rend la contrebatterie très difficile, voire impossible. De fait, on ne compte que 30 à 40 pièces d'artillerie occidentale perdues de juin à décembre, soit 10 % du fait des combats. Les problèmes techniques et la maintenance doivent en revanche être plus contraignants.

JL – A-t-on des exemples de l'efficacité de ces matériels ?

MG – Oui, on l'a vu dès le mois de juin. En substitution du croiseur *Moskva* perdu le 13 avril, les Russes ont essayé d'installer sur l'île aux Serpents une batterie antiaérienne S-300P. Rapidement cependant, l'île subit plusieurs raids aériens puis commence en juin à être frappée depuis la côte, notamment et fort probablement par des canons Caesar. La situation devient rapidement intenable et les Russes évacuent l'île le 30 juin.

Combinées à un bon système de renseignements, les pièces à longue portée et surtout les LRM – qui peuvent frapper précisément jusqu'à plus de 70 kilomètres – se distinguent en particulier dans l'attaque des dépôts d'artillerie russes. On assiste ainsi à de nombreuses explosions durant les mois de juillet et août près des gares qui sont à moins de 60 kilomètres de la ligne de contact. Cela réduit le débit d'obus, puis oblige les Russes à éloigner et disperser leurs dépôts, ce qui, à nombre constant de camions, réduit encore le débit. Avec la contrebatterie, ces attaques sur la logistique contribuent à diminuer nettement la puissance de l'artillerie russe. Les LRM sont utilisés aussi pour frapper les ponts sur le Dniepr qui permettent d'alimenter les forces russes présentes dans la tête de pont de Kherson. Tous ces tirs d'interdiction transforment d'ailleurs la bataille de Kherson en un demi-siège. Bref, l'artillerie occidentale a bien eu rapidement un rôle important dans la bataille et a beaucoup joué dans le renversement de la tendance en faveur des Ukrainiens au cours de l'été[23].

JL – Avant d'en venir au renversement de l'initiative et puisque vous évoquez la précision des frappes de l'artillerie ukrainienne et la qualité de son acquisition de cibles, faut-il ranger à son actif les lourdes pertes en généraux côté russe ? Avez-vous un chiffre et comment l'expliquer ?

MG – En février 2023, les services de renseignements japonais ont déclaré que les Russes avaient eu 20 généraux tués en Ukraine. C'est possible, même si, en réalité, il y a des incertitudes sur plusieurs d'entre eux[24]. En revanche, il est certain que le nombre réel – disons entre 10 et 20 – est très élevé, anormalement élevé même, et ce, d'autant que l'on pourrait y ajouter des postes de commandants de brigades ou de régiments qui seraient occupés par des généraux en France et qui le sont en Russie par des colonels. Il y avait à peu près une vingtaine de généraux russes en Ukraine fin février pour une armée d'environ 150 000 hommes. Or, dès le 28 novembre, le journal britannique *The Independant* annonçait la mort de 160 généraux et colonels russes parmi 1 500 officiers[25]. Notons à nouveau une proportion d'officiers nettement inférieure à celle de l'armée de terre française (1 pour 8). Constatons surtout qu'après un an de guerre, le haut commandement russe engagé en Ukraine a été ravagé ! C'est assez inédit. Comme par ailleurs on ne note pas de phénomène de même ampleur du côté ukrainien, on en conclut qu'existe une asymétrie d'informations entre les deux camps. En clair : les postes de commandement russes sont plus facilement décelables que les postes de commandement ukrainiens. Pour trois raisons. La première, les PC russes sont à portée d'artillerie ; la deuxième, ils émettent un gros volume d'ondes radio depuis un endroit qui bouge peu ou alors les officiers supérieurs utilisent des téléphones portables non sécurisés ; enfin, les capteurs électromagnétiques américains ou des informateurs placés dans les zones occupées espionnent les Russes en permanence. Résultat : une liste de cibles à haute valeur ajoutée pour les artilleurs ukrainiens. Au 13 mars 2023, comme le relève le site Oryx, le constat s'avère encore plus flagrant si l'on passe aux matériels : on trouve 233 véhicules de commandement russes de tout niveau détruits (145) ou capturés pour… 9 ukrainiens[26]. Même en tenant compte de toutes les limites de cet exercice de comptabilité à partir de photos et vidéos diffusées – souvent par les Ukrainiens, ne l'oublions jamais –, la différence est édifiante. Pour tous les autres types de matériels, on est plutôt sur des rapports d'un à trois en faveur des Ukrainiens.

On sait ainsi de manière certaine que les PC des 49e armée et 2e armée ont été détruits respectivement en mars et avril 2022, occasionnant plusieurs disparitions d'officiers généraux. Dans le dernier cas, on a même soupçonné fortement que le général Guerassimov, chef d'état-major des armées, aurait été blessé au cours d'une de ses visites sur le théâtre[27]. La deuxième cause de mortalité des généraux, comme l'adjoint de la 41e armée l'a appris à ses dépens dès le début de la guerre, semble être les tireurs d'élite, un système d'armes très utilisé de part et d'autre. On pense que la confusion des opérations associée à une structure de commandement centralisé a incité les chefs russes à aller voir au plus près de la ligne de contact pour comprendre ce qu'il se passait et résoudre les problèmes plus rapidement. Ce faisant, ils se sont rendus vulnérables.

JL – Si vous permettez une nouvelle comparaison avec le conflit germano-soviétique, jusqu'à la fin 1942, et même plus tard, la Luftwaffe renseignée par les repérages électromagnétiques trouve et détruit assez facilement les PC des unités de l'Armée rouge. Ce sera une des causes des désastres initiaux. Par ailleurs, Joukov et d'autres envoyés de la Stavka devront batailler en permanence pour inculquer aux chefs des unités de transmissions des Fronts et des armées l'obligation absolue d'observer les règles de discipline des émissions radio. Enfin, dernier parallèle, on note aussi, jusqu'à la fin de la guerre, une proportion anormalement élevée d'officiers supérieurs tués au combat en première ligne. La raison en était la faiblesse du C3I, l'inertie fréquente d'un commandement subalterne non éduqué à la prise d'initiative, voire une propension (typique de la société stalinienne) à mentir sur la réalité des combats et notamment leurs résultats. Ce qui pousse le commandement supérieur à aller fréquemment devant pour se rendre compte par lui-même. Pensez-vous que quelques-unes de ces causes puissent encore jouer dans l'armée russe d'aujourd'hui ?

MG – Il semble que tout ce que vous évoquez de l'Armée rouge soit encore très largement d'actualité. Depuis le déclenchement de cette guerre et ses présupposés faux au sommet de l'État, jusqu'à des comportements absurdes au niveau tactique qui aboutissent à des destructions complètes de bataillons, en passant par l'incroyable surprise de l'attaque ukrainienne sur le front de Kharkiv début septembre ou simplement la décision d'attaquer par deux fois le Donbass du fort au fort alors que l'on ne dispose pas des moyens d'y parvenir. Il y a là, me semble-t-il, un problème récurrent tant au niveau de la gestion de l'information que de la prise de décision.

Un système de commandement centralisé présente l'avantage de pouvoir concentrer les efforts au meilleur endroit et de manière mieux coordonnée qu'un système décentralisé, au prix d'une plus grande lenteur et d'une moindre réactivité il est vrai. Mais pour fonctionner correctement, il lui faut avoir une vision relativement juste des choses et donc bénéficier de comptes rendus honnêtes. Quand ce n'est pas le cas, généralement par peur de sanctions si les missions ne sont pas remplies ou par honte d'avouer un échec, les plans sont non seulement lents dans leur exécution, mais de surcroît fondés sur une estimation fausse de la situation. Si, par-dessus le marché, la gestion de cette information se fait par des canaux écoutables, alors on donne un gros avantage à l'adversaire.

JL – C'est une hypothèse. J'observe tout de même que, dans toutes les armées et dans toutes les guerres, les comptes rendus de combat mensongers, déformés ou maquillés ont constitué un problème. Même dans la Wehrmacht[28]*, réputée bien éduquée sur ce plan. C'est un thème de recherches qui, à ma connaissance, n'a pas été traité.*

MG – Il ne faut certes pas mythifier l'armée ukrainienne, mais on y a beaucoup progressé en la matière, peut-être sous l'influence d'une société qui se démocratise alors que ce n'est pas franchement le cas en Russie.

4

La contre-offensive ukrainienne

Jean Lopez *– Quand et où le renversement de la marée est-il décelable ?*

Michel Goya – Les lignes ne bougent guère du 3 juillet jusqu'au début septembre 2022. On se demande alors si la situation ne se trouve pas bloquée pour longtemps. Le 31 août, j'écris dans mon blog La voie de l'épée qu'il est probable que la « guerre de corsaires » faite de frappes et de raids de part et d'autre d'un front immobile a encore des mois devant elle. Les Ukrainiens exercent, certes, une forte pression sur la tête de pont de Kherson avec leur artillerie et avec une série de petites attaques qui grignotent le terrain. Ils annoncent même leur intention d'y passer très prochainement à la contre-offensive. Mais on sait que la zone est solidement tenue par la 49e armée et le 22e corps russes, et il paraît improbable que cette offensive puisse obtenir des résultats rapidement[1]. En réalité, cette pression et cette annonce relèvent d'une manœuvre d'intoxication destinée à attirer l'attention vers le sud, et elle réussit plutôt bien puisque les Russes transfèrent et déploient quatre petites armées, les 5e, 35e, 36e et 29e, dans la province de Kherson.

JL – À partir de la mi-juillet, les Ukrainiens frappent souvent et avec précision dans la région de Kherson grâce, notamment, à plusieurs batteries de HIMARS. Le 12 juillet, ils annoncent avoir détruit le PC du 22e corps et tué le gros de son état-major. Les 19 et 20 juillet, puis encore le 26 juillet et le 8 août, le pont routier Antonovskiy, à Kherson, est sévèrement endommagé. Les forces russes sur la rive ouest du Dniepr ne sont plus ravitaillées que par des bacs et un pont de bateaux. Le 22, les Ukrainiens réussissent à encercler plusieurs centaines de soldats à Vysokopillia, au nord-est de Kherson, en limite de la tête de pont russe. Le 30, une salve de roquettes détruit un train militaire qui arrivait en gare de Kherson, tuant des dizaines de militaires. Le 13 août, le dernier pont à Kakhovka, en amont de Kherson, est à son tour détruit. Le 16, un dépôt de munitions saute par sabotage en Crimée du Nord ; le 20, c'est une attaque par drone contre le quartier général de la flotte de la mer Noire à Sébastopol pour saluer l'entrée en fonction de l'amiral Viktor Sokolov, le nouveau commandant de la flotte. Le 26, des tablettes d'iode sont distribuées ostensiblement par les Ukrainiens à toute la population vivant autour de la centrale de Zaporijjia. Le 28, selon Reuters, l'armée ukrainienne aurait lancé dans la nuit une contre-offensive vers Kherson et, le 3 septembre, le ministère de la Défense britannique annonce que cette contre-offensive progresserait sur trois axes. Mis bout à bout, l'ensemble de ces faits semblent *indiquer que quelque chose de gros se prépare à Kherson. Il y a certes des combats réels et un effort offensif manifeste, mais toute l'activité ukrainienne paraît amplifiée, par différents canaux y compris dans le camp de l'OTAN. Bref, tout se passe comme si les Ukrainiens voulaient absolument que les Russes regardent vers le sud. Or, c'est au nord que ça se passe…*

MG – En effet, la surprise est venue du nord. Le 6 septembre, après une préparation de quelques semaines, les forces ukrainiennes lancent une attaque avec huit brigades dans la région de Zmiïv-Andriivka dans le sud-ouest de la province de Kharkiv. Cela témoigne déjà de leur capacité à mener deux opérations offensives simultanées de grande ampleur – ici et à Kherson –, là où les Russes ne sont plus capables d'organiser la moindre attaque d'envergure, faute de bataillons. Avant même de connaître le résultat de cette offensive au nord, on a déjà la preuve que les Ukrainiens sont en train de s'emparer de l'initiative.

Le stupéfiant retour de la guerre de manœuvre

JL – Le 6 septembre 2022, donc, cinq brigades ukrainiennes attaquent dans la région de Zmiïv-Andriivka, deux localités se trouvant sur ou tout près de la rivière

Donets, respectivement à 30 et 50 kilomètres au sud-est de Kharkiv. Quel est leur axe de progression et, plus globalement, quel peut être leur objectif ?

MG – Le plus loin possible vers l'est ! Cette offensive est avant tout, je crois, une offensive d'opportunité. Les Ukrainiens visaient depuis longtemps l'axe logistique qui va de Belgorod, en Russie, jusqu'à Izium, la grande base offensive au nord de Sloviansk et Kramatorsk. Ils manquaient cependant de forces pour attaquer une ligne de contact qui était alors bien défendue. Et puis, durant l'été, les Ukrainiens ont commencé à prendre globalement l'avantage en capacité de manœuvre et se sont aperçus de la grande faiblesse du dispositif de la 144e division d'infanterie dans la province de Kharkiv. Les Russes ont fait preuve d'une étonnante imprudence en portant leur effort défensif sur Kherson et au-delà du Dniepr au détriment de la région pourtant charnière de Kharkiv. Les Ukrainiens l'ont détecté et ont donc préparé une attaque dans la région tout en communiquant beaucoup sur leur prochaine offensive en direction de Kherson, comme vous l'avez dit. Ils ont regroupé une masse de cinq brigades de manœuvre, dont la 3e blindée, et une brigade d'artillerie dans la région entre Zmiïv et Andriivka, au sud de Kharkiv sur la rivière Donets, avec comme objectifs premiers les villes de Volokhiv Yar, 30 kilomètres plein est, et de Balakliya, 30 kilomètres au sud-est. Une brigade d'infanterie renforcée d'un bataillon de la 3e brigade blindée était également prête à attaquer

Balakliya depuis Husarivka, de l'autre côté de la Donets. Deux brigades territoriales, dont on notera qu'elles sont désormais employées comme unités de manœuvre, avaient également pour mission de fixer la 36e brigade russe dans la région de Chkalovske au nord de Volokhiv Yar. En atteignant cette ligne, ce qui représentait déjà un exploit, les Ukrainiens pouvaient espérer disloquer le dispositif russe et poursuivre ainsi jusqu'à la rivière Oskil. En atteignant celle-ci, ils rendaient intenable la position russe d'Izium plus au sud.

JL – Il s'agit donc d'une offensive limitée dont le but serait de contraindre les Russes à lâcher Izium, carrefour routier et point de passage sur la rivière Donets, et, j'imagine, éliminer une menace potentielle sur les positions ukrainiennes dans le Donbass. Dans ce que vous venez de dire, je relève quatre choses. La première : les Ukrainiens sont capables de concevoir proprement et efficacement une opération offensive et ce, pour la première fois depuis que leur armée existe. La deuxième : le dispositif russe ne semble pas avoir de secrets pour eux. La troisième : ils sont capables d'opérer une concentration importante (20 000 à 30 000 hommes et 1 000 à 1 500 véhicules) de façon discrète et d'intoxiquer l'adversaire sur leurs intentions. La quatrième : certaines de leurs brigades territoriales, composées de personnels plus âgés et rappelés sous les drapeaux, sont désormais assez fiables pour figurer en première ligne. Concernant les points 1 et 2, je vous pose la question directement : ont-ils eu besoin d'avoir recours à une aide américaine en matière de planification et de renseignement ?

MG – Oui, ils ont sans aucun doute reçu une aide américaine, peut-être aussi britannique, en planification et renseignement. Auraient-ils pu s'en passer ? Peut-être. Le bruit a couru que les Américains conseillaient plutôt de se concentrer sur Kherson, mais que les Ukrainiens ont quand même organisé leur attaque dans le nord. Impossible à ce jour de vérifier cette rumeur. Par ailleurs, si l'appui du renseignement américain est évidemment et constamment très important, les Ukrainiens sont déjà bien renseignés avec leurs propres moyens et l'aide de leurs partisans demeurés dans les zones occupées. Ils avaient ainsi déjà découvert la faiblesse de leur adversaire dans le secteur. Des équipes de forces spéciales avaient repéré par exemple que les Russes utilisaient des mannequins à certains endroits pour masquer leur manque d'effectifs et que les soldats qu'ils rencontraient, renforcés par des miliciens du Donbass, manquaient singulièrement de combativité[2].

JL – Comment se déroule cette offensive ?

MG – Le 6 septembre, le groupement des cinq brigades attaque et perce la ligne de contact dans la région d'Andriivka. Les forces russes assez réduites de la 144ᵉ division d'infanterie, renforcée d'unités indépendantes disparates, sont complètement surprises. Une fois franchie la ligne de défense, assez peu profonde, le groupement ukrainien éclate pour exploiter au maximum la percée. La 3e blindée fonce sur la route P78 en direction de Balakliya qui est attaquée également depuis le sud par la 71e brigade de chasseurs renforcée par un bataillon blindé. Balakliya tombe le 8 septembre.

Pendant ce temps, précédées de groupements légers et rapides de forces spéciales, les autres brigades percent plein est et vers le nord-est. Dans cette dernière direction, la 25e brigade aéroportée, suivie de la 92e brigade mécanisée et renforcée par deux brigades territoriales, attaque et prend la ville de Shevtchenkove, une gare très utilisée par les Russes, le 9 septembre. Le lendemain, les forces spéciales et la 25e aéroportée abordent Koupiansk, le long de l'Oskil. Au centre, les 80e et 93e brigades atteignent cette rivière au même moment.

À ce stade, les Ukrainiens ont obtenu pour la première fois de cette guerre une dislocation du dispositif adverse. Il ne s'agit plus de repousser une force ennemie, mais bien de pénétrer en son cœur jusqu'à sa structure de commandement et de rendre la masse adverse incapable d'un combat cohérent. La percée se traduit concrètement par une proportion inhabituelle de prisonniers, peut-être plus d'un millier, et la capture de nombreux matériels y compris sensibles (véhicules de transmissions, radars) qui vont alimenter les dépôts ukrainiens et intéresser les services occidentaux. Les forces russes sont bousculées et ne tentent vraiment de freiner l'avance ukrainienne que par la voie des airs, mais – nous l'avons dit et il faut le répéter – la densité d'armes antiaériennes les rend très prudentes.

Le 10 septembre, ce qui restait de la 18e division d'infanterie russe est chassé de Koupiansk dans la journée. La 25e brigade demeure sur place et sonde la possibilité de franchir l'Oskil. La 92e brigade rejoint la poussée au nord vers Velykyi Burluk puis la frontière russe. Au sud, l'énorme dispositif russe à Izium, au moins une quinzaine de groupements tactiques issus de quatre divisions et brigades indépendantes, est désormais coupé de ses arrières. Il est replié en catastrophe vers l'est à partir du 11 septembre au-delà de la zone forestière de la rivière Donets. Izium est prise à son tour par la 93e brigade mécanisée et la 3e blindée ukrainiennes le 18 septembre. C'est la fin de la première phase de l'offensive, la victoire la plus spectaculaire de la guerre avec la progression russe dans le sud du pays fin février 2022.

JL – Le lecteur doit savoir que la ligne ferroviaire à grand débit qui ravitaillait les forces russes entassées dans le saillant d'Izium passait par Koupiansk avant de rejoindre Voronej en Russie, une plate-forme militaire majeure. Comme durant la Seconde Guerre mondiale, le chemin de fer demeure vital, nous l'avons dit, dans ces régions pour les transports lourds et les gros débits, notamment parce qu'il est moins touché que le réseau routier par les contraintes climatiques (neige, boue, etc.). Un carrefour ferroviaire est donc en soi un but opérationnel, et celui de

Koupiansk est gâté de ce point de vue puisqu'il rayonne en étoile dans cinq directions différentes.

Reprenons. La première partie de l'offensive dure douze jours (6-18 septembre) et permet aux Ukrainiens de se réapproprier la région à l'est et au sud-est de Kharkiv, la deuxième ville du pays. Que se passe-t-il ensuite ? Et comment réagissent les Russes ?

MG – Vous avez raison de le rappeler, le réseau ferroviaire, très important en Ukraine et ses abords, est essentiel à la conduite des opérations dans les deux camps, surtout pour les Russes qui ont une armée très lourde si on fait le rapport entre le tonnage des équipements et de la logistique et le nombre d'hommes. Lignes et gares sont donc des objectifs prioritaires des coups de main et des frappes des deux côtés. La prise de Koupiansk est effectivement un désastre pour les Russes, qui évacuent toute la zone à l'ouest de l'Oskil. Ils tentent alors de rétablir une ligne de défense sur cette rivière, mais dès le 13 septembre celle-ci est franchie par les Ukrainiens à Borova puis le 16, 30 kilomètres plus au nord, à Koupiansk même. Ces derniers tentent aussi de traverser en amont de Koupiansk. Ils y prennent Dvorichna, un nouveau pont 15 kilomètres au nord de Koupiansk, le 22 septembre, et poursuivent vers l'est. La résistance russe se fait un peu plus ferme et prend la forme d'un freinage.

Pendant ce temps, les Ukrainiens portent également leur effort plus au sud, le long de la rivière Siverskyi Donets. La conjonction de leur poussée vers l'est depuis

Izium et celle depuis la tête de pont de Borova vers le sud en direction du parc naturel Sviati Hory menace maintenant le carrefour ferroviaire et routier de Lyman. Les Russes tentent de s'y maintenir fermement avec l'équivalent d'une petite division disparate, composée en grande partie de réservistes arrivés depuis peu.

Le 27 septembre, la rivière Donets est franchie en plusieurs endroits et la petite ville de Yampil est prise. Or, celle-ci se trouve à l'est de Lyman. Les forces russes qui s'y trouvent sont donc isolées dans une poche : elles ne communiquent plus avec leurs arrières que par un couloir de 3 kilomètres de large à la sortie est de la ville. Un bruit court parmi les soldats : Lyman ne serait tenue que pour ne pas gâcher par un revers la fête, célébrée en grande pompe le 30 septembre, de l'annexion par la Russie des quatre provinces ukrainiennes conquises. Cela n'a pas dû arranger leur moral. Lyman est évacuée en catastrophe le 1er octobre.

Les Russes établissent alors une nouvelle ligne de défense appuyée sur un chapelet de localités qui va de Topoli, près de leur frontière, jusqu'à Kreminna près de la rivière Donets avec, au centre de cette ligne, Svatove comme point clé. C'est un axe nord-sud, quelques kilomètres à l'est de la limite de la province de Louhansk. Ils y placent toutes les forces dont ils disposent en attendant les premiers renforts issus de la mobilisation partielle décrétée le 21 septembre. C'est un ensemble disparate d'une trentaine de groupements tactiques issus de six armées et corps d'armées mais qui tient bon face aux Ukrainiens.

À partir du 2 octobre, le front se stabilise à nouveau dans ce secteur.

Panique au Kremlin : 300 000 hommes appelés sous les drapeaux

JL – Le succès de cette offensive ukrainienne de quatre semaines a une conséquence majeure : le 21 septembre, après sept mois de guerre, Vladimir Poutine décrète une « mobilisation partielle ». Cela me semble constituer côté russe un tournant. Que signifie concrètement cette mesure ?

MG – C'est bel et bien un tournant, car jusque-là, la guerre, qui n'est même pas baptisée comme telle – c'est une simple « opération militaire spéciale » –, était maintenue aussi loin que possible de la société russe, comme s'il s'agissait d'une affaire périphérique menée uniquement par des volontaires. Un choix plutôt étonnant au regard de la mobilisation, sinon de la militarisation des esprits en Russie depuis plusieurs années et de l'ampleur des enjeux énoncés pour cette guerre. Mais dans le même temps, la société russe est également et volontairement dépolitisée. Faire entrer la guerre dans tous les foyers c'est y faire entrer aussi de la politique, une possibilité de critique et même de révolte, ce qui suscitait sans doute une méfiance certaine au Kremlin.

JL – Méfiance maintenue jusqu'à aujourd'hui. Il faudrait un événement exceptionnel pour que le Kremlin se décide à mobiliser à grande échelle, un événement qui fédère les Russes autour de leur dirigeant. Pour moi, ce ne pourrait être qu'une attaque franche du sol national, et j'inclus la Crimée dans ce cas de figure. Nous y reviendrons. Donc, Vladimir Poutine se résout à appeler 300 000 hommes supplémentaires…

MG – Il n'avait plus vraiment le choix. En réalité, dès avant l'attaque ukrainienne, l'appel aux seuls volontaires et mercenaires étrangers s'avérait insuffisant. Les volontaires sont trop peu nombreux pour compenser des pertes très lourdes, et les capacités du corps expéditionnaire en Ukraine ne cessaient de décliner alors que parallèlement celles des Ukrainiens, mobilisés, augmentaient. La défaite dans la province de Kharkiv révèle alors que si des mesures ne sont pas prises rapidement, les Russes vont se trouver en grand péril. Ces mesures – processus d'annexion rapide des provinces conquises et décret de mobilisation partielle – sont prises les 20 et 21 septembre 2022. Le décret suspend la fin des contrats de volontariat en cours jusqu'à une date indéterminée et fait appel à 300 000 civils ayant eu par le passé une expérience militaire pour servir à nouveau sous les drapeaux. Maintenant que les territoires conquis deviennent officiellement russes, on aurait pu imaginer que l'on y engage aussi les conscrits. Je ne sais toujours pas pourquoi, mais on préfère les maintenir dans leurs casernes en Russie où, faute d'encadrement et d'équipement, ils ne doivent pas faire grand-chose. Le décret s'accompagne d'une loi durcissant les peines de prison pour les réfractaires et punit désormais également ceux qui se constituent prisonniers sans ordres. D'autres mesures sont prises pour encadrer le travail de l'industrie militaire.

JL – C'est évidemment un choc pour la population russe ! Non seulement on lui annonce que 300 000 hommes sont arrachés à leurs foyers mais encore chacun peut comprendre facilement que, si l'on en arrive là, c'est que les choses ne tournent pas bien.

MG – Oui, ce décret de mobilisation ouvre une boîte de Pandore. Il suscite des manifestations de colère mais surtout un grand exode intérieur ou hors des frontières. Le FSB lui-même parle de 261 000 départs à l'étranger, ce qui est sans doute très inférieur à la réalité, et il y a aussi les fuites vers l'intérieur, la taille du pays permettant ce genre d'évitement[3].

JL – Et il y a tout lieu de penser que ces départs concernent des catégories sociales ayant des moyens et, souvent, une formation supérieure, c'est-à-dire un vivier de choix pour le recrutement de spécialistes…

MG – Tout le laisse penser. Ajoutons enfin que l'annonce de cette mobilisation est soudaine et que rien n'a été vraiment préparé tant en termes de logistique que de personnels pour pouvoir y faire face.

JL – Visiblement personne, au Kremlin ou dans le haut commandement, ne s'attendait à ce retour de bâton. C'est bien tout le problème de rechercher une victoire par K.-O.

en une seule opération et sans même avoir de réserves prêtes : les risques sont énormes.

MG – Les gouverneurs de provinces se retrouvent d'un seul coup avec des quotas de mobilisables à réunir au plus vite. Tout se fait dans une totale improvisation. Des hommes découvrent du jour au lendemain qu'ils sont appelés, dont certains n'ont jamais fait un passage sous les drapeaux et ne devraient donc pas, selon l'ordre lui-même, être concernés. De fait, on s'aperçoit que certaines régions périphériques, comme le Daghestan, sont beaucoup plus touchées que Moscou ou Saint-Pétersbourg, et que la « bourgeoisie » est assez préservée ou parvient par petite corruption à se préserver[4]. Il n'y a par ailleurs aucune véritable structure de formation hormis celle des 130 000 appelés semestriels, mais qui s'effectue directement dans des brigades et régiments eux-mêmes pour la plupart engagés en Ukraine. C'est dire que les casernes sont vides. Tout manque, depuis le matériel de base, dont on s'aperçoit qu'il a souvent disparu des stocks, jusqu'à – et surtout – l'encadrement. Pour autant, plusieurs dizaines de milliers de ces mobilisés sont habillés et envoyés immédiatement en Ukraine pour combler les pertes d'unités devenues squelettiques tandis que l'on fait feu de tout bois pour former les autres.

JL – Un indicateur de l'état d'esprit des classes moyennes et supérieures nous est peut-être donné par un fait curieux : selon le magazine allemand Der Spiegel[5], *plus de 10 500 femmes russes enceintes d'un garçon ont fait depuis 2022 le long voyage vers l'Argentine pour y accoucher ! Car la loi de ce pays donne automatiquement la nationalité argentine aux enfants nés sur son sol. Ces femmes sont très prévoyantes, c'est le moins que l'on puisse dire !*

Des hommes envoyés au feu du jour au lendemain sans expérience, sans formation, sans encadrement, sans le matériel nécessaire : j'ai le sentiment de revivre plusieurs épisodes de l'histoire russe et soviétique, et l'on imagine que l'espérance de vie des premiers arrivés n'a pas dû être très élevée.

Revenons aux combats. Voici donc, au 1er octobre 2022, après l'offensive ukrainienne réussie dans la partie nord du front, la ligne de contact des forces repoussée à 120 kilomètres de Kharkiv, et toute une portion de la frontière russe atteinte. Au centre, dans le Donbass, nous avons arrêté l'analyse à la fin juin, au troisième mois de l'offensive d'artillerie russe. Que s'y passe-t-il durant l'été ?

MG – Pas grand-chose en réalité, et c'est une surprise. Après la prise de Lysychansk par les Russes le 3 juillet, la vingtaine de brigades ukrainiennes qui combattaient dans la poche, soit un tiers de la capacité totale, a beaucoup souffert mais a pu se replier sur une ligne Siversk-Soledar-Bakhmut le long de la rivière Bakhmutovka et de la rocade T0513. C'est d'ailleurs une constante dans cette guerre surprenante : on ne poursuit pas celui qui se replie pour essayer de le détruire. J'ignore exactement pourquoi, mais je peux conjecturer que l'attaquant est lui-même si épuisé qu'il se contente de suivre. S'ils ont pris deux des quatre villes à conquérir dans le centre du Donbass, les Russes sont tout de même passés à côté d'une victoire majeure sur les forces ukrainiennes.

JL – Ce qui contredit deux axiomes de l'art opératif russo-soviétique. Un : disposer de réserves abondantes ; deux : échelonner ses forces offensives en profondeur, les deux devant fournir l'assurance de traverser la totalité du dispositif défensif de l'ennemi et déboucher en terrain libre. C'est visiblement faute de personnel que les Russes en reviennent à une pratique linéaire qui ne peut déboucher que sur un grignotage territorial.

MG – Oui, c'est exactement ça. Dans l'absolu, ils pourraient le faire, mais ils préfèrent presser leur adversaire par de multiples attaques de niveau bataillonnaire autour d'une zone cible jusqu'à obliger le défenseur à se replier sous peine d'encerclement. La méthode est simpliste, voire primitive, et les Russes avancent très lentement, mais ils avancent et les Ukrainiens s'usent à défendre à tout prix chaque kilomètre carré. En juillet, la plupart des observateurs pensent qu'avec l'arrivée de renforts, comme le 3e corps d'armée de 15 000 hommes en cours de formation près de Nijni Novgorod, et les pertes ukrainiennes importantes dans la poche de Lysychansk-Severodonetsk, la balance des forces penchera de plus en plus en faveur des Russes. On pense alors qu'ils vont relancer leur opération de conquête du Donbass, en cherchant d'une part à étouffer Sloviansk et d'autre part à s'emparer de Siversk mais surtout de Bakhmut, passage obligé pour aborder Kramatorsk.

Il n'en est rien. Au début du mois de juillet, le commandement russe annonce en effet une pause opérationnelle qui va… traîner en longueur. Les attaques se limitent à des opérations de reconnaissance de faible ampleur. On prend conscience alors que, contrairement à ce que l'on pensait, c'est plutôt l'armée russe qui est usée. Les pertes ont été lourdes parmi leurs troupes d'assaut, VDV, fantassins de marine, Wagner, Tchétchènes et miliciens des deux républiques du Donbass. Et les remplacements, par des volontaires sous contrat ou des militaires d'active récupérés, ont été insuffisants en nombre et en qualité pour les combler.

JL – Ils auraient néanmoins pu continuer à marteler avec leur artillerie, non ?

MG – Justement pas, car leur artillerie faiblit également. Si elles restent toujours très supérieures en volume à celles des Ukrainiens, les cadences de tir commencent à décliner. C'est en grande partie du fait du harcèlement de la logistique russe par l'artillerie occidentale arrivée sur site. En résumé, la capacité offensive de l'armée russe a chuté après trois mois de combats ininterrompus dans le Donbass. Seule la société privée Wagner monte en puissance, financée par le consortium d'Evgueni Prigogine, qui a reçu aussi le droit de recruter, en échange du pardon, parmi les 450 000 prisonniers que compte la Russie. Elle augmente donc régulièrement en volume jusqu'à atteindre l'équivalent de deux ou trois armées régulières à la fin de l'année 2022, 50 000 à 60 000 hommes. On trouve ses bataillons sur plusieurs fronts, mais surtout face à Bakhmut. Alors que le reste de l'armée russe patine, Prigogine, qui ne cache pas ses ambitions politiques, décide en effet de s'emparer de la ville afin d'offrir une victoire à Poutine. À partir du début du mois d'août, ses bataillons et les troupes associées, notamment les miliciens séparatistes, se lancent donc très violemment à l'attaque de la zone de cette ville qui devient pour de longs mois le secteur le plus actif du Donbass. Ce n'est que le 4 mars 2023 que les troupes ukrainiennes entament un début de retrait de cette cité de 71 000 habitants – la population de Saint-Nazaire – totalement détruite et menacée d'encerclement[6].

Kherson évacuée : Poutine avale son chapeau

JL – Une remarque concernant le recrutement de prisonniers. Ce n'est pas une nouveauté. Il y a là un héritage soviétique et même plus ancien. Au XIXe siècle, dans l'armée impériale russe, le choix des conscrits, dont l'immense majorité venait de la paysannerie serve, était dans les faits laissé à l'assemblée du village ou au boyard local. Comme l'engagement était à vie, ceux-ci choisissaient en priorité, moyennant corruption du recruteur, les paresseux, les ivrognes et les criminels : tout le monde y trouvait son compte. Sous Staline, durant la Grande Guerre patriotique, dans un esprit très différent, cette pratique a atteint des sommets. Pour combler des pertes colossales, on a tiré du goulag plus d'un million de prisonniers de droit commun avec promesse d'annulation de leur peine si leur conduite était exemplaire. Dans les années 1980 encore, alors qu'elle commence à avoir du mal à recruter, l'armée soviétique acceptait chaque année 50 000 hommes avec un casier judiciaire chargé. Cette pratique s'expliquait certes par la nécessité, mais il y avait quand même toujours cette idée du rachat moral. Je ferme la parenthèse.

Encore une question à propos de l'attaque ukrainienne de septembre et même avant elle. Assiste-t-on dans cette guerre à des combats char contre char ?

MG – Très probablement, mais on ne dispose pas de documents qui en témoignent avec certitude. Les combats entre chars sont l'acmé du combat terrestre industriel et on a fortement tendance à les surreprésenter dans les récits. En réalité, c'est une situation qui se présente assez rarement. En 2014-2015, durant la guerre du Donbass, on avait assisté en tout et pour tout à deux combats opposant au moins une compagnie de chars, et le plus important, en janvier 2015, s'était terminé par la destruction de 12 chars, huit russes et quatre ukrainiens. Je n'ai pas entendu parler d'une situation semblable depuis l'invasion du 24 février. Ces combats ont peut-être été noyés parmi de nombreux autres plus importants, mais il y a assurément assez peu de pertes de chars si l'on compare à des conflits similaires. Russes et Ukrainiens en ont perdu en un an moins qu'Arabes et Israéliens en trois semaines d'octobre 1973. On doit être sur une moyenne de huit chars russes et deux ou trois chars ukrainiens détruits ou abandonnés par jour de guerre, pour la grande majorité du fait de l'action des armes antichars d'infanterie ou de l'artillerie, sans oublier les causes autres que les combats comme les pannes ou les embourbements[7].

JL – Il est temps de s'intéresser au sud du front, le long de la mer d'Azov et de la mer Noire. Dans ce secteur, nous en sommes restés à la mi-mars 2022 quand les forces russes, après avoir conquis Kherson, ont échoué devant Mikolaïv dans leur poussée vers Odessa à l'ouest et vers la centrale nucléaire de Kostiantynivka, au nord-ouest.

MG – Le front de Kherson se stabilise au tournant des mois de mars et d'avril 2022. Alors que leurs efforts offensifs se concentrent sur le Donbass, les Russes passent en mode défensif dans la tête de pont qu'ils occupent à l'ouest du Dniepr. Cette tête de pont est large de 20 à 50 kilomètres et longue de 150 kilomètres du sud au nord, soit environ 5 000 kilomètres carrés : l'équivalent d'un département français. Elle est surtout utile comme base de départ pour d'éventuelles futures offensives, mais elle forme aussi le glacis protecteur de la ville de Kherson, seule capitale provinciale conquise, qui se trouve sur la rive droite (ouest) du fleuve. Cette tête de pont est tenue par la 49e armée, le 22e corps d'armée et un groupement d'assaut par air (une division aéroportée et une brigade d'assaut par air) – que des forces de qualité. L'ensemble représente 15 000 à 20 000 hommes, 13 ou 14 brigades ou régiments suivant les époques et deux brigades/régiments d'artillerie, sans parler des appuis, notamment une petite centaine de lance-roquettes multiples en position sur la rive gauche du Dniepr. C'est donc environ 1/8 du corps expéditionnaire qui se trouve dans cette tête de pont, ce qui prouve que le pouvoir comme le haut commandement y tiennent particulièrement. Un indice qui ne trompe pas, à l'automne le commandement russe distribue des tenues d'hiver à ses troupes dans la tête de pont et on commence à s'y organiser pour endurer la dégradation de la météo. Le front est fortifié de plusieurs dizaines de points d'appui de bataillons ou de compagnies reliés entre eux par des tranchées. Le terrain ouvert est parfait pour les missiles antichars. Toute manœuvre ukrainienne un peu importante serait assez facilement repérable depuis le sol ou le ciel, et frappable en dix minutes par une puissante artillerie ou des feux aériens. En fond de tableau, le Dniepr constitue un obstacle considérable (24 kilomètres à son embouchure !). On ne peut le franchir qu'en s'emparant de Kherson au sud ou de Kakhovka-Tavriisk au centre qui peuvent constituer aussi de solides bastions. S'il n'y a que deux ponts sur le Dniepr, les Russes bénéficient cependant de nombreux bacs et de deux rocades qui longent le fleuve sur ses deux rives.

Les Ukrainiens de leur côté ont organisé un commandement de front qui regroupe lui aussi un ensemble assez disparate d'unités. Il y a pendant longtemps environ une dizaine de brigades autour de la poche, dont six de manœuvre et quatre de territoriale ou de garde nationale. C'est suffisant pour tenir le front, et empêcher toute avance de l'adversaire, mais pas pour s'emparer de la tête de pont. Il y a pourtant des combats de compagnies ou de bataillons assez violents, notamment autour de Davydiv Brid, sur la rive orientale de la rivière Inhulets, pris par les Ukrainiens à la fin du mois de mai. Les choses ne commencent vraiment à évoluer qu'en juillet lorsque les Ukrainiens peuvent acheminer de nouvelles forces dans le secteur. On passe alors à une quinzaine de brigades, et surtout on commence à interdire, ou au moins à harceler, les passages russes sur le Dniepr grâce aux lance-roquettes multiples HIMARS. La bataille prend de plus en plus une tournure de siège : il s'agit d'isoler et d'étouffer par manque de ravitaillement les forces présentes dans la tête de pont[8].

JL – Comment a évolué ce siège ? Que s'est-il passé pour que les Russes évacuent, le 11 novembre, l'ensemble de cette tête de pont qu'ils avaient aménagée à grands frais ? Ça n'a pas dû être facile à accepter pour Vladimir Poutine, qui avait formalisé le 30 septembre, quelques jours après des « référendums » courus d'avance, l'annexion de la région de Kherson, en plus de celles de Zaporijjia, Louhansk et Donetsk.

MG – On ne sait pas trop quel était l'objectif de ces annexions. S'agissait-il de dissuader les Ukrainiens de pénétrer sur un sol désormais russe, donc sacré, ou de dissuader les Occidentaux de continuer à les aider par peur d'une escalade ? S'agissait-il de stimuler l'ardeur russe et l'acceptation de la mobilisation, voire de l'engagement du contingent de conscrits afin de défendre la « Nouvelle Russie » ? Même en accompagnant ces annexions de menaces terribles, avec une énième fois l'évocation du nucléaire, tout cela s'est avéré sans effet.

En revanche, il paraît en effet plus difficile d'abandonner une ville comme Kherson alors que l'on vient de la déclarer « russe pour toujours ». La défense de la ville et de la tête de pont demeure de fait, et longtemps, une priorité. Les Russes y envoient des renforts en août ainsi que sur la rive gauche du Dniepr où on trouve quatre armées, tout cela au détriment du nord, la zone de Kharkiv, avec pour conséquence, nous l'avons vu, l'offensive réussie des Ukrainiens. Les Russes tentent même des attaques pour élargir la tête de pont, peut-être pour éloigner l'artillerie adverse des passages sur le fleuve. Cela ne fait cependant qu'à peine bouger la ligne de front. Pour autant, la réalité militaire qui s'impose en septembre est que l'enclave au-delà du Dniepr s'avère de plus en plus difficile à ravitailler dès lors que les ponts sont très endommagés par l'artillerie ukrainienne et que les forces manquent cruellement dans d'autres secteurs du front.

Tout en menant leur offensive dans la province de Kharkiv, les Ukrainiens multiplient les attaques autour de la tête de pont. Les combats sont difficiles et leurs pertes très sensibles, mais l'ennemi commence à craquer. Le 13 septembre, ils avancent rapidement au sud de la zone avant d'être arrêtés à 15 kilomètres de Kherson. Dans le nord, le 2 octobre, ils progressent d'un seul coup de plusieurs kilomètres le long du Dniepr. Les villages tombent les uns après les autres dans le secteur et les choses semblent s'accélérer.

Mauvais signe pour les Russes : ils changent de commandants en chef comme de chemise

JL – La dégradation de la situation n'est pas sans conséquences sur le commandement. Le 6 octobre, le général Sourovikine est ainsi nommé à la tête de l'« opération militaire spéciale ». Il remplace Dvornikov à qui Poutine fait payer la victoire ukrainienne de septembre. Il n'aura pas fait six mois à son poste. Le commandant du district*

* Né en 1966, le général Sergueï Sourovikine a participé, en août 1991, au putsch de Moscou avec la fraction dure des communistes soviétiques. Il est arrêté puis libéré sur intervention de Boris Eltsine. Une nouvelle fois inquiété pour une affaire de trafic d'armes, il sera condamné puis blanchi. Il s'est surtout fait connaître en Syrie où il a dirigé les forces russes en 2017 et 2019, remarqué pour son peu d'égards pour la population civile.

militaire Est, Chaiko, est également limogé et remplacé par Muradov, tandis qu'à la tête de celui de l'Ouest quatre chefs se succéderont entre septembre et décembre 2022 ! Sourovikine lui-même cédera sa place le 11 janvier 2023 à Guerassimov, le chef de l'état-major général. On croirait Staline en 1941 ! Cette valse des commandants est tout de même inquiétante pour l'armée russe.

MG – Plus présent médiatiquement que ses prédécesseurs, ce qui n'est certes pas trop difficile, Sourovikine annonce le 18 octobre à la télévision russe qu'il faudra sans doute prendre des décisions difficiles. On ne sait pas très bien qui a emporté la décision auprès de Poutine, mais on se doute alors que les Russes ont décidé d'évacuer la tête de pont de Kherson afin d'y éviter un désastre et de récupérer des forces utiles pour défendre un front qui craque par ailleurs.

JL – Je note qu'il reste chez Poutine assez de raison militaire pour accepter un revers politique au lieu d'une nouvelle défaite.

MG – C'est vrai. Le 22 octobre, les habitants sont « invités » à évacuer Kherson, en particulier pour les protéger de menaces imaginaires de bombe sale (voir plus loin) ukrainienne ou de la destruction du barrage de Kakhovka, en amont de la ville, qui retient un énorme réservoir. La principale question est alors de déterminer si les Russes vont malgré tout tenter de résister à Kherson même, d'en faire un « Stalingrad sur Dniepr ». La décision de repli total est, de façon inattendue, annoncée à la télévision le 9 novembre au détour d'un dialogue entre le ministre de la Défense Choïgou et le général Sourovikine. Certains commentateurs font remarquer que les Russes ont attendu les élections américaines aux deux chambres du Congrès, le 8 novembre, afin de ne pas gâcher par une nouvelle défaite le succès attendu de l'opposition à Joe Biden et au soutien à l'Ukraine. C'est possible. Toujours est-il que ce repli s'effectue ensuite très vite, preuve que l'opération a été bien préparée, et il est total. Le matériel lourd a été évacué autant que possible les jours précédents et ce sont des colonnes de soldats à pied qui franchissent les ponts de bateaux sur le Dniepr. Ils ne sont d'ailleurs pas particulièrement inquiétés par les Ukrainiens. Ces derniers entrent à Kherson le 11 novembre, mettant fin à neuf mois d'occupation.

JL – Troisième revers russe, donc, après celui devant Kiev, en mars, et celui au nord du Donbass, en septembre. Que se passe-t-il sur le théâtre maritime depuis le début d'avril, alors que les Russes se sont installés sur l'île aux Serpents dès les premiers jours de la guerre ?

MG – La perte du croiseur *Moskva* le 13 avril a été un coup très dur pour la flotte russe de la mer Noire. Elle a au moins démontré qu'il était désormais trop dangereux de s'approcher des côtes ukrainiennes défendues par des batteries antinavires, armées de missiles performants comme les Neptune locaux ou ensuite les Harpoon et les Exocet. Après avoir renoncé à la possibilité de mener des opérations amphibies, les Russes renoncent aussi à un blocus proche des ports ukrainiens.

Le *Moskva* était également le seul de la flotte à être armé de batteries antiaériennes S-300P. Sa perte laisse un trou dans le dispositif russe et l'île aux Serpents est alors envisagée comme base de substitution au bâtiment disparu. À partir de la fin du mois d'avril, les installations sur l'île et les navires de transport qui les ravitaillent sont attaqués régulièrement par des drones armés. La première semaine de mai, deux petits patrouilleurs du type Raptor, un ravitailleur et un navire de débarquement ainsi que plusieurs lanceurs antiaériens sont détruits par drones puis par un raid aérien de deux Su-27. Le 12 mai, c'est au tour du navire de ravitaillement *Vsevolod Bobrov* d'être endommagé et contraint de se replier vers Sébastopol. Le 17 juin, les Ukrainiens coulent encore le navire de sauvetage *Vasily Bekh* avec, pour la première fois, deux missiles Harpoon. L'île est ensuite bombardée pendant plusieurs jours par de l'artillerie à longue portée comme les 2S22 Bohdana de 155 mm et peut-être les Caesar français, qui ressemblent beaucoup aux 2S22 – tous deux sont montés sur camion –, et dont ce serait alors un des premiers emplois opérationnels. Les Russes ne parvenant pas à contrebattre l'artillerie adverse, leur position sur la petite île aux Serpents devient vite intenable. Ils l'évacuent le 30 juin.

JL – Et c'est un quatrième revers. Voici donc la flotte de la mer Noire quasiment chassée de ses eaux occidentales et contrainte de revenir en Crimée.

MG – Il n'y a pas d'autre choix pour elle que de rester sous la bulle de protection des défenses antiaériennes de Crimée. On ne la voit pratiquement plus sortir de la base de Sébastopol, sauf pour procéder à des tirs de missiles de croisière Kalibr* sur la côte ou dans la profondeur du territoire ukrainien. La Crimée commence à son tour à être attaquée. Le 31 juillet, jour de la marine dans le calendrier russe, la base est visée par un drone qui fait cinq blessés parmi l'état-major de la flotte réuni pour la fête. Ce n'est cependant rien comparé à la violente attaque de la base aérienne de Saki le 9 août, dont on ne sait pas très bien comment les Ukrainiens ont pu la mener mais qui témoigne que la Crimée et donc Sébastopol peuvent être frappées. Le 29 octobre, la base est effectivement attaquée par un raid massif de drones, neuf aériens et sept navals, qui endommagent le dragueur de mines *Ivan Goloubets* et surtout la frégate *Amiral Makarov*, nouveau navire amiral de la flotte, qui se trouvaient tous deux à l'entrée du port. Depuis, une partie des bâtiments ont été redéployés sur la base de Novorossiisk, très loin des côtes ukrainiennes. Cela n'a pourtant pas empêché celle-ci de subir à son tour une attaque, non revendiquée et pas vraiment expliquée, le 18 novembre. Il en va un peu de la mer comme des airs : les défenses « anti-accès » entravent l'engagement dans les espaces fluides, ou

---

* Le 3M-54 Kalibr est un missile soviétique développé en plusieurs versions : lutte anti-navire, anti-sous-marine et missile de croisière (frappes au sol). C'est un gros engin de 1 à 2 tonnes et 8 mètres de long qui peut frapper à 2 500 kilomètres, la dernière partie de son parcours se déroulant à vitesse supersonique.

plus exactement entravent l'engagement humain au profit d'objets inanimés en tout genre : missiles, drones et obus[9].

L'attentat contre le pont de Kertch : le Kremlin humilié

JL – Que les Ukrainiens attaquent la Crimée, on peut le comprendre puisque, en droit, cette région est leur, nonobstant l'annexion de 2014. En revanche, Novorossiisk est à 340 kilomètres à vol d'oiseau de Sébastopol, sur le territoire russe. Ne dit-on pourtant pas, depuis le début de ce conflit, que l'arme nucléaire sanctuarise le territoire national ? Y a-t-il eu d'autres incursions ukrainiennes sur ce territoire ?

MG – Oui, les Ukrainiens ont attaqué à plusieurs reprises le sol russe, dès le 25 février avec un missile balistique Tochka-U, l'équivalent de nos vieux Pluton mais avec une charge conventionnelle. Ils ont visé la base aérienne de Millerovo dans la province de Rostov. Le 1er avril, ils ont réussi aussi un raid audacieux jusqu'à Belgorod, non loin de Koursk, avec deux hélicoptères d'attaque Mi-24 qui ont frappé des dépôts de carburant. Plusieurs sabotages de ponts et de voies ferrées proches de l'Ukraine sont également attribués aux forces spéciales, tout comme la destruction, filmée, de plusieurs hélicoptères dans une base de la région de Pskov fin octobre[10]. Mais l'attaque la plus spectaculaire est survenue dans la nuit du 7 au

8 octobre contre le pont de Kertch qui relie la Crimée à la Russie, détruisant un axe routier sur deux, endommageant la voie ferrée et fragilisant l'ensemble.

JL – *Avec ses 18 kilomètres, c'est le pont le plus long d'Europe. Il a été entrepris dès le lendemain de l'annexion de la Crimée. Sa valeur symbolique – et son coût de 3 milliards d'euros – est très élevée. Comme le clamera Vladimir Poutine lors de l'inauguration, en mai 2018, de la section routière, et, en décembre 2019, de la voie ferrée, le pont manifeste le rattachement définitif de la péninsule à la fédération russe. J'ajoute qu'il fait de la mer d'Azov un lac russe géré selon le bon plaisir de Moscou. Par sa seule hauteur, par exemple, ce pont interdit le passage des gros navires vraquiers qui écoulaient par Berdiansk et Marioupol les céréales et les produits métallurgiques ukrainiens. Sait-on comment les Ukrainiens l'ont détruit ?*

MG – On a parlé de camion piégé... On ne savait pas trop bien non plus comment les Ukrainiens avaient été capables de frapper aussi fort et aussi loin que Millerovo et Pskov. On a peut-être eu un élément de réponse le 5 décembre lorsque deux bases aériennes ont été attaquées à nouveau dans la grande profondeur du territoire russe, près de Riazan au sud-est de Moscou et à Engels sur la Volga, sans doute par de vieux drones de reconnaissance Tu-141 modifiés par les Ukrainiens[11].

JL – Pourquoi les Ukrainiens bornent-ils leurs attaques en Russie à des objectifs militaires ?

MG – Par crainte des représailles. Il doit être difficile pour eux de résister à la tentation de rendre la pareille à un agresseur qui lance des centaines de missiles sur leurs villes. Ils pourraient tirer avec des Tochka-U sur de grandes cités russes proches de la frontière comme Belgorod ou Koursk, mais ils savent très bien que cela provoquerait, comme pendant la bataille d'Angleterre en 1940, une transformation des attaques russes en pures frappes « anti-population ». Les séparatistes du Donbass les accusent d'ailleurs de l'avoir fait sur la ville de Donetsk le 20 mars, tuant 23 civils, et c'est peut-être cet acte qui aurait suscité une riposte russe le 8 avril avec également un Tochka-U frappant la gare de Kramatorsk et provoquant la mort de 57 personnes. L'escalade entre Ukrainiens, légitimistes et séparatistes, en est restée là, même si Donetsk et en fait toutes les grandes villes proches de la ligne de front sont régulièrement touchées par l'artillerie des deux camps[12].

JL – Les missiles russes ne visent-ils pas les populations civiles ?

MG – Je ne crois pas que ce soit leur objectif. Même si ça ne saute pas aux yeux puisque certaines frappes provoquent de nombreuses pertes civiles. Il semble que les Russes ne désignent que des objectifs militaires ou « d'intérêt militaire » comme les voies ferrées et les aéroports. Comme les armes utilisées ne sont pas d'une grande précision et que les Russes ne prennent pas beaucoup de précautions pour éviter les dommages collatéraux, ceux-ci surviennent très régulièrement. Pour autant, on ne peut pas dire qu'ils pratiquent une campagne de frappes en profondeur anti-cités (sur la ligne de front, encore une fois, c'est autre chose). Tout le monde veut éviter qu'ils le fassent, même si cela dégraderait encore leur image et pourrait être utilisé pour justifier un soutien étranger.

Il y a une autre raison à ces attaques ukrainiennes sur le sol russe. Il s'agit d'humilier à chaque fois une défense aérienne que l'on disait la plus performante du monde mais qui s'avère dans les faits incapable de repérer et de stopper des raids. Dans le même temps, ces attaques nourrissent le discours officiel russe d'une patrie menacée et attaquée par l'OTAN *via* l'Ukraine. Elles peuvent contribuer à faire adhérer la population à une guerre qui jusque-là ne la concernait par vraiment et justifier les mesures de mobilisation. On notera au passage que les Ukrainiens ne revendiquent quasiment jamais ces actions en territoire ennemi et que les Occidentaux – de fait, les Américains – sont très attentifs à ce que les armes qu'ils fournissent ne puissent permettre d'attaquer la Russie. Ils n'ont pas donné par exemple de missiles ATACMS (*Army Tactical Missile System*) utilisables depuis les lance-roquettes multiples et d'une portée de 300 kilomètres. Les Alliés dosent donc leur aide qualitativement afin d'éviter une escalade, verticale dans la puissance des moyens utilisés et horizontale en suscitant des représailles russes violentes à l'encontre des pays donateurs[13].

JL – Et quid *de la capacité nucléaire supposée sanctuariser les territoires de qui la possède ?*

MG – Elle reste bien présente, en fond de tableau, depuis le début de la guerre. Et d'ailleurs sous toutes ses formes, civiles et militaires, avec des déclinaisons comme les « bombes sales ». C'est quelque chose de nouveau.

JL – Mais personne n'a utilisé de bombes sales…

MG – Personne en effet, et *a priori* personne n'en utilisera en Ukraine du moins pour obtenir un effet militaire. Une bombe sale est un mélange d'explosifs conventionnels et de substances radiologiques. C'est assez dangereux à réaliser et n'offre en réalité que peu d'intérêt. Avec un missile de croisière standard « enrichi » de produits radioactifs, on ferait surtout des dégâts par l'explosif utilisé et on provoquerait quelques cancers en plus. Si le but est de tuer des gens, il est beaucoup plus simple d'envoyer deux missiles conventionnels. Reste l'effet psychologique, la peur de la contamination, la panique engendrée, et c'est la raison pour laquelle les quelques tentatives d'emploi connues ont été le fait de groupes terroristes, du moins ceux qui avaient survécu à la manipulation et la conservation des produits radioactifs*.

* On parle beaucoup de bombe sale, mais il en va d'elle comme de l'Arlésienne. Seuls des groupes de combattants tchétchènes en auraient utilisé, mais sans succès, dans les années 1990 et 2000.

JL – Bref, pour vous, c'est une arme de propagande.

MG – Jusqu'à aujourd'hui, sans aucun doute. Accuser l'autre de vouloir employer une bombe sale sert surtout à salir son image. À défaut de pouvoir sérieusement accuser l'Ukraine de vouloir fabriquer des armes nucléaires, la Russie prétend régulièrement avoir les preuves qu'elle détient des armes de destruction massive bactériologiques ou radioactives. On rappellera une fois de plus que l'Ukraine a donné à la Russie toutes les têtes nucléaires qui étaient stationnées sur son sol à la suite du mémorandum de Budapest de 1994, en échange de garanties... du respect de ses frontières ! Il aurait peut-être été plus simple pour la Russie de prétendre que l'Ukraine en avait conservé quelques-unes, mais pour leur propagande les Russes ont choisi cette carte « bombe sale ». Ils en parlaient déjà au début de la guerre pour contribuer à justifier leur invasion. Le thème a de nouveau ressurgi avec force dans la dernière semaine d'octobre 2022, annonçant une série de preuves que l'on attend toujours. Elles ont sans doute été perdues dans le même dossier que celui des preuves irréfutables selon lesquelles les Britanniques avaient saboté les gazoducs Nord Stream 1 et 2 le 26 septembre. Plus sérieusement, Kiev craint surtout – mais ne s'agit-il pas de fausses alarmes – que les Russes ne fassent eux-mêmes exploser une bombe sale en « faux drapeau » pour déconsidérer les Ukrainiens, affaiblir le soutien occidental et faire oublier leurs déboires sur le front. Mais finalement le bruit retombe. Peut-être pour revenir bientôt.

Le sabotage des deux gazoducs : cherchez le coupable

JL – On continue à s'interroger sur les auteurs de l'attentat contre les deux gazoducs sous-marins. Vous êtes-vous fait une opinion ?

MG – C'est une histoire assez étonnante où, comme dans un roman d'Agatha Christie, beaucoup de monde peut être coupable sans pour autant avoir de mobile évident. Pour réaliser un pareil attentat, il faut des compétences et des capacités techniques dont seuls disposent quelques services spéciaux ou quelques grandes entreprises spécialisées. Le plus étrange est que les gazoducs Nord Stream* 1 et 2 – dont la construction a coûté 10 milliards d'euros – n'étaient plus, pour l'un, ou pas encore, pour l'autre, en service. Peut-être s'agissait-il de couper définitivement toute possibilité de reprise des livraisons. On sait que les États-Unis étaient ouvertement hostiles à la construction de Nord Stream 2. Pour cette raison,

* Les deux gazoducs Nord Stream 1 et 2 ont été mis en service respectivement en 2012 et 2021. Ce sont deux gros tubes de 1,22 mètre de diamètre qui relient la péninsule de Kola, dans le nord du territoire russe (gisement de Shtokman), à l'Allemagne *via* le fond de la Baltique. Ils acheminaient chaque année 55 milliards de mètres cubes de gaz naturel, soit près des deux tiers de la consommation allemande.

ils sont un sérieux candidat au crime. Trop, peut-être, si l'on met en rapport le gain assez limité pour eux dans cette affaire et le scandale international que ne manquerait pas de déclencher un tel acte de piraterie s'il était découvert. La Russie figure aussi au nombre des candidats crédibles, ne serait-ce que pour éviter à Gazprom d'avoir à payer une indemnité colossale en cas de rupture unilatérale du contrat de livraison de gaz. Notons qu'elle avait déjà invoqué non pas une décision politique, mais un problème technique pour ne plus livrer de gaz sur Nord Stream 1, ce qui montre qu'elle était quand même un peu gênée. Ce sabotage lui offrait également l'occasion de montrer qu'elle peut frapper partout, par exemple sur des câbles sous-marins ou d'autres réseaux. Relevons que deux semaines après le sabotage des gazoducs Nord Stream, la coupure simultanée de deux câbles de communication paralysait tout le réseau ferré dans le nord de l'Allemagne. Bref, et au risque de décevoir les lecteurs, j'avoue que cette histoire est encore engluée dans le pot-au-noir.

JL – Sur ce dernier événement, en Allemagne, pas de revendication non plus et une enquête qui stagne. Pour revenir aux gazoducs, on a aussi évoqué une implication de l'Ukraine. Quel serait son intérêt et dispose-t-elle des moyens de commettre un tel acte ?

MG – Cette hypothèse a été évoquée depuis le début et l'idée a resurgi en mars 2023 avec un article du *New York Times* qui reprend des rumeurs selon lesquelles une entreprise privée ukrainienne basée en Pologne aurait fait le coup[14]. C'est techniquement possible. On attribue au service de renseignements extérieur d'Ukraine (le SZR*) un certain nombre de coups tordus comme l'assassinat le 20 août 2022 de Daria Douguina, fille de l'ultranationaliste russe Alexandre Douguine. On possède par ailleurs de nombreux éléments indiquant des sabotages assez audacieux réalisés sur le sol russe ou biélorusse visant des objectifs militaires ou des infrastructures d'intérêt militaire. Reste à trouver un mobile. L'Ukraine est traversée par le mal nommé gazoduc Fraternité qui fait transiter le gaz russe vers le reste de l'Europe et dont elle est propriétaire sur son sol. Assez étrangement, et c'est sans doute inédit, malgré la guerre le gaz russe continue de transiter par l'Ukraine et Gazprom continue d'acquitter un péage. Même si le volume global de la livraison de gaz en Europe a été divisé par sept, la Russie en reçoit encore plusieurs milliards d'euros en retour (plus de 100 en 2022). Elle a donc intérêt à utiliser Fraternité. Outre qu'elle serait, semble-t-il, techniquement assez difficile, la coupure de Fraternité par l'Ukraine priverait

* Fondé en 2004, le SZR, qui se consacre au renseignement extérieur, l'a été en partie en réaction aux scandales qui ont accompagné les quinze premières années du SBU, le service de renseignements général (intérieur et extérieur, et donc seulement intérieur depuis 2004) ukrainien. Ce dernier était, de notoriété publique, massivement infiltré par le FSB, dont il était d'ailleurs issu en 1991. Il est notamment soupçonné d'avoir empoisonné à la dioxine Viktor Iouchtchenko, candidat à la présidence de la République en 2004. Le FSB a été largement purgé en 2014.

également celle-ci de revenus et l'obligerait inversement à payer des indemnités à Gazprom. On le voit, chacun tient l'autre par la barbichette. Après la coupure des livraisons russes par le gazoduc Yamal qui passait par la Pologne (encore une fois non pas par une volonté politique mais en arguant de la violation des droits de Gazprom en tant qu'actionnaire de la société utilisatrice) et celle de Nord Stream 1 et 2, les deux gazoducs restant en service, Fraternité et TurkStream – qui passe par la Turquie –, prennent encore plus d'importance. En tirant un peu par les cheveux, on peut cependant considérer que les Ukrainiens, mais pourquoi pas les Turcs aussi, avaient le plus intérêt à la coupure de Nord Stream.

Le raisonnement, toutefois, me paraît un peu faible, d'autant que derrière les actions clandestines il y a toujours un risque pour l'image du pays saboteur. Que l'on soit découvert et les dégâts seront très importants ! Or, s'il y a un pays dont le sort dépend de son image, c'est bien l'Ukraine. En résumé, possible mais peu crédible.

JL – Bref, le dossier de ce double sabotage demeure ouvert. Revenons à l'arme nucléaire supposée sanctuariser le territoire de son détenteur…

MG – Soyons clairs : il est très probable qu'une coalition occidentale serait entrée en guerre contre la Russie si celle-ci n'avait pas été une puissance nucléaire. Dans un contexte similaire, on avait fait la guerre à l'Irak après l'invasion du Koweït. Cette fois est appliquée la règle numéro 1 de la guerre froide : pas de guerre directe entre puissances nucléaires. Entre la Russie et la coalition des alliés de l'Ukraine, dont trois sont dotés de l'arme nucléaire, on fait pression l'un sur l'autre sans se battre ouvertement, et c'est ce qui passe strictement depuis un an.

Reste le cas d'une guerre interétatique, asymétrique dans le sens où l'un des deux États est doté d'armes nucléaires et pas l'autre. Cette situation s'est présentée à plusieurs reprises, les États-Unis faisant face à la Corée du Nord et la Chine en 1950-1953, puis au Nord-Vietnam ou encore à l'Irak par deux fois, en 1990-1991 et 2003. L'emploi de l'arme atomique n'a été évoqué sérieusement que dans le cas de la guerre de Corée à la demande du général Douglas MacArthur après l'échec sanglant de sa poussée vers la frontière chinoise. Le président Truman, qui pourtant avait accepté cet emploi à Hiroshima et Nagasaki, s'y refuse en 1950-1951, en partie parce que l'arsenal américain est encore réduit, mais aussi parce que l'usage de cette arme est devenu un tabou. Le violer exposerait à une réprobation internationale.

On pourra rétorquer que, dans tous les cas exposés, le sol national de la puissance nucléaire n'était pas menacé. On peut évoquer alors, dans ce cas, l'exemple de la guerre non avouée entre la Chine et l'Union soviétique en 1969 qui fit plusieurs milliers de morts le long de l'Oussouri et de la frontière du Xinjiang. Il semble, selon Henry Kissinger, que l'URSS ait alors envisagé des frappes thermonucléaires contre la Chine, puissance nucléaire embryonnaire ne disposant pas encore de capacités de seconde frappe*. J'ignore le degré d'avancement de leur projet à ce moment-là, mais toujours est-il qu'ils ne sont pas passés à l'acte.

JL – Je déduis de votre raisonnement que quelques frappes ukrainiennes sur des bases militaires en Russie ne sauraient constituer la « menace existentielle » qui, selon les autorités russes elles-mêmes, justifierait seule l'emploi de l'arme nucléaire.

MG – À dire vrai, on ne sait pas très bien ce qui pourrait justifier une frappe nucléaire russe sachant que le pays serait mis au ban des nations, notamment par la Chine. Il subirait également des mesures de rétorsion fortes, quoique non nucléaires, annoncées clairement par les États-Unis. On pense éventuellement à une pénétration ukrainienne en Crimée, qui semble encore loin d'être à l'ordre du jour. Rappelons en regard que le sol de la Crimée a été frappé à plusieurs reprises par les Ukrainiens sans que cela suscite de réactions particulièrement fortes, hormis un peu plus de missiles lancés en représailles sur les villes ukrainiennes.

JL – Faut-il également redouter, si la guerre dure, des incidents dans l'espace aérien ou naval entre forces

---

* Dans la stratégie nucléaire, chaque puissance détentrice de moyens atomiques doit s'assurer une capacité de seconde frappe capable de survivre à une attaque surprise massive de l'adversaire. Cette capacité doit occasionner des dégâts tels qu'ils dissuadent précisément toute première frappe.

russes et forces d'un pays de l'OTAN ? Par exemple, le 14 mars 2023, deux Su-27 ont provoqué la chute en mer Noire d'un drone américain MQ-9. Certes, les États-Unis en sont restés à des protestations véhémentes et d'abord parce qu'il n'y a pas eu de victime humaine, mais vu l'intensité du conflit et la densité d'armes en tous genres positionnées depuis la Baltique jusqu'à la mer Noire, des incidents beaucoup plus graves sont à redouter.

MG – Oui, c'est entre autres raisons celle pour laquelle une étude de la RAND Corporation, un des plus anciens et plus influents « think tanks » américain, estimait préférable pour les intérêts des États-Unis que cette guerre se termine au plus vite. La probabilité qu'un incident de ce genre survienne dans une journée est faible mais non nulle et la probabilité que cet incident provoque une escalade est également peu probable. Sur la longue durée cependant, la probabilité de survenue d'une escalade dangereuse devient plus sérieuse[15].

On constate cependant qu'il y a eu très peu d'incidents en un an entre la Russie et l'OTAN. On relève, vous l'avez dit, l'affaire du drone MQ-9 détruit, sans doute accidentellement, par l'attitude agressive de pilotes russes, et la chute d'un missile en Pologne le 15 novembre dernier, missile dont on ne savait pas au départ s'il était russe ou ukrainien. On notera à chaque fois la grande prudence de part et d'autre dans la gestion des événements. Les membres de l'OTAN n'ont accusé personne lors de l'incident de Pologne, avant d'établir rapidement que l'origine était accidentelle et ukrainienne. Après avoir nié toute implication – et cette fois c'était vrai –, les Russes ont salué la sagesse des pays de l'OTAN. Il s'agissait sans doute du premier compliment qu'ils adressaient à l'Organisation ! Dans l'incident du drone, les Américains ont marqué le coup mais fait le service minimum. Ils auraient pu évoquer un acte de guerre : ils ne l'ont pas fait, préférant parler d'acte irréfléchi. Les Russes de leur côté ont nié avoir détruit l'engin, mais n'en ont pas rajouté non plus. Les deux camps sont finalement plus modérés qu'en temps normal, ce qui montre qu'il y a quand même une volonté commune de rester le plus bas possible dans l'échelle de l'escalade – escalade qui, malgré les rodomontades, fait naturellement peur à tout le monde.

On notera plus largement la faiblesse des actions clandestines de part et d'autre. Au tout début de la guerre, on réfléchissait beaucoup à ce que pourraient faire les Russes pour infliger des dégâts à leurs adversaires sans les revendiquer. Le fait est qu'il n'y a pas eu grand-chose et le constat est tout aussi vrai dans l'autre sens. Les pessimistes peuvent considérer que plus le temps passe et plus le risque d'incident grave, c'est-à-dire avec mort d'homme, augmente. On peut espérer à l'inverse, selon le principe que ce qui a beaucoup duré et a montré sa robustesse va très probablement durer encore, qu'avec les mêmes acteurs et les mêmes circonstances, on observera toujours les mêmes comportements, en l'occurrence la modération et le refus de l'escalade. Je penche plutôt pour cette manière de voir.

5

Guerre des missiles et cyberguerre

Jean Lopez – *Deux jours après la destruction partielle du pont de Kertch, le 10 octobre 2022, les Russes commencent une campagne de bombardement de cibles civiles par missiles. Le 18 octobre, le président Zelensky déclare qu'en huit jours un tiers des sites de production et/ou de distribution électriques de son pays ont été détruits par ces frappes. On signale également que des installations de traitement et de distribution d'eau sont touchées. Quel est l'objectif de cette campagne ? J'en profite pour remarquer que les missiles russes ne sont pas si imprécis que cela puisqu'ils peuvent détruire un important poste de distribution électrique à 300 kilomètres de distance par exemple.*

Michel Goya – De l'héritage soviétique, les Russes ont conservé un grand savoir-faire technique dans la missilerie. Ils ont notamment développé depuis vingt ans un arsenal moderne, puissant, précis et à longue portée destiné à frapper des objectifs au sol. Ils disposent de trois types de matériels : des missiles balistiques sol-sol, des missiles de croisière air-sol et des missiles de croisière mer-sol*. On peut estimer rétrospectivement leur nombre à plus de 1 900 à la veille de la guerre, avec une capacité de production de quelques dizaines par mois. On peut également intégrer pour mémoire dans cette première catégorie quelques missiles hypersoniques en cours de développement et dont des prototypes ont été testés en Ukraine. Les Russes ont développé cette force de frappe afin de compenser leur infériorité militaire conventionnelle face aux États-Unis et d'éviter, grâce à ce nouvel échelon de puissance de feu, de monter très vite jusqu'au seuil d'emploi du nucléaire en cas de défaite sur le champ de bataille. La doctrine d'emploi prévoit d'utiliser ces missiles pour frapper dans toute la profondeur du dispositif ennemi en conjonction avec une opération aéroterrestre qui est presque toujours imaginée comme offensive. Ils ont également été utilisés, dès le début de la guerre, en synergie avec des raids aériens pour frapper des objectifs militaires ukrainiens, en premier lieu le système de

* Le missile de croisière est destiné à toucher une cible au sol à longue distance ; celle-ci impose de le recaler en permanence sur sa route, grâce à la comparaison entre le terrain qu'il survole et des points remarquables entrés dans sa mémoire ; le guidage terminal compare l'image prise par un senseur de bord avec une image préenregistrée pour confirmer l'objectif. Un missile balistique, en revanche, décrit une trajectoire régie par les seules forces de gravitation, en dehors des phases de vol propulsé initiales et, pour certains modèles, terminales.

défense aérien. Les moyens engagés ont cependant été insuffisants avec seulement 163 missiles en trois jours et quelques centaines de sorties aériennes là où les Américains avaient lancé 500 missiles et opéré 1 700 sorties sur l'Irak dans la seule journée du 20 mars 2003[1].

JL – *Soit neuf fois moins de missiles le premier jour, quand est censée jouer la surprise, et trois ou quatre fois moins de sorties aériennes, le tout face à un adversaire bien mieux organisé que l'Irak de Saddam Hussein. Si on aime les chiffres, en voici d'autres : outre 725 missiles de croisière, les Américains ont lancé 30 000 bombes sur l'Irak sans répit durant les quarante-deux jours de la campagne de 2003, 80 % d'entre elles durant la première semaine… On peut constater la différence de conception de ce qu'est une campagne aérienne au Pentagone et à l'Arbat, le quartier où siège le QG des VVS, les forces aérospatiales russes.*

MG – En outre, les Russes avaient mal organisé leur ciblage. Ou, peut-être, voulaient-ils économiser un capital précieux ou bien encore faire preuve de retenue dans cette campagne jugée facile, on ne sait trop. Toujours est-il que cette première campagne de tirs dans la profondeur a été un échec. Le système de défense aérien ukrainien, largement déplacé juste avant l'assaut, s'est réorganisé très vite et avec une efficacité croissante. Il a tout bonnement interdit le ciel intérieur aux aéronefs russes, un coup très dur pour l'armée d'invasion. Alors que la guerre dure plus longtemps que prévu, les missiles balistiques et de croisière sont devenus pour les Russes le seul moyen de frapper en profondeur sans risquer de perdre de précieux pilotes et de coûteux avions. Ce faisant, étant donné les durées de vol, seuls des objectifs fixes et de dimensions importantes sont désignés.

JL – Que vous voulez dire par « étant donné les durées de vol » ?

MG – La durée de vol balistique d'un Iskander lancé depuis le sol russe sur une cible ukrainienne est d'environ dix minutes, celle d'un Kalibr, missile de croisière, frappant la région de Lviv depuis la mer Noire est au moins quatre fois plus importante. Il est impossible dans ces conditions de tirer sur des cibles en mouvement, comme des trains ou convois divers, seulement contre des installations fixes.

JL – Perdre un engin qui a coûté plusieurs millions d'euros pour jeter quelques centaines de kilos d'explosif contre un transformateur électrique ne semble pas très rationnel.

MG – C'est envoyer effectivement bien peu de puissance explosive, faute de pouvoir employer l'aviation. Les 1 900 missiles modernes évoqués représentent peut-être un total de 1 000 tonnes d'explosif : on est loin de la puissance des grandes campagnes aériennes des années 1990 à 2011, américaines et alliés contre l'Irak, la Serbie ou la Libye ou encore israélienne contre le Liban en 2006. Les Russes tâtonnent dans cette configuration inédite. De mars à la fin du mois de mai, et en liaison avec les cyberattaques, un effort particulier est porté sur les communications et l'industrie militaire avec quelques frappes d'opportunité, sur des cibles repérées par les différents capteurs.

L'échec de la plus grande campagne de tirs de missiles de l'histoire

JL – J'ai relevé sur une carte les sites frappés par les missiles dans la journée du 25 avril 2022. Il s'agit de six villes qui sont des gares importantes situées sur les deux grandes lignes ferroviaires qui, venant de Pologne, entrent en Ukraine par Kovel et Rawa Ruska au sud. Ce choix ne peut s'interpréter que comme l'exécution d'un plan d'interdiction des convois apportant les matériels occidentaux et les munitions.

MG – En effet. Mais c'est un nouvel échec, en grande partie du fait de l'étonnante résilience de la Société nationale ukrainienne des chemins de fer, Ukrzaliznytsia (UZ), très critiquée avant-guerre pour son immobilisme et sa corruption, et qui fait preuve depuis plus d'un an d'une capacité d'adaptation remarquable face aux attaques. Près de 600 de ses employés ont été tués ou blessés dans cette « bataille du rail », mais les voies détruites ou les gares endommagées sont toujours réparées très vite et les réseaux électriques toujours rétablis[2]. Les frappes contre le réseau de télécommunications aboutissent également à un échec, celui-ci dépendant beaucoup de réseaux satellitaires qui échappent aux Russes. L'industrie de Défense ukrainienne s'est rapidement adaptée à la menace en protégeant, camouflant et dispersant ses sites. Les frappes d'opportunité ont eu plus de succès comme l'attaque massive menée le 13 mars 2022 sur la base militaire de Yavoriv, le grand camp de formation à l'extrême ouest de l'Ukraine, non loin de Lviv. D'autres frappes touchent directement des cibles symboliques, telle l'université de Kharkiv. Mais le nombre de « bavures » augmente sans cesse, par exemple la frappe sur l'hôpital pour enfants et la maternité de Marioupol le 9 mars.

À la fin du mois de mai 2022, les Russes constatent qu'ils ont consommé 2 000 missiles pour un bilan assez mince. Pour tenir la distance, ils réduisent le rythme des tirs d'engins de première catégorie et font appel de plus en plus à des missiles moins adaptés. Et d'abord des missiles antinavires recyclés en air-sol comme les vieux Kh-22 ou leur version modernisée Kh-32 ainsi que les modernes P-800 Oniks tirés depuis la terre, soit un potentiel total supplémentaire de plus de 800 engins. Ces missiles de deuxième catégorie sont souvent très rapides, donc moins interceptables, puissants et de moyenne ou longue portée, mais peu optimisés pour le tir au sol et donc souvent peu précis. De même utilise-t-on aussi des missiles à très courte portée – moins de 120 kilomètres – comme les vieux sol-sol Tochka-U ou des missiles antiaériens convertis à la frappe au sol. Ces derniers présentent les avantages d'être très nombreux et invulnérables à la défense ukrainienne du fait de leur grande vitesse, mais ils sont d'une portée limitée à 82 kilomètres, d'une puissance réduite par rapport aux missiles dédiés et surtout d'une faible précision[3].

JL – Un arsenal très hétéroclite et qui liquide les vieux stocks soviétiques…

MG – Avec ce matériel ancien et/ou mal adapté aux tirs sol-sol, les Russes se concentrent en juin sur les dépôts de carburant et les voies ferrées. Le premier problème est qu'avec une qualité moindre des missiles, les erreurs et catastrophes se multiplient. Le 27 juin, deux vieux Kh-22 sont lancés sur Krementchouk (sur le Dniepr moyen), mais confondent leur cible avec un centre commercial et provoquent la mort de 20 personnes. Le même scénario est rejoué le 14 janvier 2023 à Dnipro, avec 45 morts cette fois. Le second problème pour les Russes est que forts de leur expérience et de l'aide occidentale, par l'observation aérienne en particulier, les Ukrainiens reçoivent des alertes sur les départs de missiles. Or leur système antiaérien est désormais capable d'abattre les deux tiers des engins ennemis. Cette nouvelle campagne de frappes russe échoue donc finalement à empêcher l'armée ukrainienne de recevoir de nouveaux équipements occidentaux et de monter en puissance.

JL – De quelle façon les Occidentaux peuvent-ils détecter les départs de missiles russes ?

MG – D'abord grâce aux satellites d'observation, mais ils ne sont pas très à l'aise avec les engins à phase de propulsion courte, comme ceux qu'utilisent les Russes. Les radars aéroportés AWACS* qui longent la frontière des pays de l'OTAN sont plus efficaces de ce point de vue, et peut-être aussi les drones haute altitude longue endurance (HALE) Global Hawk qui surveillent les zones de tir possibles au sol, en mer ou en l'air. Ces deux derniers systèmes aériens permettent surtout de déceler les missiles dès le début de leur phase de propulsion, là où les radars au sol de la défense aérienne ukrainienne ont plus de mal du fait de la rotondité de la Terre mais aussi de leur portée plus faible. Dans la mesure où les durées de vol des missiles balistiques se mesurent en minutes, cette alerte précoce offre un atout important. Cette détection aérienne est peut-être encore plus précieuse pour déceler et suivre les tirs de missiles de croisière, plus lents mais volants à basse altitude, ce qui les rend plus difficilement détectables par les radars au sol.

---

* Les AWACS (*Airborne Warning and Control System*) sont des avions de ligne aménagés ou de gros hélicoptères emportant un puissant radar qui détecte tout ce qui vole dans un rayon de 500 kilomètres, y compris à basse altitude. Les informations sont traitées et acheminées aux avions amis quasiment en temps réel. Une dizaine d'armées de l'air dans le monde disposent de cet instrument de commandement et de contrôle indispensable.

JL – Vous avez avancé précédemment que les Russes disposaient « d'une capacité de production de missiles de quelques dizaines par mois ». C'est un problème majeur étant donné que cette fourchette s'avère bien inférieure à la consommation du temps de guerre. Que sait-on d'un peu substantiel sur les cadences de production ?

MG – Déterminer la capacité de production de missiles balistiques ou de croisière russes[4] demeure difficile. Le ministère de la Défense ukrainien estimait début janvier 2023 que les Russes en avaient fabriqué 500 en un an. Xavier Tytelman, dans *Air et Cosmos*, évoque de son côté plutôt 300 missiles, soit une fourchette de production de 25 à 40 par mois pour l'année écoulée et, selon les Ukrainiens, plutôt en hausse vers la cinquantaine. Il s'agit pour moitié de Kh-101 et 555, des missiles de croisière lancés par air et, dans une proportion moindre, de missiles navals de croisière Kalibr. Pour les missiles balistiques sol-sol Iskander, les plus puissants et sans doute les plus sophistiqués de tous, c'est un peu plus difficile à estimer. Mais c'est certainement moins que les types précédents, environ quatre par mois, ainsi qu'un ou deux hypersoniques Kh-47M2 Kinjal*[5].

* Dévoilé par Poutine en 2018, le Kh-47M2 Kinjal (« dague » en russe), dont le vrai nom serait « Complexe 9-A-7660 Kinjal », est un missile hypersonique de 4 tonnes. Lâché depuis un avion, il peut atteindre Mach 10 (12 000 km/h) et frapper une cible à 2 000 kilomètres de distance. Il a été développé avec l'objectif de détruire les gros navires en une seule frappe.

JL – La conclusion tombe toute seule : presque 2 000 missiles dépensés en un an contre 40 à 50 produits par mois, soit 500 à 600 annuellement. Par la force des choses, le rythme des tirs va se réduire drastiquement.

MG – De nombreux indices laissent penser que beaucoup de missiles tirés actuellement viennent juste d'être fabriqués, ce qui signifierait que la fin des stocks est proche et que l'on passe à un flux tendu. Pour autant, la production russe est loin d'être négligeable. Elle équivaut, tous les trois ou quatre mois, à la commande totale française de missiles de croisière navals (MdCN) en 2009. Cela témoigne aussi que les Russes ont résolu, au moins partiellement, leur problème de composants électroniques, ces éléments indispensables pour tout équipement de haute technologie et qu'ils doivent entièrement importer. Ces composants ne sont plus, sinon clandestinement, fournis par les pays occidentaux depuis les sanctions de 2014 consécutives à l'invasion de la Crimée, ce qui a clairement posé des problèmes à l'ingénierie russe. Celle-ci contourne actuellement cet embargo en faisait appel discrètement à des pays amis, on pense évidemment à la Chine, et en faisant de la récupération sur des équipements civils[6].

JL – Cet épuisement progressif des stocks de missiles explique-t-il en partie le recours plus fréquent aux drones ?

MG – C'est certainement un facteur. Le 10 octobre 2022, peut-être en réaction à l'attaque du pont de Kertch, mais sans doute de manière déjà planifiée, les Russes commencent à utiliser différemment leurs missiles et usent pour cette nouvelle campagne de drones-frappeurs iraniens, des Shahed 136 pour la grande majorité. Ils sont lents et n'emportent que l'équivalent de la charge d'un obus mais à grande portée et à faible coût[7]. Avec tous ces projectiles, les Russes ont visé le réseau de production et d'alimentation électriques afin d'entraver le fonctionnement de l'économie adverse mais aussi la vie de ses habitants. L'objectif, non affiché, est de casser le moral de la population plongée dans l'obscurité et souvent le froid et, par ricochet, celui des soldats mobilisés qui reçoivent de mauvaises nouvelles de l'arrière[8].

JL – Les exemples historiques de situations similaires montrent que ce martèlement ne réussit jamais. À l'instar des Britanniques durant le « Blitz », la population allemande a ainsi tenu bon durant la Seconde Guerre mondiale malgré 500 000 tués et des villes rasées parfois à plus de 50 %. La Corée du Nord, le Vietnam du Nord, frappés par des bombardements de terreur encore plus massifs, n'ont pas craqué… Il est vrai qu'en Ukraine l'assaillant n'est pas freiné par le niveau de ses pertes en équipages puisqu'il s'agit d'objets volants sans pilote.

MG – Et malgré ces précédents, les Russes tentent le coup, sachant qu'ils n'auront jamais les moyens de continuer ces bombardements sur la longue durée. Par certains aspects, cette campagne de frappes avec des machines inanimées ressemble à celle des « armes de vengeance » (*Vergeltungswaffen*) V1 et V2 de l'Allemagne nazie* à partir de 1944, un emploi de ressources rares pour frapper inutilement des villes ; un aveu d'impuissance.

Comme la ressource commence à se raréfier, les Russes procèdent par salves de plusieurs dizaines de missiles et de drones concentrés sur une journée afin de saturer les défenses, suivies d'une pause de plusieurs jours. Les dégâts commis sur les réseaux sont rapidement inquiétants et entraînent une pénurie croissante d'électricité, et même un black-out complet le 14 novembre 2022. Pour autant, cela ne semble entamer en rien la détermination de la population et les opérations sont assez peu entravées. Les Ukrainiens, travaillant d'arrache-pied pour s'adapter, ont ainsi importé 670 000 générateurs électriques en 2022 dont 300 000 pour le seul mois de décembre ! Les huit grandes centrales thermiques mais aussi toutes les stations de transformateurs sont protégées et défendues. L'emploi du charbon, qui provenait du Donbass, est remplacé par celui du gaz, plus disponible. On notera au passage que ces coupures générales induisent un risque inédit pour les trois centrales nucléaires en activité sous contrôle

* Le V1 est une bombe volante propulsée par un pulsoréacteur. Lent et imprécis, il a rapidement été abattu en grand nombre par la DCA ou la chasse alliée. En revanche, le V2, développé par Wernher von Braun, futur patron de la NASA, est une véritable fusée qui sort de l'atmosphère à 5 000 km/h pour retomber sur son objectif. Incroyablement moderne mais très imprécis et coûteux, le V2 était une aberration militaire puisqu'il ne délivrait que 980 kilos d'explosif classique.

ukrainien, qui ont besoin d'électricité pour maintenir en activité leurs systèmes de sécurité[9].

Comme lors de la campagne de bombardement des villes allemandes de 1940 à 1945, le principal effet positif pour les Russes est peut-être d'obliger les Ukrainiens et leurs alliés occidentaux à consacrer à la défense aérienne des ressources qui, de ce fait, ne sont pas employées sur le front. Les Ukrainiens utilisent ainsi beaucoup de leurs canons-mitrailleurs à la lutte contre les drones, avec un rapport coût/efficacité déplorable, mais, là encore, il est essentiel de montrer que l'on tâche de réagir face à cette nouvelle menace. La campagne des missiles polarise aussi l'attention des alliés, qui, après l'artillerie de campagne, décident de fournir des batteries antiaériennes sophistiquées à longue et moyenne portée*[10].

JL – Pour toutes ces raisons – production inférieure à la consommation, efficacité de la défense, faiblesse des effets psychologiques –, les frappes de missiles sont condamnées à être de moins en moins nombreuses et de moins en moins efficaces.

MG – Sans aucun doute. À partir du mois de janvier 2023, les salves ne surviennent plus que toutes les deux semaines, les projectiles sont de plus en plus souvent neutralisés ou tombent à côté. En octobre 2022, la moyenne quotidienne tournait autour de quatre ou cinq missiles qui touchaient leur

---

* Les matériels en question sont des NASAMS, Patriot Block 3, Irsit-T, Crotale NG et SAMP-Mamba.

cible. En janvier, cette moyenne tombe à un seul coup au but. Espérer abattre un pays plus grand que la France avec une charge de quelques centaines de kilos d'explosif chaque jour est un peu vain. Cette campagne touche donc à sa fin en février 2023 – à moins d'une relance de production de missiles ou d'une aide notable, de l'Iran en particulier.

JL – Du 1er au 24 mars 2023, n'a été enregistrée qu'une seule attaque, le 9, d'ailleurs motivée par une incursion ukrainienne dans la région russe de Briansk. Dans ce cas précis, les 73 missiles et 8 drones utilisés exerçaient manifestement une fonction de représailles et n'ont pas visé d'objectifs militaires. La défense aurait abattu 34 missiles et 4 drones. J'observe aussi que, pour la première fois depuis le début de la guerre, les Russes annulent également en mars la livraison de systèmes de missiles (en l'occurrence des S-300 PMU-3 sol-air) à un de leurs clients traditionnels, l'Inde. Signe supplémentaire de la raréfaction de ces matériels.

MG – Durant cette vaste campagne de tirs de missiles, on a également découvert que toutes ces frappes et contre-frappes pouvaient induire d'autres risques. Tout ce qui est lancé en l'air à moins de 11,2 km/s finit en effet par retomber, nous disent les physiciens. Ces milliers de projectiles et contre-projectiles en tout genre qui foncent dans le ciel, se percutent, se manquent, explosent en l'air ou retombent inertes finissent donc par former une pluie métallique qui provoque des dégâts au sol. Et s'ils tombent à l'extérieur de l'Ukraine, ces débris peuvent provoquer des incidents diplomatiques. Ainsi en octobre 2022 lorsque des fragments de missiles russes sont tombés en Moldavie. Ou encore, incident plus tragique qui coûta la vie à deux personnes, le 15 novembre 2022, un engin a frappé le petit village polonais de Przewodów, à quelques kilomètres de la frontière avec l'Ukraine. L'inquiétude est montée très vite : on a parlé tout de suite d'une frappe russe délibérée. Or il s'agissait d'un missile antiaérien ukrainien qui avait raté sa cible et terminé sa course au-delà de la frontière. L'incident a surtout été l'occasion de démonstrations politiques, plutôt heureuses du côté de l'OTAN qui a géré l'affaire avec calme et détermination, plutôt malheureuses du côté de Volodymyr Zelensky qui a aussitôt accusé les Russes sans se dédire vraiment par la suite. Dans un contexte médiatisé, les mots sont des munitions et les tirs fratricides peuvent exister aussi dans la communication[11].

Une dernière remarque : on se concentre beaucoup sur les dégâts causés par les missiles à l'intérieur du territoire ukrainien car ces frappes sont spectaculaires et touchent des sites symboliques comme la capitale, occasionnant une répercussion accrue par la présence de nombreux journalistes. En réalité, plus de 95 % des dégâts sont à déplorer dans une bande de territoire de 50 kilomètres de large le long de la ligne de front, où la presse est moins présente. Les projectiles russes lancés dans cette zone, qui sont pour l'immense majorité des projectiles d'artillerie, représentent l'équivalent de 1 000 missiles de croisière chaque jour. Bien sûr, ces frappes visent prioritairement des objectifs militaires, mais toutes les localités de Kharkiv à Kherson, petites villes, bourgs, villages ou hameaux, sont ravagées. C'est l'artillerie qui détruit les villes, pas les missiles balistiques ou de croisière. Il en est bien sûr de même du côté russe de la ligne de front, même si la puissance de feu ukrainienne demeure très inférieure et si à de rares exceptions près elle ne frappe que des objectifs militaires.

Cyberguerre : la montagne numérique qui accouche d'une souris

JL – Une fois de plus, le bombardement stratégique ne tient pas ses promesses. Une fois de plus ce qui vole ne peut obtenir à lui seul la victoire… En demeurant dans les milieux fluides, à parcourir les revues spécialisées depuis une dizaine d'années, on voit apparaître de fréquentes évocations de la cyberguerre comme devant figurer le futur de la guerre. Or, ce qu'on observe en Ukraine rappelle plutôt le passé que l'avenir, cyber ou pas. Que se passe-t-il donc sur le cyberfront ?*

MG – On est en effet très loin des « Pearl Harbor numériques » annoncés à une certaine époque et qui devaient aboutir à la paralysie rapide et peut-être

* L'expression « milieux fluides » désigne tout ce qui n'est pas « solide », à savoir le milieu marin, aérien, spatial et cyber. Le milieu terrestre solide est structuré en « lieux » et habité par l'homme, à la différence des milieux fluides.

l'effondrement de pays entiers. La Russie a pourtant essayé : sa cyberoffensive pendant le premier mois de la guerre a sans aucun doute été la plus importante de l'histoire. Entre bien d'autres attaques, elle a lancé huit « logiciels malveillants » (*malwares*) très puissants en quelques semaines – un record. Elle s'est introduite dans les réseaux de plusieurs dizaines d'agences et de grandes entreprises, puis d'infrastructures spécifiques. Le ministère ukrainien de la Transition numérique a parlé de 3 000 attaques par déni de service distribué* (DDoS) dans les premiers jours de la guerre. Or, même si l'Ukraine a tendance à masquer les dégâts et les pertes qu'elle subit, le consensus se fait parmi les observateurs pour estimer que cette cyberoffensive a donné peu de résultats. Son succès le plus notable a été, au tout début de l'invasion, la rupture du réseau Viasat dépendant du satellite géostationnaire de télécommunications KA-SAT, dédié à l'accès à l'Internet haut débit. Il en est résulté durant quelques heures une grande confusion dans le réseau ukrainien, mais aussi un peu partout en Europe. Le fonctionnement de milliers de modems a ainsi été mis à mal, mettant par exemple à l'arrêt une masse… d'éoliennes allemandes. Hormis celle-ci, toutes les autres attaques n'ont eu d'autre effet que des coupures momentanées[12].

* Un déni de service distribué (DDoS, *Distributed Denial of Service*) est une attaque dans laquelle de nombreux systèmes sont réunis pour attaquer une seule cible, afin de saturer les ressources du serveur et de bloquer les utilisateurs légitimes.

JL – Donc, cette unique cyberoffensive n'a pas eu d'effets militaires directs ?

MG – Pas que l'on sache. Les forces militaires des deux côtés sont largement dotées en vieux équipements soviétiques qui ont été, par leur rusticité même, peu affectés par les attaques numériques. Cela a changé par la suite, au moins pour les Ukrainiens, qui ont connu une numérisation rapide de leurs forces – par le biais d'instruments civils et avec l'arrivée d'équipements occidentaux modernes. Mais, là non plus, ces équipements très protégés ne semblent pas souffrir d'intrusions. Si les Russes ont de bonnes capacités de brouillage d'ondes, ils ne savent pas attaquer efficacement les ordinateurs militarisés.

JL – La cyberattaque initiale s'est-elle poursuivie dans le temps ?

MG – Non. Après la faiblesse des résultats, le deuxième élément surprenant de cette campagne dans le cyberespace est la chute rapide du nombre d'attaques, réduites après cinq semaines d'intense activité à une attaque majeure par semaine en moyenne. Cette ampleur serait considérée comme énorme en temps de paix, mais c'est marginal au cœur d'une guerre de cette ampleur. Les quelques coupures de réseaux électriques obtenues par ce biais ne représentent par exemple pas grand-chose par rapport aux effets des attaques de centaines de missiles. On ne sait pas très bien comment interpréter cette chute d'efficacité. Manque de moyens ? Mauvaise organisation de l'architecture de cyberguerre ? On peut juste conclure que l'arme cyber russe est suffisante pour des opérations clandestines de piratage ou d'intrusion en temps de paix mais qu'elle est mal taillée pour des opérations coordonnées de grande ampleur et de longue durée[13].

JL – Pourtant on nous a présenté pendant des années l'Ours russe comme le maître de la cyberguerre, faisant valoir très souvent le haut niveau de ses mathématiciens, sans oublier – référence traditionnelle – son addiction au jeu d'échecs…

MG – Encore un exemple d'auto-intoxication. Car dans cet échec russe, il ne faudrait pas oublier le rôle des Ukrainiens. La cyberbataille a en réalité commencé bien avant la guerre, avec au moins trois assauts russes de grande ampleur entre 2016 et 2018. L'Ukraine s'était en quelque sorte « mithridatisée » avec l'aide d'agences américaines et de sociétés privées et avait initié de gros investissements publics et privés dans la cyberdéfense. Aussi, lorsque l'invasion a commencé, a-t-elle réagi avec beaucoup plus d'agilité que les Russes. Elle a même contre-attaqué, le ministère de la Transition numérique formant une « armée numérique », l'*IT Army*, avec des milliers de hackeurs volontaires nationaux et internationaux dès le lendemain de l'invasion. On ne sait toutefois pas grand-chose de ses résultats, là aussi sans doute marginaux. Au bout du compte, le principal apport du cyber pour les Russes comme pour les Ukrainiens a sans doute résidé dans le renseignement, à des fins tactiques de ciblage, mais aussi, à plus haut niveau, d'évaluation opérationnelle et stratégique de la situation. Encore faut-il avoir la capacité d'interpréter et d'exploiter intelligemment ces informations.

JL – Je note au passage que l'image de « geek nation » que se donne l'Ukraine séduit une partie de la jeunesse, notamment outre-Atlantique. Cela sied mieux, il est vrai, au Renard qu'à l'Ours…

Ajoutons tout de même qu'à ce jour (avril 2023) les cyberattaques russes n'ont pas cessé. De nombreux sites gouvernementaux des pays occidentaux sont régulièrement assaillis et le nombre d'incidents ne cesse d'augmenter, si l'on en croit une étude de la société Thalès publiée le 29 mars 2023. « Le troisième trimestre 2022, peut-on y lire, marque un tournant dans la cyberguerre liée au conflit en Ukraine avec une transition très nette d'une cyberguerre centrée sur l'Ukraine et la Russie vers une cyberguerre hybride de haute intensité s'étendant à l'Europe. Celle-ci cible en particulier la Pologne, les pays Baltes et les pays nordiques, de manière croissante dans les secteurs des infrastructures nationales critiques, notamment dans les domaines de l'aviation, l'énergie, la santé, les banques et l'administration publique. » Les analystes de Thalès relèvent que les attaques ne viennent plus de plates-formes de l'État russe mais de nombreux groupes non officiels qui se solidarisent avec le Kremlin.

MG – Il s'agit d'une nuisance, certes gênante et qui pourrait provoquer des accidents graves, mais qui n'est pas en mesure de changer quoi que ce soit à la situation sur le terrain.

Morale de la fable : là comme ailleurs dans ce conflit, la guerre traditionnelle domine largement la guerre hybride, le passé l'emporte sur le présent, le facteur nucléaire en plus.

6

Seconde offensive russe au Donbass : l'enlisement et après ?

Jean L*OPEZ* – *Si l'on fait un arrêt sur image sur la ligne de front à la mi-mars 2023, que constate-t-on ?*

Michel GOYA – Qu'elle n'a pas beaucoup bougé depuis la fin novembre 2022 quand elle s'est stabilisée à l'issue de l'offensive ukrainienne. À l'instar de la ligne de front en France figée, fin 1914, de la mer du Nord à la Suisse, remarquons d'abord qu'il n'y a pas de possibilité de la contourner, au moins pour les Ukrainiens. Faute de moyens de transport et surtout parce qu'il est très dangereux de s'aventurer en masse dans les espaces aériens et maritimes étant donné la densité des missiles « anti-accès », les grandes opérations amphibies ou d'assaut par air sont pour l'instant impossibles des deux côtés. Un franchissement en force du Dniepr rencontrerait sensiblement les mêmes difficultés. Les frontières de la Biélorussie et de la Russie constituent par ailleurs des barrières politiques infranchissables depuis l'Ukraine. Les Russes en revanche peuvent les passer pour tenter une nouvelle opération offensive à la manière de février 2022, mais rien n'indique pour l'instant qu'ils en aient l'intention. Il est probable que s'ils recommençaient cette expérience, ils subiraient un sort encore pire qu'à l'époque, car les Ukrainiens sont désormais préparés et supérieurs dans ce style de combat. Les belligérants concentrent donc leurs efforts sur la ligne qui court le long des trois provinces de Louhansk, Donetsk et Zaporijjia, celle de Kherson étant couverte par le Dniepr.

Les deux adversaires poursuivent toujours des « objectifs terrain » contradictoires : pour Kiev libérer les territoires occupés, pour Moscou conquérir le Donbass encore sous contrôle ukrainien. Après avoir rétabli une solide ligne de défense le long du front et doublé l'effectif de leur corps expéditionnaire, les Russes repartent les premiers à l'attaque. Comme par ailleurs les capacités tactiques n'ont pas augmenté, loin de là, cette opération que l'on baptisera « Donbass 2 » ressemble furieusement à « Donbass 1 » d'avril à juillet 2022 avec sa multitude de petites attaques de grignotage. Celles-ci surviennent tout le long du front, avec un effort particulier dans les régions de Bakhmut et de Kreminna, ce qui tend à confirmer que le point à atteindre à la fin de l'opération est Kramatorsk. Au train où vont les choses, les Russes ne sont pas près d'y parvenir.

JL – Quand « Donbass 2 » a-t-elle commencé et avec quels objectifs ? Bien sûr, vous l'avez dit, il y a la volonté de conquérir en totalité les deux provinces de Louhansk et Donetsk, mais ne s'agit-il pas aussi de fixer et user le gros de l'armée ukrainienne, l'empêcher d'accumuler des réserves ? Ce dernier objectif est-il atteint ?

MG – Il est difficile de donner une date de démarrage précise pour « Donbass 2 » puisque les attaques n'ont jamais réellement cessé dans cette région, en particulier dans la province de Donetsk. Disons que l'on assiste à une multiplication et à un élargissement de ces attaques depuis la mi-février 2023. L'objectif de cette nouvelle opération n'est pas très clair. Si l'on prolonge les directions des axes d'effort principaux, Bakhmut* et Kreminna, on arrive effectivement au couple de villes de Sloviansk-Kramatorsk, c'est-à-dire le même objectif terrain que « Donbass 1 ». S'en emparer équivaut presque à la reconquête complète du Donbass. Il est également possible qu'un second objectif soit de fixer et user l'armée ukrainienne. En attaquant partout et en menaçant d'attaquer aussi depuis la Biélorussie ou depuis Belgorod, les Russes l'obligent en effet à défendre de tous côtés. On retrouve là un peu l'esprit des attaques alliées en France à partir de juillet 1918, incessantes et sur la majeure partie du front, ce qui a contraint les Allemands à consommer leur échelon de manœuvre dans des missions de défense. Dès la fin du mois

* Jusqu'à il y a peu, Bakhmut s'appelait Artemovsk (en russe) et Artemivsk (en ukrainien).

d'août 1918, ces derniers n'avaient plus les moyens de lancer à leur tour une offensive et au début du mois de novembre, avec seulement deux divisions en réserve, ils étaient devenus incapables de colmater une brèche. À deux doigts de l'effondrement, ils ont été obligés d'accepter les conditions d'armistice. Peut-être les Russes ont-ils ces manœuvres à l'esprit.

JL – Mais les Alliés disposaient d'une forte supériorité humaine et matérielle à l'été 1918, et ils misaient sur la montée en ligne progressive des Américains. Rien de tel chez les Russes aujourd'hui. Ne risquent-ils pas de s'user autant que leur adversaire ?

MG – En effet, ce mode opératoire pose au moins deux problèmes. Le premier est qu'à l'instar de « Donbass 1 », et comme vous l'avez dit, il est possible que les Russes s'épuisent plus que leur adversaire dans ce combat d'usure. Le second, là encore comme lors de « Donbass 1 », est que l'on ne sait pas très bien si procéder ainsi fixe et use vraiment les Ukrainiens (malgré des pertes indéniables dans une défense menée pied à pied) ou s'ils ne sont pas en train de préparer une contre-offensive avec des moyens réservés. Il est en effet difficile de lire dans l'articulation des forces ukrainiennes, peut-être encore davantage que dans celles des Russes. Et ce, pour une raison simple : les sources occidentales et encore plus ukrainiennes donnent beaucoup plus d'informations sur les unes que sur les autres. Ce que l'on constate néanmoins est qu'une forte proportion des brigades de manœuvre ou territoriales ukrainiennes est engagée le long de la ligne de front, et qu'une autre est au repos ou en couverture face aux autres directions dangereuses, ce qui laisse en somme peu de monde pour attaquer à grande échelle. Mais il apparaît aussi par ailleurs que Kiev consent un gros effort de constitution de nouvelles brigades de manœuvre : plus de 30 000 conscrits ont été appelés au service au mois de janvier 2023, un nombre très supérieur aux mois précédents. Contrairement aux Russes, et malgré l'urgence stratégique, il semble donc que les Ukrainiens ont choisi d'être patients, de construire une réserve fraîche avant de pouvoir réattaquer en force, en bref d'accumuler avant de dépenser.

Des chars pour l'Ukraine : les Occidentaux franchissent le pas

JL – Le front diplomatique, lui, ne connaît pas de baisse de régime. Le mois de janvier 2023 a été marqué par des annonces sur les livraisons de chars de combat occidentaux à l'Ukraine. La presse en a fait grand cas. Quel est le résultat de ces annonces et quelles retombées réelles peut-on en attendre sur l'équilibre des forces sur le terrain ?

MG – Rappelons d'abord une évidence : quand on livre une guerre conventionnelle contre la Russie, on a besoin d'absolument tous les équipements nécessaires à la conduite d'opérations de grande ampleur. Comme la guerre dure, on a aussi besoin de remplacer ceux qui ont été détruits ou sont trop usés, et d'équiper en même temps de nouvelles grandes unités. Comme pour l'artillerie ou la défense aérienne, les Ukrainiens ont un besoin vital de véhicules de combat et parmi eux de chars de bataille. L'ossature des 30 bataillons de chars ukrainiens s'organisait au début de la guerre autour du T-64*, conçu, fabriqué puis modernisé à partir de 2014 à Kharkiv, et secondairement autour du modèle T-72, sa version simplifiée produite en Russie. Soit en tout environ 900 chars dans l'ordre de bataille et à peu près autant en stock, ces derniers non modernisés et à la disponibilité très incertaine.

Bien entendu, ce parc a fortement fluctué du fait des combats. On peut considérer qu'à la fin de l'année 2022, l'Ukraine a perdu de façon irrémédiable environ 600 chars de bataille. Elle a cependant pu recompléter sa gamme T-72, grâce à la capture de chars russes – plus de 500 –, d'une part, et d'autre part au soutien de la Tchéquie et surtout de la Pologne qui ont fourni 290 engins pris sur leurs vieux stocks d'anciens membres du pacte de Varsovie. On notera aussi au passage que ces deux pays ont conservé la capacité de réparer et de moderniser

* Le T-64, dont est dérivé le T-72, a été conçu à l'usine de Kharkiv au milieu des années 1960. Il était le char le plus moderne à son époque. D'une masse de 36 tonnes dans sa première version, il monte un canon de 115 mm. Considéré comme trop complexe, il est abandonné – ou mis en réserve – par l'armée russe au milieu des années 1990. Des milliers d'exemplaires sont vendus à l'Ukraine qui le modernise dans les années 2000-2010 sous diverses appellations (A, B et BV) avec un nouveau moteur, un canon de 125 mm, un blindage réactif et une optique moderne.

à grande échelle – environ 150 chars par mois – des engins ex-soviétiques. Des efforts malgré tout insuffisants pour compenser entièrement les pertes.

JL – Certes, c'est vrai du T-72, mais le principal char ukrainien est le T-64, avez-vous dit.

MG – Vous avez raison : les T-64, modernisés ou non, ne sont pas disponibles hors de l'Ukraine[1]. La question s'est donc posée mécaniquement, si j'ose dire, de leur remplacement par des modèles occidentaux, un peu de la même manière que pour les pièces d'artillerie. Un remplacement qui aurait pu se faire d'ailleurs au même moment, en mai-juin 2022, c'est-à-dire lorsque les Occidentaux ont décidé de monter en gamme dans leur soutien à l'Ukraine et d'envoyer « du lourd ». Étonnamment, il faudra attendre le début de l'année 2023 pour qu'une décision soit prise.

JL – On peut y voir l'effet de la prudence américaine et de celle de l'OTAN depuis le début du conflit. La question lancinante est : jusqu'où aller dans l'assistance ? Le 4 mars 2022, déjà, Kiev avait demandé à l'Organisation d'établir une « no-fly zone » au-dessus de l'Ukraine. Jens Stoltenberg, le secrétaire général de l'OTAN à ce moment-là, avait immédiatement repoussé la suggestion. De la même façon, jusqu'à ce jour, les Américains refusent de donner des avions. Le retard pris à la livraison des blindés tient beaucoup aux atermoiements du chancelier allemand Olaf Scholz. Ne désirant pas que son pays apparaisse en pointe, il a constamment conditionné la livraison de chars

Leopard 2 à celle de chars Abrams par les États-Unis. La gauche allemande a eu tôt fait de signifier son opposition en rappelant que, quatre-vingts ans plus tôt, d'autres félins germaniques – Tigre et Panthère – meurtrissaient de leurs chenilles les terres noires de l'Ukraine… Biden a donné son accord pour 31 unités (un bataillon) puis, une fois le processus de livraison des Leopard lancé, il est tout simplement revenu sur sa décision en déclarant que les Abrams M1A2 étaient trop complexes et qu'il faudrait attendre deux ans pour en fabriquer de nouveau ! Il revient une fois encore sur sa décision le 21 mars 2023 mais, cette fois, en faveur du M1A1, un type plus ancien.

MG – Un vrai feuilleton en effet ! Qui s'explique en partie par la charge symbolique du char de bataille, le « tank », qui incarne presque à lui seul la guerre industrielle moderne. Envoyer des chars apparaît à certains comme gravir une étape supplémentaire dans une escalade qui nous conduirait à la guerre contre la Russie. Non-décision assez étrange puisqu'on ne voit pas très bien en quoi elle représenterait une implication plus forte que l'envoi de lance-roquettes multiples par exemple, mais la peur de l'irrémédiable joue dans l'inhibition à les envoyer. Le second problème est plus concret : pour produire un effet sur le terrain il faut engager des centaines d'engins et non des échantillons. Par ailleurs, un char de bataille moderne est une machine complexe à la maintenance délicate. En dessous d'une certaine quantité, le casse-tête logistique (obus et pièces détachées spécifiques à presque chaque engin) dépasse sans doute l'intérêt tactique. Bref, si l'on veut qu'ils soient véritablement utiles, il faut envoyer beaucoup d'engins du même type.

JL – Finalement, dans la panoplie blindée occidentale, combien y avaient-ils de candidats sérieux qui alliaient modernité, disponibilité et nombre ?

MG – Deux seulement : l'Abrams américain et le Leopard 2 allemand*, eux-mêmes déclinés en plusieurs versions. L'avantage du second est d'être fabriqué à un rythme un peu plus élevé (mais tout de même très lent) que le premier, mais surtout de se trouver en dotation – souvent en petite quantité il est vrai – dans un grand nombre de pays européens : Espagne, Danemark, Grèce, Pologne, Finlande, Suède, Autriche, la liste est longue. Il faut donc former une « coalition des Leopard » afin de pouvoir envoyer suffisamment de machines. Or celle-ci, de fait, se trouve soumise

---

* Conçu au tournant des années 1950 et 1960, le Leopard 1 a été le premier char construit par les Allemands après la Seconde Guerre mondiale. Il intégrait leur (énorme) expérience du combat blindé dans les plaines de l'est de l'Europe. Porsche, un des concepteurs initiaux du célèbre Tigre, reçoit en 1967 mission du gouvernement ouest-allemand de développer une version 2 du Leopard. Plusieurs prototypes suivront avant qu'une première version ne soit livrée par l'entreprise Rheinmetall et n'entre en service en 1979. Diverses séries, assez courtes, suivront, la dernière en date étant le Leopard 2A7. Le Leopard 2 est un char très lourd (plus de 60 tonnes), armé d'un puissant canon de 120 mm et de 2 mitrailleuses. Sa vitesse tout-terrain est de 45 km/h. Ses équipements optiques et électroniques sont supérieurs aux derniers modèles de chars soviétiques, notamment sa capacité à acquérir et traiter plusieurs cibles en même temps. Son blindage est considéré comme le meilleur du monde.

à la décision allemande de prendre dans son propre arsenal et/ou d'autoriser ses clients à les réexporter. C'est là que le bât blesse. Pourtant plutôt prodigues en fournitures d'équipements militaires à l'Ukraine – et il faut rappeler ici combien il s'agit déjà d'une révolution pour leur diplomatie –, les Allemands ont longtemps hésité. Peut-être s'agissait-il, comme pour nous Français qui ne disposons plus que de 200 chars de bataille – les Britanniques sont logés à la même enseigne –, de ne pas dilapider un capital national maintenu au minimum vital. Sans doute également, vous l'avez dit, l'idée du retour de panzers dans les plaines de l'Ukraine suscitait-elle bien des mauvais souvenirs[2].

JL – Et il y a de quoi… Puisque vous évoquez la France, c'est le président Macron qui, un peu à la surprise générale, a ouvert le bal des blindés en annonçant le 4 janvier 2023 la livraison d'AMX-10.

MG – Les Français ont en effet fait office de *starter* en annonçant l'envoi d'AMX-10 RC rebaptisés « chars » pour l'occasion alors que ce sont des engins blindés de reconnaissance à roues, il est vrai armés d'un puissant canon de 105 mm. Contrairement aux chars Leclerc qui n'auront pas de successeur avant 2040, ces AMX-10 RC sont en cours de remplacement et peuvent donc être cédés sans perte de capacité nationale. Ce sont malgré tout d'excellents engins qui rendront de grands services et que l'on pourra envoyer en quantité significative, jusqu'à 250 au total, en espérant qu'ils ne tirent pas trop d'obus car ceux-ci sont spécifiques et... rares. Ils ne sont pas non plus « escalatoires » dans la mesure où on ne les imagine pas être engagés dans la conquête de la Russie. Bref, les trois critères présentés à cette occasion par Emmanuel Macron étaient respectés et la France réussissait là un joli coup diplomatique en prenant l'initiative. Les Britanniques ont renchéri en annonçant l'envoi d'un escadron de 14 Challenger 2, vrai char de bataille pour le coup*, mais clairement sans autre effet que symbolique pour les raisons évoquées plus haut. Les Américains ont fait également un geste en décidant d'envoyer de quoi équiper en Abrams un bataillon de 31 engins. Mis sous la pression par des Polonais annonçant qu'ils étaient prêts à envoyer des Leopard 2 même sans autorisation, Berlin a fini par céder le 24 janvier 2023.

Il faut préciser que sont envoyés également des véhicules de combat d'infanterie ou au moins de transport blindé, car les Ukrainiens ont tout autant besoin de ces engins que de chars de bataille. Ces véhicules sont en effet essentiels à la protection de l'infanterie. Les Français offrent des Bastion, qui sont produits dans l'Hexagone mais pas en dotation dans leur armée. Allemands et Américains envoient des Marder ou des Bradley, à même d'accompagner

* Le concept du « char de bataille » a remplacé après la Seconde Guerre mondiale les concepts antérieurs de char de rupture, chasseur de chars, etc. C'est un char lourd, puissamment armé et blindé, tout-terrain (donc chenillé) et rapide qui forme l'épine dorsale des divisions puis des brigades blindées.

des chars de bataille au combat, ou des véhicules à roues Stryker*. Avec tous ces engins, il semble que les Ukrainiens aient l'intention de former une nouvelle brigade blindée et deux brigades mécanisées, en essayant de les homogénéiser au mieux, ce qui est tout sauf aisé[3]. Autant d'interventions, de la fourniture à l'apprentissage des états-majors en passant par la formation des équipages, qui prendront cependant des mois. On peut donc difficilement imaginer que toute cette opération puisse produire des effets sur le terrain avant la fin du printemps ou le début de l'été 2023, peut-être dans le cadre d'une offensive ukrainienne.

L'armée ukrainienne fourbit ses armes pour une seconde offensive. Mais quand et où ?

JL – Donc, l'armée ukrainienne recevrait en dotation supplémentaire une brigade blindée sans doute équipée de Leopard et deux brigades mécanisées dotées de véhicules de combat d'infanterie français, américains et allemands. Un apport tout sauf anodin d'un point de vue quantitatif dans une armée ukrainienne qui compte 27 brigades de

* Marder allemand, Bradley et Stryker américains, tous ces véhicules de transport d'infanterie ont en commun une masse de 15 à 35 tonnes, un blindage permettant de résister aux balles et éclats d'obus (15 à 30 mm d'épaisseur en général), d'être équipés d'une mitrailleuse (et/ou d'un canon mitrailleur et d'un lance-missiles antichar) et d'embarquer un groupe de combat d'une dizaine d'hommes. Les deux premiers sont chenillés, le Stryker a 8 roues.

ce type. Mais, du point de vue qualitatif, ces trois unités peuvent-elles faire une vraie différence ?

MG – Avant de répondre sur le Leopard, je veux à nouveau insister sur l'énorme effort de recrutement opéré par les Ukrainiens, moins remarqué que la mobilisation massive des 300 000 réservistes russes à la fin du mois de septembre 2022 parce que plus discret et plus progressif : des milliers d'hommes chaque mois et, je l'ai dit, plus de 30 000 pour le seul mois de janvier 2023. Une grande partie de ces soldats servent à constituer 19 nouvelles brigades, dont 2 blindées et 10 mécanisées. Parmi elles, vous l'avez dit, on annonce trois brigades qui seraient équipées des véhicules occidentaux déjà promis. Notons que cela représente 5 bataillons de chars, soit environ 150 engins, et que les Ukrainiens espèrent en recevoir davantage. La forte proportion de brigades mécanisées parmi les unités en cours de formation témoigne aussi du fait que les Ukrainiens disposent encore, grâce à leurs stocks, à la récupération et à l'aide des pays d'Europe de l'Est, de centaines de véhicules ex-soviétiques. Au total, ils disposeront donc d'un deuxième échelon de manœuvre et pourront monter de nouvelles grandes offensives dont les brigades « occidentalisées » seraient le fer de lance. Entre les mains d'équipages bien formés, les bataillons de Leopard 2 n'auront pas d'équivalents en termes de puissance sur le champ de bataille. J'ai toujours tendance à minimiser le rôle des qualités intrinsèques des équipements par rapport aux capacités tactiques, techniques ou morales de ceux qui les utilisent, mais le Leopard 2 constitue un véritable atout. À capacités humaines égales – et je pense que celles des Ukrainiens sont le plus souvent supérieures à celles des Russes –, un bataillon russe sur chars T-72B3 n'a aucune chance face à un bataillon de Leopard 2A6. On en parle moins mais les véhicules de combat d'infanterie Marder ou Bradley sont également très supérieurs aux équivalents soviétiques. Concentrées dans une opération offensive d'une dizaine de brigades, ces trois unités peuvent en effet faire une différence. Rien n'est cependant envisageable avant des semaines, voire des mois[4].

JL – Si je vous suis bien, et au-delà de ce qui se passe dans le Donbass, notamment autour de Bakhmut et d'Avdiivka – au nord de Donetsk – où les Russes gardent encore l'initiative, l'avenir appartiendrait aux Ukrainiens : ils sont meilleurs techniquement et tactiquement, leur moral est supérieur et l'arrivée de chars de bataille modernes, couplée à la mise sur pied de nouvelles unités, devrait leur permettre de reprendre l'initiative comme ils l'ont déjà fait en septembre 2022. Bien entendu, chacun d'entre nous se demande ce que pourrait être le prochain objectif. Si les buts de guerre de Kiev sont bien la récupération des frontières héritées de l'URSS en 1991, la logique stratégique ne serait-elle pas d'interrompre d'abord la continuité territoriale acquise par les Russes avec la Crimée ? Pour le dire directement : les Ukrainiens ne vont-ils pas tenter de reprendre le secteur Melitopol-Berdiansk-Marioupol, c'est-à-dire le rivage de la mer d'Azov ? Cette portion du front s'étire sur près de 300 kilomètres. Sait-on comment les Russes y ont organisé leur défense ?

MG – Tant que l'objectif stratégique des Ukrainiens reste la libération de tous les territoires occupés par les Russes, ils n'ont guère d'autre solution que de lancer de grandes opérations offensives qui soient à la fois des opérations de conquête et autant que possible d'anéantissement des forces ennemies. Il ne leur est pas possible, au moins pour l'instant, de lancer ces opérations dans la province de Kherson à cause de l'obstacle du Dniepr, ni dans celle de Donetsk où, de part et d'autre, de puissantes positions fortifiées ont été établies. Restent les provinces de Louhansk et Zaporijjia. On peut donc imaginer que les Ukrainiens cherchent à percer le front au nord jusqu'à la prise de Starobilsk qui leur assurerait tout le nord de la province de Louhansk. Mais, vous avez raison, une percée en direction de Melitopol serait beaucoup plus productive. Si les Ukrainiens parvenaient à la mer d'Azov, le front russe serait coupé en deux, avec une partie ouest, vers le Dniepr, qui ne pourrait plus être ravitaillée que difficilement par la Crimée, sans même évoquer le choc incroyable que provoquerait une libération de Marioupol. Le problème est que tout le monde raisonne ainsi, et en premier lieu les Russes, naturellement. Cette offensive dans la province de Zaporijjia est ainsi sans doute une des plus attendues de l'histoire, ce qui ne favorise pas son succès, faute d'effet de surprise.

JL – Faut-il ranger dans la même catégorie d'objectif – permettre à l'Ukraine de reconstituer une capacité offensive – la décision de la Slovaquie et de la Pologne, à la mi-mars 2023, de livrer des Mig-29 à Kiev ?

MG – La Pologne avait proposé très tôt dans la guerre de fournir ces avions à l'Ukraine, une offre qui avait alors suscité de profondes réticences parmi les Alliés. Pourtant, leur mise à disposition ne réduisait pas beaucoup les capacités des pays qui en possèdent, à condition quand même de les remplacer rapidement ; et l'assimilation par les forces aériennes ukrainiennes était facilitée par le fait qu'il s'agit d'un appareil qu'elles utilisent déjà, mais comme les modèles polonais sont modernisés aux normes OTAN, un peu de formation était tout de même nécessaire. À une époque où l'on pouvait encore envisager que les opérations seraient courtes, ce n'était pas anodin. Quelle serait en effet l'utilité d'envoyer des équipements précieux qui n'auraient pas le temps d'être engagés ? Surtout, troisième critère dans la fourniture de l'aide, il n'était alors question de ne fournir que de l'armement léger qualifié de « défensif » : envoyer des avions présentait un « coefficient d'escalade » avec la Russie trop important. On essayait d'imaginer la réaction des Russes, obsédés par l'idée d'une agression de l'OTAN, repérant par radar des groupes d'avions franchissant la frontière depuis une base polonaise… Bref, on s'y est longtemps opposé.

Et puis cette idée d'envoyer des avions de combat est revenue sur le tapis en début d'année 2023, juste après la question des chars de bataille. On pouvait en effet considérer que l'époque avait changé, que les Russes étaient sur le reculoir, qu'on avait déjà envoyé des équipements très lourds et très puissants sans que Moscou réagisse autrement que verbalement. Pour autant, si celui de l'escalade prenait moins d'importance, les autres critères demeuraient. Il est de fait plus compliqué d'envoyer des avions de combat que des engins blindés : c'est une ressource plus rare et dont on a davantage de mal à se séparer ; et pour qu'elle ait la moindre influence sur le sort de la bataille, il faut compter quelques dizaines d'avions au moins, et que ce nombre soit « absorbable » par les Ukrainiens. Des appareils nécessitant une grosse infrastructure et de longues pistes, par exemple, ne sont pas indiqués. Il faut au contraire des engins utilisables sur des pistes courtes, voire sur des routes pour mener une « guérilla aérienne ». Il faut surtout des pilotes. Considérant la durée de formation totale d'un pilote, on ne peut s'appuyer, au moins à court terme, que sur les effectifs existant (à moins d'introduire discrètement des « volontaires ») qui ne se comptent qu'en dizaines d'hommes.

JL – Il serait possible de confier des avions sous couleurs ukrainiennes à des pilotes venant des pays de l'OTAN. Les Soviétiques l'ont fait à plusieurs reprises : en Corée, en Égypte, au Vietnam, en Éthiopie. Le risque de capture serait faible, car ces avions évolueraient surtout au-dessus du territoire ukrainien. Ce tabou de l'engagement direct dans la guerre n'a-t-il pas déjà été levé pour les forces spéciales ou autres troupes d'élite ? Le 13 décembre 2022, un général britannique, Robert Magowan, ne révélait-il pas que les Royal Marines avaient été plusieurs fois engagés en Ukraine pour des missions secrètes[5] ?

MG – Par principe, on sait peu de choses en sources ouvertes sur l'engagement clandestin des armées occidentales en Ukraine. On soupçonne qu'Américains et Britanniques au moins sont très présents, en particulier pour l'instruction – sur ce dernier point, c'est certain pour les Britanniques – et le service de certaines armes sophistiquées, comme les lance-roquettes HIMARS ou les batteries de défense aérienne. On prend soin cependant d'éviter toute capture par les Russes, ce qui serait politiquement désastreux, et donc d'éviter tout engagement de ces hommes au combat. Cela n'aurait de toute façon qu'un effet marginal vu l'ampleur des combats terrestres. Les choses seraient différentes dans les airs, où quelques dizaines de pilotes chevronnés supplémentaires auraient beaucoup plus d'importance. Rien n'empêche d'ailleurs de se porter « volontaire » pour combattre au sein de la Légion des volontaires étrangers. Pourquoi pas dans les forces aériennes ? Mais encore une fois, l'OTAN prend bien soin d'éviter toute accusation d'un engagement direct, même à tout petit échelon[6].

JL – Revenons aux demandes d'avions formulées par Kiev et aux réponses des membres de l'OTAN.

MG – La Pologne et la Slovaquie – toutes deux frontalières de l'Ukraine, rappelons-le – ont franchi le pas les premières. À elles deux, elles offrent les 40 Mig-29 qui leur restent de l'époque où elles étaient membres du pacte de Varsovie. Les modèles les plus anciens serviront de pièces détachées pour la vingtaine de ces appareils qui restent aux Ukrainiens, à côté d'une trentaine de Su-27 (un modèle absent de l'arsenal européen). Il est probable au passage que la fourniture de pièces détachées ait déjà eu lieu dans le passé. Les Mig-29 les plus modernes seront utilisés après une assez courte période de formation. Leur grand intérêt est qu'ils pourront utiliser des munitions guidées de type JDAM-ER*. Je ne sais pas trop en revanche comment ils seront acheminés sans échapper à la détection russe – peut-être en volant à très basse altitude *via* le relief tourmenté du Sud-Ouest ukrainien. Sur le fond, nous l'avons déjà dit, l'aviation ukrainienne n'a qu'un rôle marginal dans les opérations, par manque de masse mais surtout parce qu'elle doit évoluer face à un dispositif antiaérien très dense et terriblement dangereux, au sol comme en l'air en périphérie de l'Ukraine. D'où l'obligation pour elle de prendre des mesures de sécurité, la pratique du vol à très basse altitude en particulier, qui réduisent considérablement l'efficacité des appareils. Ce ne sont donc pas quelques Mig-29 de plus qui vont changer la situation.

* Le *Joint Direct Attack Munition* (JDAM) est un kit qui convertit les bombes non guidées à gravité en munitions de précision capables de planer et de frapper leur objectif avec précision grâce à une unité de contrôle GPS. ER (*extended range*) désigne le même kit mais doté de fonctions permettant à la bombe de planer durant 80 kilomètres.

JL – Et à quels types d'appareils faudrait-il avoir recours pour peser sur la situation ?

MG – Des machines plutôt petites et agiles, comme les F-16 et F-18 américains ou le JAS-39 Gripen suédois. Mais il y a loin de la coupe aux lèvres tant les conditions à remplir sont nombreuses. Il faut en effet obtenir l'accord des rares États producteurs, disposer de suffisamment de pilotes ukrainiens pour les utiliser rapidement, de munitions en nombre, mais aussi de l'environnement d'avions de guerre électronique (type AWACS) et/ou de munitions spécifiques anti-radars (c'est déjà un peu le cas) qui permettent d'évoluer dans cet espace difficile. C'est donc un grand chantier, bien plus complexe, disais-je, que l'envoi et l'emploi de chars de bataille.

On se combat à outrance mais on s'entend pour échanger des prisonniers !

JL – Vous avez évoqué la Légion des volontaires étrangers, créée à la suite d'un appel du président Zelensky. Assez régulièrement, on apprend que des soldats non ukrainiens sont tués au combat. Le 28 décembre 2022, par exemple, le quotidien britannique The Guardian *annonçait la mort d'un quatrième Australien servant sous les couleurs ukrainiennes. A-t-on une idée du nombre d'étrangers ? Cette Légion sert-elle en première ligne ?*

MG – La « Légion internationale pour la défense territoriale de l'Ukraine », son nom exact, a été formée officiellement le 27 février 2022 afin de servir de cadre à tous les étrangers voulant combattre aux côtés de l'armée ukrainienne. Des milliers de volontaires se sont présentés très vite à la frontière. Les autorités de Kiev ont dû faire face à la très grande hétérogénéité de cette population, avec ses langues multiples et surtout ses compétences et motivations très variées. Un certain nombre d'entre eux ont été tués le 13 mars 2022, par la salve de missiles lancée par les Russes sur la base de Yavoriv dans l'extrême ouest du pays. Plus nombreux encore ont été ceux que le contact avec la réalité de la guerre a refroidi très vite, et qui sont repartis. Le 1er avril, le ministère ukrainien de la Défense a même stoppé temporairement le recrutement afin de pouvoir trier les volontaires en fonction de leur réelle utilité. Ceux qui détiennent des compétences spécifiques, comme les infirmiers, sont affectés individuellement dans des structures spécialisées. Les anciens militaires et les novices jugés aptes après une rapide formation rejoignent de leur côté des bataillons de quelques centaines d'hommes le plus souvent formés par nationalité. On trouve ainsi la légion géorgienne, présente en réalité depuis 2014 et structure dominante de la Légion, deux bataillons tchétchènes, un bataillon russe (« Liberté pour la Russie »), un bataillon biélorusse, deux bataillons canadiens, etc.

JL – Un mot sur ces deux derniers bataillons et, d'une façon générale, sur la présence de nombreux Canadiens dans les missions de formation des militaires ukrainiens depuis 2014. Rien d'étonnant à cela lorsque l'on sait que 1,4 million de Canadiens sont d'origine ukrainienne : c'est la plus importante diaspora ukrainienne dans le monde occidental et la mieux organisée avec ses écoles, journaux, associations, églises et nombreux musées historiques qui ont maintenu, par exemple, le souvenir de la première république de 1918, celui de Symon Petlioura qui fut son troisième président ou, plus contestable, de Stepan Bandera. De nombreux anciens combattants de l'OUN/UPA se sont réfugiés au Canada après la guerre. En 1988, ils étaient encore assez nombreux pour inaugurer au « Camp Kiev » à Oakville (Ontario) un monument à la gloire de leur ancienne organisation. Bien entendu, ce que fut l'idéologie de l'OUN n'a pu fructifier dans la société canadienne, mais l'attachement à l'ancienne mère patrie demeure vif. Le 20 juin 2022, le ministère de la Défense russe annonçait que 162 Canadiens d'origine ukrainienne avaient déjà été tués[7]*, ce qui semble très exagéré.*

MG – Tous ces bataillons, y compris ceux des Canadiens, semblent être utilisés, à l'instar de milices locales, en renfort des brigades de manœuvre mais sans former l'équivalent des Brigades internationales durant la guerre d'Espagne, qui, elles, constituaient le fer de lance des armées de la République. Le combat où ils ont été le plus utilisés semble avoir été la défense de Severodonetsk en juin 2022, une bataille jugée par certains d'entre eux comme perdue d'avance et dans laquelle ils auraient été consommés inutilement.

Il est difficile de mesure l'importance globale de cette Légion. Elle est sans doute assez proche de celle des milices ukrainiennes, y compris avec leurs travers.

On a vu ainsi au début de la guerre des images terribles d'assassinat de prisonniers russes par les Géorgiens. On ne sait pas très bien non plus combien il y a au total d'étrangers sous uniforme ukrainien, sachant par ailleurs que certains d'entre eux ne font que des passages de quelques mois. Le 6 mars 2022, le ministre ukrainien des Affaires étrangères, Dmytro Kouleba, parlait de plus de 20 000 volontaires venant de 52 pays, sans citer ces pays car beaucoup d'entre eux interdisent de servir dans une armée étrangère. Il proposait d'ailleurs la nationalité à ceux qui le souhaiteraient à la fin de la guerre. Mais au 28 mars 2023, on ne dénombrait que 138 étrangers morts au combat en Ukraine, dont 32 Géorgiens – ce qui montre une nouvelle fois l'importance de ce groupe au sein de la Légion –, 14 Américains et 5 Français. Même si tous les morts étrangers ne sont pas connus, c'est finalement très peu au regard des pertes ukrainiennes. Il est donc probable que le nombre réel de combattants étrangers ne dépasse pas quelques milliers et qu'ils ne sont pas, ou rarement, engagés dans les combats les plus durs[8].

JL – J'ai été frappé par ce fait qu'au milieu d'une guerre sans merci les deux camps consentent à des échanges de prisonniers. On en est aujourd'hui à plus de 40 échanges officiels. Est-ce seulement dû à la rareté relative des combattants ou à une volonté d'affichage « humanitaire » ? Qu'en pensez-vous ?

MG – Je suis aussi surpris que vous par ces échanges qui renvoient en ce début du XXIe siècle à des pratiques du XIXe siècle alors même que ce conflit est impitoyable par ailleurs, et très idéologique. Cette pratique prouve en premier lieu qu'il existe encore des canaux de communication entre les deux camps, même s'ils se cantonnent presque uniquement à ce sujet et parfois à des évacuations de civils. Le plus étonnant est sans doute l'échange du 21 septembre 2022 lorsque les Russes ont accepté de libérer 215 prisonniers de Marioupol dont 108 faisaient partie du régiment Azov honni, y compris son commandant, Denys Prokopenko, et son adjoint Svyatoslav Palamar[9]. On se souvient que ces hommes étaient en attente de jugement par la cour de Russie pour crimes de guerre et terrorisme et que 53 d'entre eux avaient été tués dans l'incendie de la prison d'Olenivka* le 29 juillet, une affaire demeurée d'ailleurs très obscure[10]. Les cinq officiers supérieurs libérés devront rester « en sécurité absolue » jusqu'à la fin de la guerre en Turquie. En échange, les Ukrainiens ont libéré 55 hommes ainsi que Viktor Medvedtchouk, l'oligarque ukrainien proche de Vladimir Poutine. Au mois de février 2023, les autorités ukrainiennes expliquaient que 3 000 de leurs soldats étaient identifiés comme prisonniers en Russie et qu'ils déploraient 15 000 disparus civils ou militaires. Puisque

* Le 29 juillet 2022, un projectile, ou une charge explosive fixe, a détruit la prison d'Olenivka, dans l'oblast de Donetsk. Cinquante-trois prisonniers de guerre ukrainiens ont été tués, 75 autres blessés. La plupart d'entre eux avaient été capturés dans les derniers combats du siège de Marioupol. Les autorités ukrainiennes et russes se sont bien entendu mutuellement accusées.

l'on compte plus de 40 échanges de prisonniers allant de plusieurs dizaines à 250 au moins à chaque fois, cela signifie qu'une proportion importante de prisonniers est libérée des deux côtés. Notons en regard que le total représente une faible part du nombre total de combattants engagés de part et d'autre, ce qui paraît également étonnant au bout de plus d'un an de guerre. J'avoue que je ne trouve pas d'explication à cette pratique qui intervient normalement lors d'armistices ou en signe de bonne volonté durant des négociations, ce qui n'est manifestement pas le cas ici.

Les pertes, domaine de l'intox et du top secret

JL – Nous n'avons pas encore abordé le problème des pertes militaires et civiles. Russes, Ukrainiens et Occidentaux avancent régulièrement des chiffres dont on sait qu'ils sont à considérer avec la plus grande prudence tant ce sujet est explosif pour les armées et pour les opinions publiques. Le 30 novembre 2022, un incident[11] *avait d'ailleurs rappelé qu'il relevait du secret militaire : à l'occasion d'un discours suggérant la création d'une cour de justice des Nations unies pour juger les crimes de guerre russes, la présidente de la Commission européenne, Ursula von der Leyen, révélait benoîtement que 100 000 soldats et 20 000 civils ukrainiens avaient perdu la vie dans ce conflit. Les cris d'orfraie jetés par les militaires ukrainiens ont contraint les officiels européens à retirer cette mention selon eux classifiée de la vidéo et du texte du discours de la présidente. Le 23 janvier 2023*[12]*, c'est au tour du commandant en chef de l'armée norvégienne, Eirik Kristoffersen, d'estimer que 180 000 soldats russes avaient été tués ou blessés, et 100 000 côté ukrainien, à quoi s'ajouteraient 30 000 civils tués. Que pensez-vous de ces estimations ?*

MG – Il est très probable qu'Ursula von der Leyen a confondu pertes et tués, une erreur très commune. Avec 100 000 morts et, si l'on applique le ratio habituel de trois ou quatre blessés pour un mort, il n'y aurait simplement plus d'armée ukrainienne.

JL – Avec des dizaines de milliers de tués et trois fois plus de blessés, peut-on en revanche dire que l'armée russe qui a attaqué le 24 février 2022 a entièrement disparu ?

MG – Oui, et même au-delà. Un rapport récent du Center for Strategic and International Studies (CSIS) estimait les pertes totales russes entre 200 000 et 250 000, dont 60 000 à 70 000 morts[13].

JL – Basée à Washington, cette organisation née pendant la guerre froide ne présente-t-elle pas quelques biais ?

MG – Sans doute, et on peut aussi contester leurs sources puisque les auteurs du rapport ont synthétisé des estimations ouvertes des services de renseignements occidentaux qui vont de 175 000 pour le ministère de la Défense britannique ou 180 000 pour le ministère norvégien jusqu'à 250 000 pour l'état-major de l'Union européenne. C'est un nombre qui paraît très élevé mais qui inclut aussi les Ukrainiens séparatistes, ce que tout le monde ne fait pas forcément. La BBC prétend de son côté avoir identifié le nom de 16 071 soldats russes tués et estime le nombre total de pertes du camp russe à 208 000 au mois de mars 2023, dont au moins 46 000 morts en incluant les séparatistes[14].

JL – Donc, selon les sources occidentales, la fourchette des tués russes se situerait entre 46 000 et 70 000. Et chez les Ukrainiens ?

MG – Sauf évidemment dans les réseaux prorusses, les pertes ukrainiennes sont considérées comme inférieures à celles des Russes. Les Norvégiens évoquaient 100 000 pertes totales, et donc environ 30 000 morts, alors que le Département de la Défense américain parle de 120 000 et donc plutôt de 30 000 à 40 000 morts.

JL – Côté ukrainien, toujours selon les mêmes sources, le nombre de tués se situerait entre 30 000 et 40 000. Soit un rapport des tués oscillant entre 1,5 et 1,75 tué russe pour 1 tué ukrainien.

MG – Cela me semble plausible vu la physionomie des combats. On estime un peu plus facilement les pertes matérielles, plus visibles et comptabilisables. Celles que l'on constate chez les Ukrainiens sont très inférieures à celles des Russes, de l'ordre de 1 à 3. Il y a sans doute un biais de sources qui joue en faveur des Ukrainiens, car beaucoup de documents viennent de chez eux. Il faut considérer aussi que beaucoup de matériels russes ont été abandonnés sans combat lors des replis autour de Kiev, de Kharkiv et de Kherson, ce qui n'est jamais arrivé aux Ukrainiens. Autrement dit, le rapport de pertes matérielles « au combat » est sans doute plutôt de 1 à 1,5 contre 2 en faveur des Ukrainiens. En considérant qu'il y a quand même un lien entre le niveau de ces pertes matérielles au combat et les pertes humaines, le rapport qui est fait de 1 mort ou blessé ukrainien pour 1,5 à 1,75 perte russe paraît très vraisemblable.

JL – Et comment a évolué ce rapport des pertes ?

MG – En prenant les fluctuations des pertes de matériels comme indices de niveaux de pertes humaines, on peut aussi penser que le bilan était nettement plus en faveur des Ukrainiens lors de la guerre de mouvement du premier mois, qu'il s'est sans doute équilibré dans les trois mois suivants durant la guerre de position dans le Donbass, pour redevenir ensuite favorable aux forces de Kiev. Du point de vue tactique, cela signifie aussi que les opérations « de mouvement », qu'elles soient défensives en février-mars ou offensives en septembre-octobre, ont été pour les Ukrainiens plus efficaces que les opérations statiques de défense.

JL – Au sein des pertes russes, a-t-on idée de la part des séparatistes et du groupe Wagner, qui sont politiquement moins sensibles pour le Kremlin ?

MG – Le CSIS estime que les pertes des séparatistes représentent 1/6 du total des pertes sous commandement russe, soit plus de 10 000 morts et 40 000 à 50 000 blessés. La BBC de son côté évoque 7 100 morts certains et donc 20 000 à 28 000 blessés. C'est colossal, puisque l'on estime que les deux corps d'armée séparatistes représentaient à peine 30 000 hommes au début de la guerre. En proportion de la population, c'est comme si la Fédération de Russie avait eu 386 000 morts. Cette saignée semble vérifiée par les nombreux témoignages décrivant les miliciens de Louhansk et Donetsk comme surutilisés par le commandement russe, avec le très large sentiment que celui-ci sauve des vies russes en sacrifiant les leurs. Il en est de même pour le groupe Wagner. Mi-février 2023, John Kirby, porte-parole du Conseil national de sécurité, parlait d'un total de 30 000 pertes dans ses rangs, dont 9 000 morts. Les prisonniers recrutés par Evgueni Prigogine représenteraient 90 % de ces pertes, soit là encore un taux colossal pour 40 000 hommes[15]. Autant d'estimations corroborées par les témoignages de combattants ukrainiens à Bakhmut qui évoquent l'emploi de vagues humaines « consommables » pour saturer la défense ou au moins préparer l'engagement des « vrais » combattants de Wagner.

JL – Voilà qui rappelle les pires aspects de l'Armée rouge, notamment les vagues humaines et l'emploi des bataillons disciplinaires comme chair à canon. Grosso modo, après un an de guerre, nous en sommes donc entre 80 000 et 100 000 morts cumulés dans les deux camps. Sur ce laps de temps, c'est déjà plus que les deux guerres d'Irak ou celle d'Afghanistan. On reste assez loin néanmoins de celles de la Grande Guerre. Combien de temps pareil rythme de pertes peut-il être soutenu ?

MG – La durée des guerres industrielles modernes avec des armées à très fort capital matériel se mesure en semaines ou… en années. On y fait d'abord du sprint et, s'il n'y a pas de vainqueur à l'issue de l'épreuve et que les deux camps possèdent encore des réserves de forces, ce qui est assez rare, la course se transforme en marathon. Pour un total de soldats engagés proche de celui de la guerre en Ukraine, les combats de la guerre du Kippour en 1973 ont fait 12 500 morts, mais sur dix-neuf jours. Avec ce taux de pertes quotidien, Israéliens et Arabes auraient perdu 240 000 morts sur un an, à ce détail près qu'ils n'auraient sans doute jamais été capables de tenir aussi longtemps. En dix-neuf jours, ils avaient déjà perdu entre le tiers et la moitié de leur capital matériel et sans possibilité de le remplacer rapidement. Ils auraient peut-être pu continuer la guerre mais à faible intensité comme pendant la « guerre d'usure* » de 1968 à 1970.

Si la guerre en Ukraine a continué après la phase initiale, c'est parce que les deux adversaires disposaient encore de ressources matérielles, grâce à tous

* À l'issue de la guerre des Six-Jours, triomphe israélien, et durant trois années, les armées de l'Égypte et d'Israël se harcèlent sur terre et dans les airs, notamment par coups de main de commandos, le long du canal de Suez dans ce qu'on a appelé la « guerre d'usure ». Nasser en est à l'origine. Un accord de cessez-le-feu conclu en 1970 met fin aux affrontements.

les stocks de l'armée soviétique et, dans le cas ukrainien, grâce aussi à l'aide étrangère. Ces ressources matérielles s'épuisent néanmoins et les deux adversaires économisent dorénavant leurs munitions. Ils disposent cependant encore de moyens pour combattre à grande échelle pendant plusieurs mois, peut-être plus longtemps encore, mais sans doute avec moins d'intensité.

Reste le facteur purement humain. Rétrospectivement, on peut toujours se demander comment des sociétés modernes ont pu accepter de telles pertes dans les conflits du XXe siècle. En fait, les pertes s'égrènent seulement jour après jour, par petits paquets, ce qui n'est pas du tout, du point de vue psychologique et politique, la même chose que d'annoncer par avance un total de pertes cumulées. Si l'on avait procédé à un sondage aux États-Unis avant l'engagement en Irak en 2003 en disant : « Approuvez-vous l'idée d'envahir l'Irak, sachant que cela va coûter 4 400 soldats américains tués et 32 000 autres blessés ? », il n'est pas du tout évident que les citoyens auraient approuvé. Dans la réalité, on paye un prix humain petit à petit en se disant que les sacrifices du jour valent le coup, puis une sorte d'engrenage psychologique se met en place : on estime qu'il ne faut pas que les sacrifices passés aient été consentis pour rien. On continue donc à accepter le « prix à payer » et on aboutit ainsi à des pertes que l'on n'aurait jamais imaginées avant-guerre.

JL – Et malgré les pertes considérables déjà consenties, la détermination est encore intacte dans les deux camps.

Dans son discours célébrant le premier anniversaire de la découverte des massacres de Boutcha, le président Zelensky a prononcé un discours guerrier. « Nous ne renoncerons jamais ! Nous punirons chaque crime ! » et « Nous aurons la victoire ! ». Côté russe, c'est à peu près le même esprit qui règne au sommet, même si Vladimir Poutine est plus avare de paroles.

MG – À l'évidence, les deux camps croient toujours à une victoire. Leurs buts stratégiques sont incompatibles et chacun a toujours l'espoir de pouvoir les atteindre. On continue donc à se battre et on continuera à le faire, même si les pertes sont élevées. On le fera simplement en économisant un peu plus de vies, qui deviennent une ressource rare. Vous évoquiez les taux de pertes de la Première Guerre mondiale, mais pour l'armée française les pertes totales sont survenues pour moitié dans la première année de guerre et même pour 1/7 dans les deux premiers mois. Ensuite, les pertes se réduisent beaucoup, malgré les grandes batailles comme Verdun ou la Somme. Même en ajoutant les dégâts causés par l'offensive Nivelle (« le Chemin des Dames »), le taux de pertes de l'armée française au cours de l'année 1917 (200 000 morts pour 4 millions d'hommes en moyenne) est nettement inférieur, proportionnellement au nombre des combattants, à celui des Russes et Ukrainiens en un an de guerre. On pourrait assister à un phénomène similaire avec une réduction du taux de pertes, à la fois par adaptation des hommes et moindre intensité des combats, ce qui permettrait de soutenir encore la guerre pendant des années.

Poutine place des armes nucléaires en Biélorussie. Est-ce bien sûr ?

JL – J'aimerais revenir un instant sur l'option biélorusse. Le 25 mars 2023, Vladimir Poutine annonce qu'il va stationner des armes nucléaires tactiques en Biélorussie, le camp spécial qui les accueillera devant être achevé en juillet. Qu'est-ce que cela signifie ? S'agit-il d'une pure rhétorique nucléaire destinée à masquer qu'au bout de sept mois de bataille, les Russes ne sont toujours pas parvenus à s'emparer de la totalité de Bakhmut ? D'un énième rappel aux opinions occidentales que la Russie est une puissance nucléaire majeure ? La déclaration vise-t-elle à contrer toute tentative de déstabilisation du régime ami de Minsk en le sanctuarisant et en resserrant les liens avec lui ? Ou bien, si le propos est bien de sanctuariser, s'agirait-il de préparer une intervention de l'armée biélorusse... ou d'augmenter sa probabilité aux yeux des Ukrainiens ?

MG – Vladimir Poutine a annoncé ce futur déploiement dans un entretien télévisé, ce qui montre déjà qu'on se trouve avant tout dans le cadre d'une stratégie déclaratoire : en général, ce genre de menaces n'est pas claironné. Le président russe le présente comme une réponse à l'annonce, cinq jours plus tôt, d'un futur déploiement britannique de munitions de chars utilisant de l'uranium appauvri. L'OTAN aurait donc selon lui commencé à nucléariser l'Ukraine. C'est absurde. L'uranium appauvri est un dérivé de l'enrichissement de combustible nucléaire utilisé dans les centrales. Du fait de sa très grande densité, il est utilisé dans les obus dits « flèche » pour perforer les blindages. Son emploi fait l'objet de débats à cause d'une possible nocivité, jamais prouvée à ce jour, mais des obus à l'uranium appauvri ne constituent en rien des armes nucléaires.

Vladimir Poutine explique également que les États-Unis stockent des munitions nucléaires en Europe (Allemagne, Pays-Bas, Italie, Turquie) : pourquoi la Russie ne ferait-elle pas de même dans un pays ami et allié ? C'est un argument plus sérieux que le précédent.

JL – C'est précisément pour cette raison que sa déclaration m'a surpris. Elle représente une rupture considérable. Durant des décennies, l'URSS puis la Russie ont milité pour ce principe simple : un pays ne peut entreposer d'armes nucléaires que sur son sol. Une semaine avant sa déclaration, Poutine réaffirmait cette position en chœur avec le leader chinois, qui, lui, pensait aux armes nucléaires américaines entreposées au Japon et en Corée du Sud. C'est à se demander si le président russe a pesé ses propos et si, j'irais plus loin, il mettra vraiment sa menace à exécution.

MG – Cette affaire témoigne plus largement du détricotage complet de toute l'architecture de maîtrise des armements nucléaires établie péniblement par les États-Unis et l'Union soviétique. En 2002, les premiers se sont retirés du traité limitant les défenses antimissiles* puis en 2010 le sommet de l'OTAN de Lisbonne décidait de développer une capacité de défense antimissile pour protéger les pays européens de l'Alliance. Dans le même temps, les Russes ont développé un arsenal de missiles à double capacité, nucléaire et conventionnelle, officiellement d'une portée inférieure à 500 kilomètres – conformément au traité d'interdiction des forces nucléaires à portée intermédiaire (traité FNI de 1987) –, mais en réalité manifestement au-dessus au moins pour certaines versions de l'Iskander 9M729. Ils prétextaient alors la nécessité de disposer à nouveau de telles armes pour faire face aux Chinois, qui, sans être contraints par les traités, les développent massivement. Plus discrètement, il s'agissait aussi de développer un arsenal capable de faire face à la supériorité militaire américaine. Constatant que le traité FNI n'était plus respecté par les Russes, et regardant également la montée en puissance de la Chine dans le domaine, les États-Unis en sont sortis à leur tour en 2019. Il ne restait plus à ce moment-là que le traité New Start visant à limiter le nombre de têtes nucléaires et de lanceurs stratégiques aux États-Unis

---

* Apogée de la « détente » entre les deux grands, le traité ABM (acronyme anglais de *Anti-ballistic Missile*) est signé en 1972 à Moscou par les États-Unis et l'URSS. Il proscrit le déploiement de missiles capables de détruire en vol les missiles adverses porteurs de têtes nucléaires, de manière à ne pas relancer la course aux armements et à conserver leur pouvoir dissuasif aux armes existantes. La Russie a confirmé son adhésion, mais les États-Unis s'en sont retirés officiellement en 2002 après l'attaque des Twin Towers, par crainte que des « États voyous » se dotent de capacités de frappe contre eux.

et en Russie, mais les Russes viennent de suspendre son application en février dernier. Il n'y a donc plus aucune limite qualitative et quantitative à la production d'armes nucléaires.

JL – Sacrée régression par rapport à l'époque de la guerre froide !

MG – N'est-ce pas ? Cette annonce de déploiement d'ogives nucléaires de « faible » puissance prolonge celle du 25 juin 2022 concernant la mise en place de missiles sol-sol Iskander. Elle envoie *a priori* deux messages. Le premier est à destination de la Biélorussie, qui est ainsi adoubée meilleur allié par cette preuve de confiance peut-être un peu encombrante pour elle. Nul doute que ce déploiement – qui, pour autant que l'on sache et contrairement à ce qui est annoncé, n'a pas été demandé par le président biélorusse Loukachenko – sera présenté comme une défense face à la menace de l'OTAN. Le problème est qu'en réalité personne ne menace la Biélorussie, sinon la Russie, et que cette décision l'intègre dans un éventuel champ de bataille nucléaire où elle n'aurait pas voix au chapitre puisque l'emploi de ces nouvelles armes serait décidé uniquement à Moscou. En attendant, le pays est menacé de sanctions internationales, ce que son dictateur-président voulait éviter à tout prix. Tout cela aura probablement pour effet, comme vous l'évoquez, de réduire les marges de manœuvre de ce dernier comme ses capacités de freinage devant la perspective d'un engagement direct dans la guerre.

Le second message est bien sûr à destination des pays de l'OTAN. C'est une forme d'escalade horizontale. Des missiles Iskander (il ne doit pas en rester beaucoup au demeurant) positionnés en Biélorussie élargissent en effet la zone de frappe possible en Europe. Dans les faits, cela ne change pas grand-chose, la base de Kaliningrad jouant déjà largement ce rôle menaçant, mais c'est une nouvelle occasion de secouer l'épouvantail nucléaire[16].

JL – Vous avez évoqué les buts de guerre incompatibles entre les deux adversaires. Ils le sont plus que jamais à la suite de plusieurs déclarations du président Zelensky. Le 29 mars 2022, les négociateurs ukrainiens parlaient d'une neutralisation de leur pays (pas d'entrée dans l'OTAN), d'un retour des armées sur la ligne d'avant le 24 février et, s'agissant de la Crimée, d'une période d'observation de quinze années avant une consultation populaire[17]. Or, le 12 juillet suivant, l'Ukraine est devenue membre associé du programme multilatéral d'interopérabilité de l'OTAN, premier pas vers une intégration présentée par la suite par plusieurs officiels comme inéluctable. Le 10 août, Zelensky déclare que « la guerre en Ukraine a commencé avec la Crimée et doit se terminer par sa libération[18] ». Dans un discours du 26 février 2023 célébrant le neuvième anniversaire de l'invasion de la presqu'île, il répète qu'en « retrouvant la Crimée, nous restaurerons la paix[19] ». Par ailleurs, il faut se souvenir qu'en 2014 l'annexion de la Crimée avait rencontré en Russie un très large consensus, y compris dans les rangs de ceux qui, deux ans auparavant, avaient organisé contre Poutine la « révolution de la neige », les plus grandes manifestations de l'histoire de la Russie post-soviétique qui ont duré de 2011 à 2013. Cette question, à mon avis, va devenir la pomme de discorde majeure entre Ukraine et Russie et le principal obstacle à la paix. Par ailleurs, sur le plan militaire, j'observe que depuis la guerre de 1854-1855, les invasions de la Crimée n'ont réussi que si l'assaillant avait la supériorité navale ou aérienne, ce dont je ne pense pas que l'Ukraine puisse disposer avant longtemps. Croyez-vous possible une attaque directe de la Crimée par l'Ukraine ?

MG – Tout le monde sent que l'approche éventuelle de la Crimée va poser quelques difficultés, un peu comme la physique se déforme lorsqu'on s'approche d'un objet à très forte gravité. D'un point de vue militaire, vous avez raison, les Ukrainiens ne peuvent aborder la Crimée que par voie terrestre et on ne voit pas comment il pourrait en être autrement avant longtemps. Il faut déjà arriver jusqu'aux abords nord de la péninsule et ils en sont encore loin. De la même façon qu'ils ne peuvent mener d'opération amphibie de grande ampleur où que ce soit, ils ne peuvent sans doute pas franchir à grande échelle le Dniepr, à moins de disposer en secret de moyens de franchissement importants. Il leur faudra donc pour atteindre la Crimée passer par la province de Zaporijjia et le chemin est long. En somme, les Ukrainiens ne pourront atteindre la péninsule sans infliger au moins une grande défaite à l'armée russe dans la région de Melitopol. Là encore, on n'y est pas, mais en admettant qu'ils y parviennent, il faudra ensuite pénétrer en Crimée alors que ses accès sont limités à deux routes étroites. Au tout début de la guerre, je pensais pour cette raison qu'il serait difficile, à l'inverse, pour les Russes de sortir de la péninsule et de pénétrer dans la province de Kherson. Il n'en a rien été, les deux sorties de Crimée n'ayant pas été défendues par les Ukrainiens, probablement du fait de complicités. Cette défaite initiale aura de très lourdes conséquences pour la suite puisqu'il faudra à ces derniers beaucoup de sacrifices pour reprendre le terrain perdu. Ils ne pourront cette fois bénéficier ni de la surprise ni de complicités pour pénétrer en Crimée, dont les Russes ont largement fortifié les approches. À moins d'un effondrement général de l'armée russe, l'entrée dans la péninsule sera donc très difficile. En admettant que les Ukrainiens y parviennent, il faudra ensuite protéger des frappes russes les deux axes étroits qui seront devenus leurs axes logistiques. Il est vrai que la logistique russe sera peut-être également compliquée, forcée qu'elle serait d'emprunter les airs, des ports vulnérables ou encore le pont de Kertch.

JL – Et puis, il y a le problème politique, énorme pour Moscou.

MG – Et pour cette raison, il est infiniment probable que la Crimée ne sera pas abandonnée aussi facilement que Kherson. C'est bien ce qui préoccupe tout le monde. Pour Poutine et pour beaucoup de Russes, mais aussi sans doute une majorité de Criméens, la

Crimée est une terre indiscutablement russe et il n'est pas question de la céder. On peut donc imaginer qu'une menace éventuelle suscite une escalade militaire qui se marquerait par une mobilisation plus large et mieux consentie et par une défense acharnée. Si cela ne suffit pas, tout le monde craint ensuite le franchissement du seuil nucléaire. Il faut imaginer que, pour la première fois depuis 1945, une puissance nucléaire serait susceptible de perdre une partie d'un territoire perçu vraiment comme sien, même si cet état n'est reconnu par quasiment personne d'autre qu'elle-même. Il paraît évident que la « tentation du nucléaire » sera forte dans une telle situation et on ignore si les éléments de dissuasion – intervention militaire punitive américaine, désapprobation de la Chine, mise au ban des nations – seront suffisants pour l'empêcher.

En résumé, on est encore loin d'une offensive ukrainienne en Crimée et encore plus loin d'une reconquête. J'ai entendu des Ukrainiens se demander si cela valait vraiment le coup alors que, comme dans les provinces séparatistes du Donbass, la majorité de la population est désormais hostile. J'ai tendance à penser que, sauf une très hypothétique débâcle russe, cette guerre s'arrêtera ou s'enlisera avant l'abordage de la Crimée par les Ukrainiens. Encore une fois, la réussite ou non des prochaines opérations offensives menées par ces derniers sera déterminante sur la suite des événements, entre enlisement et incertitude.

En guise de conclusion… inachevée

Au moment où sont écrites ces lignes (le 6 avril 2023), le front n'est vraiment actif qu'en deux petits secteurs de ses 600 kilomètres de longueur. Au nord-est du Donbass, la bataille pour la ville de Bakhmut n'en finit plus de finir depuis sept mois. La ville est prise aux trois quarts par les Russes, et les quartiers demeurant encore aux mains des Ukrainiens sont en voie d'encerclement. Au sud-est du Donbass, les assaillants ont semble-t-il conquis le village de Kamyanka, proche d'Avdiivka, soit quelques dizaines de maisons détruites – il y a comme une réminiscence des communiqués de l'état-major de Joffre pendant l'offensive de Champagne, en 1915 : nos troupes ont avancé ici de 1 500 mètres ; là, la cote 265 est tombée… Bref la guerre se traîne, à l'unisson d'un hiver qui n'en finit pas. Dans tout l'est de l'Ukraine, les températures sont redevenues légèrement négatives, les sols se sont raffermis. À partir du 9 avril, la météo annonce une nette remontée du thermomètre. Le printemps sera vraiment là, les sols vont dégeler en profondeur et le champ de bataille va être noyé dans la boue.

Et ensuite ? Bien fou qui oublierait qu'à la guerre les surprises et les irruptions sont légion. Car si les combats sont aujourd'hui limités, l'activité militaire, elle, continue comme jamais. On fortifie, on achemine hommes et matériels, on lève et instruit de nouvelles unités, les avions gros-porteurs traversent l'Atlantique et la Sibérie. Prédire à quoi ressemblera le front dans trois, six ou neuf mois est un jeu risqué, mais l'on peut dresser un bilan et formuler quelques hypothèses.

Les Russes ont perdu deux batailles, ils n'ont pas perdu la guerre ; les Ukrainiens ont gagné deux batailles, ils n'ont pas gagné la guerre. L'objectif stratégique du Kremlin s'est beaucoup réduit depuis le 24 février 2022. Il ne concerne sans doute plus que la conquête complète du Donbass, mais Moscou pourrait se satisfaire du statu quo actuel, forte de son avantage acquis au début du conflit. Elle « mène au score » avec la conquête partielle des provinces de Kherson et Zaporijjia et le contrôle total de celle de Louhansk, devenues officiellement terres russes. Faute de mieux, cela pourrait suffire pour proclamer la victoire et reconstituer ses forces. Encore faut-il que l'adversaire reconnaisse cette victoire, c'est-à-dire qu'il renonce à libérer tout son territoire. Ce qu'il n'a pas fait à ce jour et ne semble pas près de faire.

Pour forcer ce renoncement, durant les six derniers mois la Russie a recherché l'étouffement de l'Ukraine par trois opérations : l'offensive terrestre sur l'ensemble du Donbass, la campagne de paralysie de la société par les frappes de missiles et la recherche de l'isolement diplomatique de Kiev. À ce stade, si les deux armées souffrent dans le Donbass, celle de Vladimir Poutine ne progresse que très peu sur le terrain et ses pertes sont supérieures à celles de son adversaire. À ce rythme et à ce prix, on ne voit pas comment elle parviendrait jusqu'à Kramatorsk et Sloviansk, ses objectifs actuels. En revanche, elle est sans doute dans une position défensive plus solide que jamais.

La campagne de missiles se solde également par un échec. À strictement parler, elle n'est pas terminée. Mais, à raison d'un missile par jour qui touche sa cible, elle ne risque pas d'abattre un pays comme l'Ukraine. Pour ce dernier, les chiffres sont terribles : plus de 60 000 militaires et civils tués, deux fois plus grièvement blessés, plus de 8 millions d'habitants partis à l'étranger et à peu près autant restés dans la zone occupée par les Russes. Soit plus d'un tiers du potentiel humain perdu. Le PIB a chuté de 30 % et les dégâts sont estimés à des centaines de milliards d'euros. Le pays n'en continue pas moins à faire preuve d'une étonnante résilience et semble capable de maintenir un effort de guerre considérable. Un certain temps et à condition de continuer à bénéficier de l'aide internationale dans tous les domaines, financier, économique, humanitaire et bien sûr, avant tout, militaire.

C'est ici qu'intervient le troisième axe d'effort russe, celui de l'isolement de son adversaire. Moscou fait feu de tout bois pour influencer les opinions occidentales. L'objectif est d'y amener une majorité à se déclarer hostile à la poursuite de l'aide à l'Ukraine. Elle a déjà pour elle une minorité de sympathisants, et pour les autres elle table sur la lassitude, sur les coûts financiers qui montent et vont monter encore plus alors que la situation économique et sociale est difficile un peu partout en Occident. À ce jeu-là, seuls les États-Unis comptent vraiment, qui fournissent la moitié de l'aide totale à l'Ukraine et 70 % de l'aide militaire. Le sort de Kiev se joue largement à Washington. Aussi l'espoir de victoire russe réside-t-il peut-être davantage dans un retournement américain à l'occasion de l'élection présidentielle de 2024 que dans le duel des armes au Donbass.

Zelenky veut tout reprendre, Poutine ne veut rien lâcher, ce qui conspire à l'impasse actuelle

Vladimir Poutine va donc poursuivre son effort de guerre pendant au moins un an. Un exercice délicat, car il ne faut pas provoquer trop de troubles dans sa population ; il faut organiser l'économie pour résister aux sanctions et produire des obus mais sans la nationaliser ; faire supporter les pertes à la périphérie géographique et sociale de son empire, en touchant le moins possible à la bourgeoisie de Moscovie et encore moins à l'élite politico-économique ; contrôler les humeurs de tous mais particulièrement celles des petits seigneurs qui profitent du conflit pour essayer d'accroître leur pouvoir. En résumé, tant que l'arrière tient, la stratégie russe semble être de maintenir sa pression sur l'ennemi et d'attendre.

Du côté de l'Ukraine et de ses alliés, il ne peut être question d'attendre, et c'est bien là tout le problème. L'Ukraine a un objectif ambitieux : la libération de tout son territoire, mais peu de temps pour le réaliser avant d'être épuisée. Elle ne peut exercer elle-même de pression sur la Russie, hormis quelques raids et frappes très limités, laissant ce soin aux sanctions économiques imposées par les Alliés dont l'efficacité tarde à montrer les effets. Sa seule possibilité est de mener de grandes opérations offensives afin de casser la ligne de front, de porter des coups importants à l'envahisseur à la manière de l'offensive dans la province de Kharkiv en septembre 2022. Tout en se défendant jour après jour et pied à pied sur la ligne de front, l'Ukraine a mobilisé ses forces en profondeur et, avec l'aide occidentale, elle s'efforce de constituer une nouvelle masse de manœuvre qui lui permettra de reprendre l'initiative, du côté de la province de Louhansk ou, plus probablement, de Zaporijjia.

Si ces offensives – car il en faudra plusieurs pour espérer une décision – échouent devant une ligne de front plus solide que jamais, on s'orientera donc vers un conflit bloqué à l'intensité décroissante. En somme, il prendra le profil qu'avait pris le conflit du Donbass – c'est-à-dire un scénario coréen – à partir des accords de Minsk II en 2015, mais à plus grande échelle et sans doute sans passer par des accords. Si les offensives ukrainiennes réussissent, tous les espoirs sont alors permis à Kiev, du moins jusqu'à ce que l'on aborde les zones politiquement sensibles du Donbass et surtout de la Crimée. On entre là en zone inconnue. Chaque victoire ukrainienne, on l'a suffisamment remarqué, suscite un accroissement de l'effort de guerre russe qui vient souvent en annuler les effets. L'abordage des zones sensibles par les Ukrainiens entraînera forcément une escalade dont personne, y compris sans doute à Moscou, ne peut prédire l'issue, même si tous la redoutent. Peut-être trouvera-t-on dans cette menace, avec la probable pression des deux grandes puissances extérieures, les États-Unis et la Chine, un nouveau palier d'arrêt possible du conflit. En revenant et en restant sur la ligne de départ du 23 février 2022, la guerre se solderait par un très coûteux match nul, un pat en quelque sorte. Chaque camp pourrait cependant clamer victoire : l'Ukraine en relevant qu'elle n'a pas été battue par plus fort qu'elle, la Russie disant la même chose mais en désignant l'OTAN. Cet équilibre peut aussi être rejeté par les deux parties comme actuellement et la guerre se poursuivre au-delà de 2023.

Et la France, et l'Europe dans tout ça ? Aux abonnés discrets qui se découvrent faibles dans un monde dangereux. La France se targuait d'être une grande puissance militaire : elle l'était en Afrique, avec de petits moyens et face à de petits ennemis, ou alors en se plaçant à côté des Américains sur la photo des coalitions. Une guerre majeure entre États aux portes du Vieux Continent la découvre nue. Le dialogue avec la Russie, leitmotiv des Livres blancs et revues stratégiques, fantasme de notre diplomatie depuis Napoléon, n'a pas donné grand-chose. Et comment l'aurait-il pu : Paris n'avait pas de gros bâton à la main. « Le pape ? Combien de divisions ? », ironisait Staline. Lorsqu'il a fallu aider militairement l'Ukraine, on s'est aperçu qu'on avait à peine de quoi aider l'armée française elle-même. Le réveil a été rude, et plus rude encore pour les autres pays ouest-européens, alors que ceux de l'Est, familiers de l'espace soviétique, avaient mieux pris la mesure du danger. On se retrouve dans une situation stratégique proche de celle de la guerre froide, à cette différence que l'Europe occidentale, en particulier la France, était alors beaucoup plus forte. Notre pays disposait d'un corps d'armée à proximité de la ligne de tension, que l'on pouvait renforcer rapidement par trois autres, et non ces deux maigres bataillons actuellement en position en Roumanie et en Estonie.

Au bout du compte – et c'est logique –, les pays de l'Est européen, qui sont en première ligne, ont privilégié la structure familière de l'OTAN plutôt que la coquille militaire vide de l'Union européenne, et fait appel à Washington pour les aider. Ce n'était pas forcément le souhait des Américains, mais ceux-ci consentent à un effort militaire que nous ne faisons pas : le budget annuel des armées françaises serait de 92 milliards d'euros et non de 44 si nous accordions à nos armes le même pourcentage de PIB. Cette faiblesse a parfois des inconvénients pour l'orgueil national comme celui d'être préféré comme allié : Varsovie plutôt que Paris ou Berlin, qui l'eût cru il y a dix ans ? Événement extraordinaire, des pays traditionnellement neutres comme la Suède et la Finlande entrent à leur tour dans l'OTAN. Vladimir Poutine aura assuré un étonnant renouveau à cette organisation pourtant présentée comme son ennemie principale : sa défaite stratégique se lit ici. Bref, l'Europe, du moins l'Europe de l'Est, se remet en ordre de bataille pour la longue confrontation qui va l'opposer à la Russie et, dans l'immédiat, pour aider l'Ukraine. On imagine à quelles tensions va être soumis le fragile tissu européen, qui n'a jamais pu ni su se doter d'une politique de défense commune ni s'accorder sur sa vision géopolitique. Et pourtant, nous hésitons encore à admettre que nous sommes entrés dans une nouvelle ère.

Notes

Avant-propos

1. World Bank ; Government of Ukraine ; European Union ; United Nations. *Ukraine – Rapid Damage and Needs Assessment : February 2022-2023 (English)*, Washington, D.C., World Bank Group.

2. Voir à ce propos, sous la direction de Michel Duclos, *Guerre en Ukraine et nouvel ordre du monde*, Institut Montaigne/L'Observatoire, 2023.

Introduction
Aux racines de la guerre

1. Andreas Kappeler, *Russes et Ukrainiens, les frères inégaux. Du Moyen Âge à nos jours*, CNRS Éditions, 2022.

2. Cette formule est adaptée d'Andreas Kappeler : « Chevtchenko [...] est ainsi considéré comme le créateur de l'ukrainien littéraire, jouant le même rôle que son presque contemporain Pouchkine pour la langue russe », *ibid.*, p. 117.

3. Voir Johannes Due Enstad, *Soviet Russians under Nazi Occupation. Fragile Loyalties in World War II*, Cambridge University Press, 2018.

4. Claire Andrieu, *La Résistance aux génocides. De la pluralité des actes de sauvetage*, Presses de Sciences Po, 2008.

5. Paru dans le magazine *Kommersant*, 11 octobre 2021. En russe à : https://www.kommersant.ru/doc/5028300?from=glavnoe_1

6. Outre l'ouvrage cité d'Andreas Kappeler, on lira avec grand profit le remarquable *Aux portes de l'Europe* de Serhii Plokhy, paru en 2022 chez Gallimard, et dans lequel cette introduction a puisé largement. On peut également consulter *Les Noms de l'Ukraine à travers l'histoire*, de Iaroslav Lebedynsky (L'Harmattan, 2022).

1
Deux armées en mutation

1. Pour une synthèse de la théorie du « système-monde », voir Immanuel Wallerstein, *Comprendre le monde. Introduction à l'analyse des systèmes-monde*, La Découverte, 2009.

2. Lettre du RETEX-Recherche n° 17 : *Comprendre la transformation militaire russe*, Centre de doctrine d'emploi des forces, 20 mai 2014. Isabelle Facon, *La Nouvelle Armée russe*, L'Inventaire, 2021.

3. Pavel Baev, « Russian Military Reform », Focus stratégique, n° 55, mai 2015.

4. Mark Galeotti, *Armies of Russia's War in Ukraine*, Osprey Publishing, 2019, p. 34.

5. Sur l'engagement russe en Syrie, voir Timothy Thomas, *Russian Lessons Learned in Russia*, MITRE Center for Technology and National Security, juin 2020 ; Igor Delanoë, « What Russian Gained from Its Military Intervention in Syria », *Orient XXI*, 9 octobre 2018 ; Sarah Fainberg, Viktor Eichner, « Russia's Army in Syria : Testing a New Concept of Warfare », *Strategic Assessment*, vol. 20, n° 2, juillet 2017.

6. *Défense et sécurité internationale* [*DSI*], n° 143, septembre-octobre 2019.

7. Lester W. Grau et Charles K. Bartles, « Getting to Know the Russian Battalion Tactical Group », Royal United Services Institute, 14 avril 2022.

8. Michael Kofman et Rob Lee, « Not Build for Purpose : The Russian Military's Ill-Fated Force Design », www.warontherocks.com, 2 juin 2022.

9. R. I. M. Dunbar, « Neocortex Size As a Constraint on Group Size in Primates », *Journal of Human Evolution*, vol. 22, n° 6, juin 1992, p. 469-493.

10. Montana Hunter, « Crowdsourced War : The Political and Military Implications of Ukraine's Volunteer Battalions 2014-2015 », *Journal of Military and Strategic Studies*, vol. 18, Issue 3, 2018.

11. Sur le groupe Wagner, voir le documentaire « Wagner, l'armée de l'ombre de Poutine », réalisé par Alexandra Jousset et Ksenia Bolchakova et produit par Capa Presse, prix Albert-Londres 2022.

12. *The Moscow Times*, 22 mars 2017.

13. Dépêche Tass, 1er février 2022. À noter que la conscription avait été abolie en 2013 (il y avait déjà 60 % d'engagés à cette époque) avant d'être rétablie en 2014 à la suite de la guerre du Donbass.

14. Valeriy Akimenko, « Ukraine's Toughest Fight : The Challenge of Military Reform », Carnegie Endowment for International Peace, 22 février 2018.

15. La description de l'armée ukrainienne est pour l'essentiel tirée de Jack Watling et Nick Reynolds, « Ukraine at War : Paving the Road from Survival to Victory », Royal United Services Institute for Defence and Security Studies, Special Report, 4 juillet 2022.

16. Joseph Henrotin, « L'armée ukrainienne : une réforme impossible ? », *DSI*, n° 157, janvier-février 2022.

17. Isabelle Facon, « Défense ukrainienne : une réforme difficile face à des défis multiples », Russie.Nei.Visions, n° 101, Ifri, mai 2017.

18. Magdalena Kowalska-Sendek et Robert Sendek, « Lesson Right from the Front », 15 juillet 2022, www.polska-zbrojna.pl

19. Sam Cranny-Evans et Dr Thomas Withington, « Russian Comms in Ukraine : A World of Hertz », Royal United Services Institute, 9 mars 2022.

20. Sergio Miller, « Russian Army Tactical Communications », 19 décembre 2022, www.wavellroom.com

21. Dov Alfon, « Ukraine : l'hécatombe de Makiivka, symbole de l'amateurisme de l'armée russe », *Libération*, 3 janvier 2023.

22. *Guerre en Ukraine : la dimension navale du conflit*, Brèves Marine, n° 261. Centre d'études stratégiques de la Marine, 20 mai 2022.

23. Adrien Fontanellaz, « PSU contre VKS », *DSI*, n° 164, mars-avril 2023.

24. Jean-Christophe Noël, « Quelle campagne aérienne au-dessus de l'Ukraine ? », Briefings de l'Ifri, Centre des études de sécurité, 31 mars 2022.

2
L'échec de la Blitzkrieg

1. Voir Benoist Bihan et Jean Lopez, *Conduire la guerre. Entretiens sur l'art opératif*, Perrin, 2023.

2. Tom Burt, « The Hybrid War in Ukraine », 27 avril 2022, www.blogs.microsoft.com

3. Anthony Namor, « Le combat cyberélectronique russe en Ukraine », Le Rubicon, 8 juillet 2022, www.lerubicon.org

4. Jean-Christophe Noël, « Quelle campagne aérienne au-dessus de l'Ukraine ? », Briefings de l'Ifri, Centre des études de sécurité, 31 mars 2022.

5. Philippe Gros et Vincent Tourret, *Guerre en Ukraine : l'armée russe est-elle sur le point d'atteindre le « point culminant » de son offensive ?*, Note n° 8/22, Fondation pour la recherche stratégique, 14 mars 2022.

6. Voir la chaîne vidéo de Xavier Tytelman, « Analyse de la situation militaire après dix jours de guerre », youtube.com/@ Xavier Tytelman/vidéos

7. Yaroslav Trofimov, « Ukrainians Special Forces Hold Back Russian Offensive on Kyiv Front Lines », *The Wall Street Journal*, 4 mars 2022.

8. Cheryl Teh, « Volodymyr Zelenskyy Has Survived "More Than a Dozen" Assassination Attempts by Russian Agents, Says Presidential Aide », 10 mars 2022, www.businessinsider.com

9. Voir le récit de cet assassinat par un des officiers du KGB, Yakov Semenov, dans *Guerres & Histoire*, n° 11, mars 2011.

10. La description des opérations repose principalement sur quatre sources : le compte Twitter Jomini of the West @JominiW ; les comptes rendus quotidiens de l'Institute for the Study of War (ISW) disponibles sur www.understandingwar.org ; le point de situation quotidien de Christopher A. Lawrence sur le blog Mystics and Statistics hébergé par The Dupuy Institute, http://www.dupuyinstitute.org/ ; le rapport Mykhaylo Zabrodskyi, Jack Watling, Oleksandr V. Danylyuk et Nick Reynolds, « Preliminary Lessons in Conventional Warfighting from Russia's Invasion of Ukraine : February-July 2022 », Royal United Services Institute for Defence and Security Studies, 30 novembre 2022, disponible sur www.rusi.org

11. David Axe, « Ukraine's Best Tank Brigade Has Won the Battle for Chernihiv », 31 mars 2022, www.forbes.com

12. Interview avec le colonel Oleksandr Ohrimenko, wartranslated.com, 7 octobre 2022. Le colonel Ohrimenko est alors le commandant de la 14e brigade mécanisée.

13. Voir les images du combat diffusées par BFM TV sur https://www.dailymotion.com/video/x88wl3c

14. Attack On Europe : Documenting Russian (Ukrainian) Equipment Losses during the 2022 Russian Invasion of Ukraine, www.oryxspioenkop.com

15. David Johnson, « The Tank Is Dead : Long Live the Javelin, the Switchblade, the… ? », War on the Rocks, 18 avril 2022, www.warontherocks.com

16. Voir Jean Lopez et Lasha Otkhmezuri, *Les Maréchaux de Staline*, Perrin, coll. « Tempus », 2023.

17. Eléa Pommiers, « Transnistrie : pourquoi la guerre en Ukraine suscite l'inquiétude pour ce territoire de Moldavie », *Le Monde*, 27 avril 2022.

18. Walker Mills et Timothy Heck, « What Can We Learn about Amphibious Warfare from a Conflict That Has Had Very Little of It ? A Lot », Modern War Institute/West Point, 04.22.22. www.mwi.usma.edu

19. « Martyrs de l'île des Serpents, "fantôme de Kiev"… L'Ukraine en quête de héros », 25 février 2022, www.lexpress.fr ; Mathieu Ait Lachkar, « Guerre en Ukraine : propagande, mythe ou réalité ? », 2 mai 2022, www.bfmtv.com

3
Retour au Donbass

1. Benoît Viktine, « Le Donbass, objectif minimal de l'armée russe », *Le Monde*, 26 mars 2022.

2. Volodymyr Zelensky a d'un seul coup fait l'objet d'une abondante littérature, parmi celle-ci : Régis Genté et Stéphane Sichan, *Volodymyr Zelensky. Dans la tête d'un héros*, Robert Laffont, 2022.

3. « Massacre de Boutcha : la désinformation russe à l'épreuve des faits », Radio France Internationale, 8 avril 2022.

4. « New Evidence Shows How Russian Soldiers Executed Men in Bucha », www.nytimes.com

5. « Ukraine : une enquête fait des révélations sur les auteurs du massacre de Boutcha », sur TF1 INFO, 22 décembre 2022.

6. Fatoumata Sillah, « Guerre en Ukraine : six mois de conflit émaillés de crimes de guerre », *Le Monde*, 24 août 2022.

7. Sur cette question, voir le classique Christopher R. Browning, *Des hommes ordinaires : le 101ᵉ bataillon de réserve de la police allemande et la Solution finale en Pologne*, Les Belles Lettres, 2022.

8. Voir aussi « Videos Suggest Captive Russian Soldiers Were Killed at Close Range », *The New York Times*, 20 novembre 2022, www.nytimes.com

9. « Ukraine : Ukrainian Fighting Tactics Endanger Civilians », 4 août 2022, www.amnesty.org

10. Sur l'aide internationale à l'Ukraine, la référence est l'Institut de Kiel, Ukraine Support Tracker, www.ifw-kiel.de

11. Sur ce sujet, voir notamment David Kilcullen, *The Dragons and the Snakes : How the Rest Learned to Fight the West*, Oxford University Press, USA, 2020.

12. Isabelle Facon, *La Nouvelle Armée russe*, *op. cit.*

13. « Biden Says US Will Not Put Troops in Ukraine, As Tensions with Russia Ease », 9 décembre 2021, www.euractiv.com

14. Anne-Claire Legendre, porte-parole du ministère des Affaires étrangères sur le plateau de BFM TV, le 18 mars 2022.

15. David E. Sanger *et al.*, « Arming Ukraine : 17,000 Anti-Tanks Weapons in 6 Days and a Clandestine Cybercorps », *The New York Times*, 6 mars 2022.

16. Claire Mills, « Military Assistance to Ukraine since the Russian Invasion », *Commons Library Research Briefing*, 21 février 2023.

17. *New York Post*, 2 juin 2022, 17 h 49.

18. Pascal Luzin, « Russia's Military Manpower Crunch Will Worsen », Center for European Policy Analysis (CEPA), 21 septembre 2022.

19. Les ordres de bataille et la description des opérations reposent principalement sur quatre sources : le compte Twitter Jomini of the West @JominiW ; les comptes rendus quotidiens de l'Institute for the Study of War (ISW) disponibles sur www.understandingwar.org ; le point de situation quotidien de Christopher A. Lawrence sur le blog Mystics and Statistics hébergé par The Dupuy Institute http://www.dupuyinstitute.org/

20. Sur l'emploi des forces aériennes, voir Adrien Fontanellaz, « PSU contre VKS », *DSI*, n° 164, mars-avril 2023 ; Mykhaylo Zabrodskyi, Jack Watling, Oleksandr V. Danylyuk et Nick Reynolds,

« Preliminary Lessons… », *op. cit.*, Royal United Services Institute for Defence and Security Studies, 30 novembre 2022.

21. Xavier Tytelman, « Les hélicoptères russes sont-ils à la hauteur ? Analyse de l'engagement des Ka-52 & Mi-28 en Ukraine », www.youtube.com

22. Philippe Langloit, « Artillerie. La course aux performances », *DSI*, hors-série n° 84, juin-juillet 2022.

23. Adrien Fontanellaz, « Duels d'artillerie en Ukraine », *DSI*, n° 162, janvier-février 2023.

24. Brendan Cole, « Russian Generals Killed in War "Unbelievably High" : Japanese Intelligence », *Newsweek*, 9 février 2023, www.newsweek.com

25. Andy Gregory, « Putin "Has Lost Nearly 160 generals and Colonels among 1,500 Officers" since Russia Invaded Ukraine », *The Independent*, 28 novembre 2022, www.independent.co.uk

26. Attack on Europe : Documenting Russian Equipment Losses during the 2022 Russian Invasion of Ukraine ; Attack on Europe : Documenting Ukrainian Equipment Losses during the 2022 Russian Invasion of Ukraine, www.oryxspioenkop.com

27. James Beardsworth, « High Death Toll of Russian Generals in Ukraine a Blow to Military Capability », *The Moscow Times*, 6 mai 2022, www.themoscowtimes.com

28. Voir Jean-Luc Leleu, *Combattre en dictature*, Perrin, 2022.

4
La contre-offensive ukrainienne

1. La voie de l'épée : https://lavoiedelepee.blogspot.com/2022/08/des-ponts-trop-loin.html

2. Entretien avec un membre des forces spéciales ukrainiennes.

3. « L'exode et la révolte anti-guerre dans la Russie de Poutine », 2 octobre 2022, www.radiofrance.fr/franceculture

4. Sur ces questions, suivre le compte Twitter d'Anna Colin Lebedev @colinlebedev

5. *Der Spiegel* en ligne du 12 mars 2023, à 12 h 54. Article envoyé depuis Buenos Aires par Nicola Abé et Irina Werning.

6. Perun, « Russia's Winter Offensive in Ukraine – From Bakhmut to Vuhledar, outcomes, lessons, and costs », 19 mars 2023, www.youtube.com

7. « Les enseignements de la guerre en Ukraine : la vulnérabilité des blindés de première ligne », 25 avril 2022, Meta-Defense.fr, www.meta-defense.fr

8. Xavier Tytelman, « [Ukraine/Russie] Offensive de Kherson : vers une nouvelle phase de la guerre ? », www.youtube.com

9. Pour une bonne synthèse des opérations navales dans la guerre en Ukraine, Perun, « The Naval War in Ukraine – The Moskva, Missiles & Lessons », novembre 2022, www.youtube.com

10. « Ukraine's Intelligence : Two Ka-52 Helicopters Damaged on Air Base in Russia's Pskov Region », *Novaya Gazeta*, 31 octobre 2022, www.novayagazeta.eu

11. Sur l'attaque du pont de Kertch, voir Guillaume Ancel, « L'attaque du pont "Poutine" en Crimée, destructions et illusions », Ne pas subir, https://nepassubir.fr/2022/10/15/lattaque-du-pont-poutine-en-crimee-destructions-et-illusions/

12. Sur l'attaque de Kramatorsk, voir le rapport de Human Right Watch, *Death at the Station*, https://www.hrw.org/video-photos/interactive/2023/02/21/death-at-the-station/russian-cluster-munition-attack-in-kramatorsk

13. Paul McLeary, Lara Seligman, Alexander Ward, « U.S. Tells Ukraine It Won't Send Long-Range Missiles Because It Has Few to Spare », Politico, 13 février 2023, www.politico.com

14. « Intelligence Suggests Pro-Ukrainian Group Sabotaged Pipelines, U.S. Officials Say », *The New York Times*, 7 mars 2023 ; « Sabotage des gazoducs Nord Stream : ce que l'on sait, ce qui reste flou », *L'Express*, 8 mars 2023, www.lexpress.fr

15. Samuel Charap et Miranda Priebe, « Avoiding a Long War. U.S. Policy and the Trajectory of the Russia-Ukraine Conflict », RAND Corporation, janvier 2023, www.rand.org

5
Guerre des missiles et cyberguerre

1. Mykhaylo Zabrodskyi, Jack Watling, Oleksandr V. Danylyuk et Nick Reynolds, « Preliminary Lessons… », *op. cit.*, Royal United Services Institute for Defence and Security Studies, 30 novembre 2022.

2. Florence Aubenas, « Comment l'Ukraine mène la bataille du rail : nos chars entrent les premiers, nos trains ensuite », *Le Monde*, 30 décembre 2022.

3. Perun, « Russia's Attacks on Ukrainian Infrastructure – Does Strategic Bombing Ever Work ? », janvier 2023, www.youtube.com

4. Isabel Van Brugen, « Russia Ramps Up Missile Production as Putin Prepares for Long Haul », *Newsweek*, 15 mars 2023, www.newsweek.com

5. Xavier Tytelman, « Missiles contre l'Ukraine : l'autre échec russe ? », *Air et Cosmos*, 10 mars 2023, www.air-cosmos.com

6. Perun, « Russia's Attacks on Ukrainian Infrastructure… », cité.

7. Mark N. Katz, « Despite Russian Reliance on Iranian Drones, Tehran's Leverage Over Moscow Is Limited », *Russia Matters*, 1er décembre 2022, www.russiamatters.org

8. Adrien Fontanellaz, « Ukraine : blitz sur les infrastructures énergétiques », *Revue militaire suisse*, numéro thématique-Ukraine-2023.

9. Julien Bouissou, « Guerre en Ukraine : la défense du réseau électrique, priorité nationale pour Kiev », *Le Monde*, 8 février 2023.

10. Justin Bronk, Nick Reynolds et Jack Watling, « The Russian Air War and Ukrainian Requirements for Air Defence », Royal United Services Institute for Defence and Security Studies, 7 novembre 2022.

11. Sophie Cazaux avec AFP, « Missile tombé en Pologne, le récit des vingt-quatre heures qui ont fait craindre une escalade du conflit », BFM TV, 16 novembre 2022, www.bfmtv.com

12. Stéphane Taillat, « La guerre en Ukraine : un an après », *DSI*, n° 164, mars-avril 2023.

13. Jon Bateman, Nick Beecroft et Gavin Wilde, « What the Russian Invasion Reveals about the Future of Cyber Warfare », Carnegie Endowment for International Peace, 19 décembre 2022, www.carnegieendowment.org

6
Seconde offensive russe au Donbass : l'enlisement et après ?

1. Pierre Petit, « Le T-64-Glaive de l'Ukraine », *DSI*, n° 160, juillet-août 2022.

2. Blablachars, « Le jour du Leopard ! », 24 janvier 2023, www.blablachars.blogspot.com. À suivre ainsi que le compte Twitter @blablachars sur tout ce qui concerne l'emploi des chars de bataille en Ukraine.

3. David Axe, « The Ukrainian Army Could Form Three New Heavy Brigades with All These Tanks and Fighting Vehicles It's Getting », *Forbes*, 17 janvier 2023, www.forbes.com

4. Sur l'ordre de bataille ukrainien, voir le compte Twitter Macette Escortert @escorter

5. *The Times*, 13 décembre 2022.

6. Xavier Tytelman, « Livraisons d'armes : les alliés accélèrent + focus sur la Légion des volontaires internationaux », février 2023, www.youtube.com

7. Dépêche de l'agence turque AA. Voir https://www.aa.com.tr/en/russia-ukraine-war/russia-says-almost-2-000-foreign-mercenaries-died-in-battles-in-ukraine/2616508

8. International Legion (Ukraine), Wikipedia.

9. Jules Fresard, « Guerre en Ukraine : nouvel échange de prisonniers entre Kiev et Moscou, 222 hommes libérés », BFM TV, 1er janvier 2023, www.bfmtv.com

10. Russian Offensive Campaign Assessment, 30 juillet 2022. Institute for the Study of War ; « Guerre en Ukraine : ce que l'on sait du bombardement de la prison d'Olenivka, dans la région de Donetsk », France Info, 30 juillet 2022.

11. *Newsweek*, 30 novembre 2022.

12. Dépêche AFP/Reuters du 23 janvier 2023 reprenant une déclaration faite sur la chaîne norvégienne TV2.

13. Seth G. Jones, Riley McCabe et Alexander Palmer, *Ukrainian Innovation in a War of Attrition*, Center for Strategic and International Studies (CSIS), février 2023.

14. Alona Mazurenko, « BBC Confirms Death of over 16,000 Russians in War : Large Increase in February Again », 3 mars 2023, www.pravda.com.ua

15. « Russia's Wagner Fighters Suffer 30,000 Casualties in Ukraine : US », 18 février 2023, www.aljazeera.com/

16. Tara Law, « Russia Announced a Historic Nuclear Weapons Move. Here's Why Experts Aren't Worried », *Time*, 28 mars 2023.

17. Dépêche Reuters, 29 mars 2022, 22 h 36.

18. BBC News, 10 août 2022, https://www.bbc.com/news/world-europe-62487303

19. *The Kyiv Independent*, 26 février 2023.

Table

Achevé d'imprimer par
Normandie Roto Impression s.a.s.
N° d'impression : 2301762

Imprimé en France